制度环境、商业银行公司治理与经营绩效研究

祝继高 等◎著

北京大学出版社
PEKING UNIVERSITY PRESS

图书在版编目(CIP)数据

制度环境、商业银行公司治理与经营绩效研究/祝继高等著. —北京:北京大学出版社,2022.1

ISBN 978-7-301-32667-1

Ⅰ. ①制… Ⅱ. ①祝… Ⅲ. ①商业银行—银行管理—研究—中国 Ⅳ. ①F832.33

中国版本图书馆 CIP 数据核字(2021)第 226458 号

书　　名	制度环境、商业银行公司治理与经营绩效研究 ZHIDU HUANJING、SHANGYE YINHANG GONGSI ZHILI YU JINGYING JIXIAO YANJIU
著作责任者	祝继高　等著
责 任 编 辑	任京雪　徐　冰
标 准 书 号	ISBN 978-7-301-32667-1
出 版 发 行	北京大学出版社
地　　址	北京市海淀区成府路 205 号　100871
网　　址	http://www.pup.cn
微信公众号	北京大学经管书苑（pupembook）
电 子 信 箱	em@pup.cn
电　　话	邮购部 010-62752015　发行部 010-62750672　编辑部 010-62752926
印 刷 者	涿州市星河印刷有限公司
经 销 者	新华书店
	730 毫米×1020 毫米　16 开本　14 印张　249 千字
	2022 年 1 月第 1 版　2022 年 1 月第 1 次印刷
定　　价	56.00 元

致谢

本书获得国家自然科学基金

（项目批准号：71772037和71472042）的资助

序

会计与财务实证文献的研究对象,大都是非金融类上市公司,因而样本中往往不包括商业银行类上市公司,其原因主要是商业银行的行业特殊性。也正因如此,便衍生出了专门研究商业银行会计与财务问题的细分领域。相较于国外十分丰富的银行会计与财务文献,我国该领域的实证研究成果尚较有限。其原因可能是上市银行的数量有限,以及非上市银行数据的难以获得。然而,开展我国商业银行会计与财务问题的实证研究,具有十分重要的学术意义和实际价值。

首先,从学术角度来看,实证性地研究我国商业银行的会计与财务问题,将有助于丰富和发展该领域的国际文献。尽管国外关于银行会计与财务的实证文献已很丰富,但是国外文献中研究的银行通常都是私有银行,国有银行很少。恰恰相反,我国的商业银行则多为国有或国有控股银行。随着改革与开放,我国国有商业银行先后进行了改制,其中不少还相继上市了,银行公司治理机制的进步有目共睹。不过,国有控股银行的市场属性和国有属性并存依然是不争的事实。更为重要的是,我国金融市场化改革是一个比较漫长的渐进式的演化过程,即使到了今天,也依然存在一定程度和方式的金融管制。此外,我国的银行监管制度也与西方发达国家存在一些差异。鉴于我国商业银行制度环境和银行公司治理的上述特殊性,实证性地研究我国商业银行的会计与财务问题,必将有助于丰富和发展该领域的国际文献。

其次,从实践角度来看,实证性地研究我国商业银行的会计与财务问题,将有助于进一步完善我国商业银行的公司治理机制,提高我国商业银行的经营效率,也有助于优化我国商业银行的制度环境。在我国金融体系中,无论从哪个角度来看,商业银行都有其特别重要的地位。改革开放之初,我国金融结构单一,银行在其中占据绝对主导地位。即使到了 21 世纪初,人民币贷款占社会融资规模之比也依然高达 90%以上。随着股票市场、债券市场、非银行金融以及其他金融工具的产生和发展,我国金融体系为实体经济提供资金呈现愈发明显的多元化趋势。但是,2019 年人民币贷款占社会融资规模之比依然达到 66.02%。如果加上银行的外币贷款和表外业务,则商业银行为实体经济提供的资金在社会融资规模中还是占据着举足轻重的地位。换个角度来看，在我国金融体系中，商业银行的资产规模始终遥遥领先于保险等其他金融行业；在我国资本市场中，无论就资产、利润还是就市值而言，商业银行都是一个特别重要的板块。鉴于我国商业银行在金融体系中的上述特殊重要性，实证性地研究我国商业银行的会计与财务问题，必将有助于促进我国商业银行公司治理机制和制度环境的进一步完善与优化。

祝继高教授从博士研究生阶段就开始关注和研究商业银行的会计、财务及公司治理问题，用心收集和积累这方面的研究数据，全面了解和掌握该领域的研究文献，紧盯国际学术前沿和我国商业银行经营实践，精心选题，有序研究。经过十多年锲而不舍的耕耘，业已在该领域形成和积累了相当丰富的研究成果。此次出版的专著《制度环境、商业银行公司治理与经营绩效研究》，正是其关于我国商业银行会计与财务系列研究的梳理和总结。本书的主要创新之处有：

(1) 关注制度环境对商业银行的影响，深入探讨了地方政府财政压力对商业银行的信贷行为和绩效的影响，以及地方房价对商业银行计提贷款损失准备的影响。

(2) 强调商业银行公司治理的重要性，基于股权制衡效应与独立董事的作用、经营业务和审计视角，具体分析了商业银行经营绩效和风险的影响因素。

(3) 聚焦制度环境和商业银行公司治理影响商业银行经营绩效的途径和机制，系统研究了制度环境和商业银行公司治理对商业银行经营绩效的影响及其作用机制与路径。

(4) 重视学术研究的政策意义，紧密结合我国金融服务"脱虚向实"和金融体制改革的宏观背景，为金融服务实体经济提供了积极的政策建议与实务指引。

我国商业银行的制度环境和公司治理机制尚在不断改革与发展的过程之中。本书的出版，既是作者对我国商业银行会计与财务问题已有研究的一个总结，同时也将是其未来进一步研究的一个新的开端。学术之路永无止境。愿祝继高教授在未来的学术道路上继续关注和不断深化该领域的学术研究，并带领和影响更多的青年学者研究这一领域的相关问题，共同推进商业银行会计与财务领域的学术发展，积极影响我国商业银行制度环境和公司治理机制的优化与完善。

陆正飞

北京大学光华管理学院会计学教授

2021 年 5 月于北京博雅西园

前　言

我在上课的时候经常问同学们这样一个问题:“中国有多少家商业银行?”因为我们平时经常接触的是中国工商银行、中国农业银行、中国银行、中国建设银行、交通银行和中国邮政储蓄银行六大国有商业银行,以及光大银行、浦发银行等股份制商业银行,所以同学们回答的银行家数要远远小于实际的银行家数。根据中国银保监会统计,截至 2019 年年末,中国的商业银行主要有 6 家国有大型商业银行(分别为中国工商银行、中国农业银行、中国银行、中国建设银行、中国邮政储蓄银行、交通银行)、12 家全国性股份制商业银行(包括招商银行、浦发银行、中信银行、光大银行、华夏银行、民生银行、广发银行、兴业银行、平安银行、恒丰银行、浙商银行、渤海银行)以及 134 家城市商业银行和 1 478 家农村商业银行。商业银行在中国金融体系中发挥着主体作用,是国民经济的命脉。因此,研究中国的商业银行具有十分重要的理论和现实意义。

我从北京大学读博士时开始研究企业信贷与银行债务契约问题,但当时对商业银行的了解非常少。导师陆正飞教授在和我们研讨时说,我们在做上市公司实证研究时,通常把金融行业样本剔除掉;或者在研究企业与银行信贷关系时,经常把银行看成一个单独的主体。如果能从银行的角度做进一步的探索,那么这样的研究是十分有价值的。正因如此,2008 年我到中国建设银行北京分行实习,这一经历加深了我对商业银行的了解。

2010 年,我开始收集和整理中国城市商业银行数据。由于大部分的城市商业银行并未上市,因此很多商业银行数据只能从商业银行网站或《金融时报》上摘录。2012 年,我与合作者在《金融研究》上发表了我的第一篇关于城市商业银行的论文《股权结构、信贷行为与银行绩效》,截至 2021 年 2 月 16 日,这篇论文在中国知网的下载次数为 14 555 次,被引用 369 次。后续我与合作者们又在 *Journal of Banking and Finance*、《金融研究》、《审计研究》等国内外期刊上发表了一系列关于中国商业银行的论文。在研究中,我们遇到了不少困难,比如经常有审稿人说商业银行的研究样本少,其实我们已经尽了最大努力来收集所有通过公开渠道能够收集到的数据。当然更多的是杂志编辑、审稿人和读者对我们的鼓励与支持。我们的研究成果也获得了广东省哲学社会科学优秀成果奖二等奖、《金融研究》年度优秀论文等奖励。

在前期研究的基础上，2017 年我成功申请了国家自然科学基金面上项目“制度环境、商业银行会计信息质量与资源配置效率”。由此，我想借课题研究的机会，基于我与合作者们的研究论文出一本专著，较为系统地梳理中国独特的制度环境和商业银行公司治理对商业银行经营绩效的影响。

本书主要是从微观层面研究中国商业银行的经营行为，以及中国独特的制度环境对商业银行经营绩效的影响。本书共分为 10 章，具体结构如下：第 1 章绪论和第 2 章中国商业银行发展与制度环境为本书第一部分；第 3 章和第 4 章为本书第二部分，主要研究制度环境对商业银行经营绩效的影响，其中第 3 章介绍地方政府财政压力对商业银行信贷资源配置效率的影响，第 4 章研究房地产价格波动对商业银行贷款损失准备的影响；第 5 章、第 6 章和第 7 章为本书第三部分，主要研究商业银行公司治理机制对商业银行经营绩效的影响，其中第 5 章分析股权结构对信贷行为与商业银行经营绩效的影响，第 6 章分析商业银行从事影子银行业务的影响因素与经济后果，第 7 章研究审计师（会计师事务所）这种外部治理机制对商业银行贷款损失准备计提的影响；第 8 章和第 9 章为本书第四部分，重点介绍商业银行结构性竞争和持有企业股份对实体经济的影响；第 10 章结论为本书第五部分。希望本书的出版能够为后续关于中国商业银行微观层面的研究提供一定的理论和实证支持。

最后，我要感谢我的导师和合作者们。我的导师陆正飞教授一直鼓励学生要有学术坚守，并在我遇到困难时给予指导和帮助，每次和陆老师研讨论文总有如沐春风的感觉。我的合作者们对我开展商业银行研究给予了鼎力支持，他们是：导师陆正飞教授，老师岳衡教授，博士同窗饶品贵教授，师弟王春飞副教授、胡诗阳副教授，指导的学生李天时、鲍明明、尤可畅、赵浩彤、王丹。还要感谢曲馨怡和孙建华帮助整理本书的数据与素材。正是有了大家的鼎力支持，本书才有可能结集成册并出版。

祝继高
2021 年 5 月于对外经济贸易大学宁远楼

目录

第1章 绪 论

1.1 研究背景与意义

在中国的经济发展过程中，金融体系发挥着基础性的资源配置作用，随着中国金融体系的不断发展与完善，以银行为主导的金融体系对中国经济增长发挥了积极的助推作用。中国经济正处于转型升级的关键时期，尤其是 2015—2018 年，中国的资金“脱实向虚”现象日益严重（王国刚，2018），金融资产规模不断扩大，虚拟经济与实体经济严重脱节，制约着中国经济的健康发展。根据《中国国家资产负债表 2018》的统计数据，2000—2016 年，中国非金融资产由 37.5 万亿元增长至 424.5 万亿元，金融资产由 53.2 万亿元增长至 786.2 万亿元，金融资产增速显著高于非金融资产，导致金融行业增加值占 GDP 的比重快速上升。经济的脱实向虚可能加剧资产泡沫，使经济增长潜力疲乏，恶性膨胀的虚拟经济甚至会造成金融危机（成思危，2015）。“脱实向虚”现象一时间引起了各界的广泛探讨。

2017 年 3 月 2 日，中国银行业监督管理委员会①（简称“银监会”）主席郭树清表示，截至 2016 年年末，中国银行业金融机构本外币资产总额达到 232.25 万亿元，同比增长 15.8%，其中商业银行总资产占比达到 77.8%，总负债占比达到 78%；银行业金融机构不良贷款率为 1.91%，其中商业银行不良贷款率为 1.74%，较 2015 年年末上升 0.07%，商业银行贷款损失准备余额达到 2.67 万亿元，拨备覆盖率为 176.4%，贷款拨备率为 3.08。② 加上 2010 年以来影子银行业务出现了爆炸式增长（据《中国影子银行报告》统计，截至 2019 年年末，中国广义影子银行的规模为 84.8 万亿元，占 GDP 的比重为 86%），金融体系的风险控制成为政策的焦点。当前中国经济正处于结构调整和转型升级的关键时期，党

① 2018 年 3 月撤销，设立中国银行保险监督管理委员会（简称“银保监会”）。

② 资料来源：2017 年 3 月 2 日，中国银监会主席郭树清在国务院新闻办公室新闻发布会做银行业支持供给侧结构性改革有关情况介绍。

中央多次强调振兴实体经济，引导资金“脱虚向实”，协调好实体经济与虚拟经济之间的关系。2017 年 7 月 14 日至 7 月 15 日在北京召开的第五次全国金融工作会议，明确了未来金融工作的方向和思路。会议提出了金融工作的四大原则：一是回归本源，服从服务于经济社会发展；二是优化结构，完善金融市场、金融机构、金融产品体系；三是强化监督，提高防范化解金融风险能力；四是市场导向，发挥市场在金融资源配置中的决定性作用。同时，明确了金融工作的三大任务，分别是服务实体经济、防控金融风险和深化金融改革。党的十九大报告也提出，必须“深化金融体制改革，增强金融服务实体经济能力”，从政策和制度层面强调了防范金融风险、引导中国经济“脱虚向实”的重要意义。

银行在中国金融体系中占据着主导地位，并在金融资产的配置中扮演着核心角色，良好的银行运作与管理有利于提高金融资产的配置效率和流转速度，降低金融体系风险，对宏观经济和企业的健康发展起到了积极的推动作用。但是，良好的商业银行公司治理是商业银行有效发挥资源配置作用的前提，历史上发生的银行破产和金融危机大多与商业银行公司治理机制缺失有关。

中国银行主要包括中央银行、政策性银行、商业银行和外资银行等，其中商业银行与中央银行和政策性银行不同，它以营利为目的，性质上较为特殊。尤其是城市商业银行，是经国务院批准，在部分城市信用合作社的基础上组建起来的区域性股份制商业银行，以“立足城市居民、立足中小企业发展、立足地方经济建设”为市场定位，关注地方金融和区域经济，具有很强的地域性特征。由于城市商业银行立足于区域经济发展，因而地方金融发展和政策制度成为影响城市商业银行经营绩效与发展的重要因素；同时，城市商业银行的性质和特点也成为研究中国地方制度环境对商业银行经营绩效影响的重要动因。因此，探讨商业银行，尤其是城市商业银行面临的制度环境以及商业银行公司治理对商业银行经营绩效的影响具有重要的理论意义和实践启示。从理论意义上而言，本书为研究发展中国家商业银行体系管理与发展问题提供了新的视角和方向，丰富了商业银行风险与绩效影响因素和作用机制的理论证据；从实践启示上而言，本书有助于了解商业银行的制度体系和金融行为，改善商业银行公司治理，在深化金融供给侧结构性改革的过程中为提高金融市场与金融资本效率、防范化解金融风险、更好地服务于实体经济提供政策建议和优化路径。

1.2 商业银行与制度环境

中国的商业银行是指依照《中华人民共和国商业银行法》和《中华人民共和国公司法》设立的吸收公众存款、发放贷款、办理结算等业务的企业法人。商业银行经过持续的发展，形成了两种主流经营模式：一种是英国模式，主要业务范围是融通短期商业资金，即以较低的利率借入存款，以较高的利率放出贷款，存贷款之间的利差就是商业银行的主要利润，这种经营模式具有放贷期限短、流动性高、安全性高的特点；另一种是德国模式，即商业银行不仅可以融通短期商业资金，而且能够融通长期固定资本，从事投资银行业务，业务较为综合。

在中国，商业银行实行的是分业经营模式。为了适应中国分业经营的特点和混业经营的发展趋势，2003 年 12 月 27 日第十届全国人民代表大会常务委员会第六次会议通过了《关于修改〈中华人民共和国商业银行法〉的决定》。新《商业银行法》对原来商业银行法不得混业经营的有关规定进行了修改。2015 年 8 月 29 日，第十二届全国人民代表大会常务委员会第十六次会议审议通过了《中华人民共和国商业银行法修正案(草案)》，将"存贷比例"和贷款余额与存款余额的比例不得超过 75%的规定删除，将存贷比由法定监管指标改为流动性监测指标。制度环境作为金融体系重要的外部环境，对中国银行业的发展具有重要的导向作用，中国政府在对银行业的监管方面也进行了多方面的改革与完善。

在监管体制方面，改革开放以来，中国政府对商业银行的监管体制经历了从综合监管到分业监管的发展历程，1984—1992 年，中国人民银行发挥着中央银行的作用，综合监管银行、信托、保险和证券等所有的金融业务，同时兼顾宏观经济调控和货币政策管理等；1992 年以后，中央设立国务院证券委员会和中国证券监督管理委员会负责对证券业务的监管，设立保险监督管理委员会承担对保险业务的监管职能，形成了分业监管的局面，也提高了中国人民银行对银行业务监管的专门化程度，形成了以非现场监管为主、现场监管为辅的监管手段，优化了监管职责。

在监管组织体系方面，中国人民银行作为中国的中央银行，具有《中华人民共和国中国人民银行法》赋予的对银行业等金融体系进行监管的合法地位和最高管理权限；另外，为了加强对银行业的监督管理和分业管理的体制改革，国务院于 2003 年专门成立了银监会，作为商业银行的主要监管主体之一，与中国人民银行一起，共同维护银行业的合法、稳健运行，防范化解金融风险；除此之外，地方政府对商业银行的管理主要通过地方金融监督管理局实现，强化当地的金融监管职责；审计机关、税务机关、工商机关等其他行政部门也会对商业银行的金融行为实施相应的管理。

在监管法律条例方面，国家陆续出台了包括《中华人民共和国中国人民银行法》《中华人民共和国银行业监督管理法》《中华人民共和国商业银行法》在内的一系列法律法规和行业规章，分别从总体监管、行业指导、治理机制、风险防范等方面完善了政府监管的法律环境建设。

商业银行的主营产品定位是货币和资金，业务范围是货币信用领域，商业银行之所以在金融体系中具有特殊的地位，是因为它是为从事商品生产和流通的企业提供金融服务的企业，以营利为目的。因此，它在经营性质和经营目标上与中央银行及政策性银行不同。商业银行在经营过程中追求安全性、流动性和盈利性，不受政府行政的干预，具有较强的自主性。根据银保监会的统计数据，截至 2019 年年末，中国的商业银行主要有：6 家国有大型商业银行，分别为中国工商银行、中国农业银行、中国银行、中国建设银行、中国邮政储蓄银行、交通银行；12 家全国性股份制商业银行，包括招商银行、浦发银行、中信银行、光大银行、华夏银行、民生银行、广发银行、兴业银行、平安银行、恒丰银行、浙商银行、渤海银行；134 家城市商业银行和 1 478 家农村商业银行。① 商业银行总资产规模为 232 万亿元，占银行业金融机构资产规模的比例为 82.2%。② 商业银行作为储蓄机构，在中国经济发展过程中扮演着重要角色，随着中国市场经济的健康发展和经济全球化的逐步深入，商业银行在职能上呈现多元化的发展趋势。2019 年年末银行业金融机构资产结构如图 1-1 所示。

中国的城市商业银行在信用合作社的基础上，经历了城市信用合作社、城市合作银行和城市商业银行发展阶段。1979 年，河南漯河市城市信用合作社成立，这是中国改革开放后成立的第一家城市信用合作社。1995 年 6 月，深圳城市合作银行的正式成立，拉开了城市合作银行阶段的序幕。1998 年 3 月 13 日，中国人民银行与国家工商行政管理总局③联合发出通知，将城市合作银行统一

---

① 资料来源：2020 年 3 月 24 日，银保监会下发《银行业金融机构法人名单（截至 2019 年 12 月底）》。

② 资料来源：2020 年 1 月 22 日，中国银保监会发布银行业监管统计指标月度情况表（2019）。

③ 2018 年 3 月，不再保留国家工商行政管理总局，组建国家市场监督管理总局。

更名为城市商业银行，此后，城市商业银行实现了快速的增长（见图 1-2）。

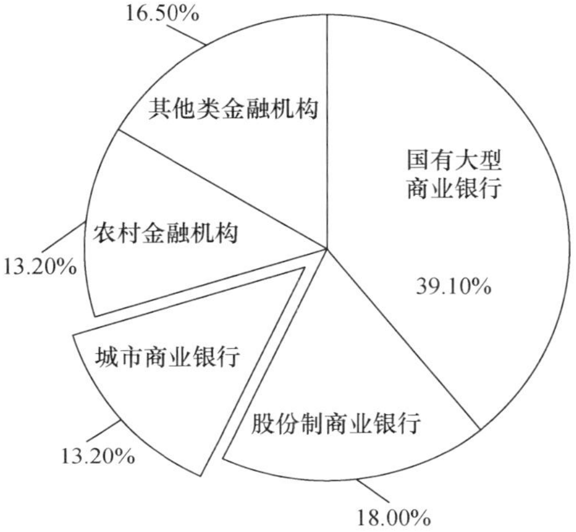

图 1-1　2019 年年末中国银行业金额机构资产结构

资料来源：中国银保监会。

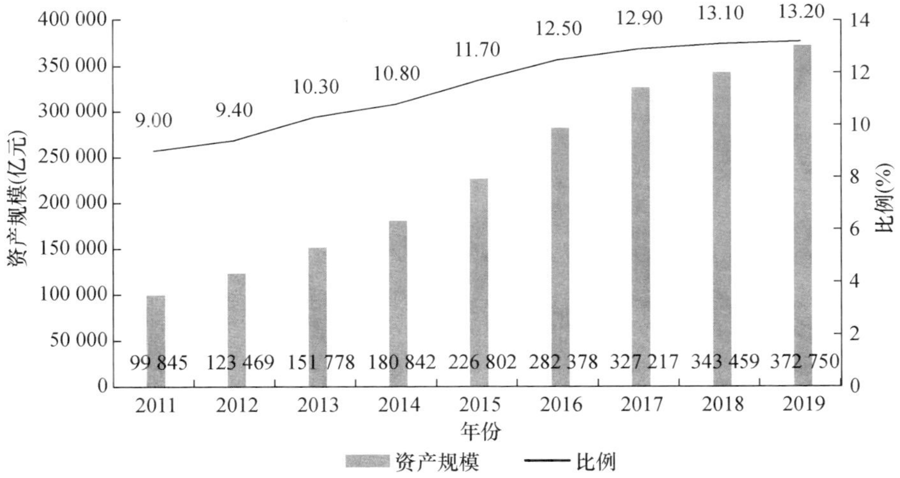

图 1-2　城市商业银行资产规模与占银行业金融机构资产的比例

资料来源：中国银保监会。

2004 年，银监会发布《城市商业银行监管与发展纲要》（银监办发〔2004〕291 号，以下简称《纲要》），指出中国城市商业银行存在经营管理水平较低、市场竞争能力不足、资产质量较差、资本充足率普遍偏低、公司治理结构不完善等问题，针对城市商业银行的特点和发展规律，提出了"防险、管理、改革、发展"的基本工作方针，要求城市商业银行完善符合自身行业特点的公司治理结构，合理设置股权结构，防止股东间存在的不正当关联关系或关联交易对银行的经营管理活动造成不良影响，完善监管体系，加快处置和化解金融风险。《纲要》为全方位提高监管工作质量、规范监管行为，推动城市商业银行的改革与发展奠定了良好的基础。

随着金融监管体系和银行内部治理机制的逐步完善，城市商业银行的灵活性和有效性等竞争优势逐步显现，促进了自身的快速扩张，也带动了银行业和金融体系的规范发展，金融市场资源配置效率得到有效提升，城市商业银行成为商业银行体系发展的新兴动力和不可或缺的中坚力量。因此，如何优化城市商业银行的外部制度环境、促进自身健康发展和对地方经济发展的推动作用、防范地方金融风险成为各界关注的重要研究问题。

1.3　研究框架与研究方法

本书主要从中国商业银行的特征出发，基于国内的制度环境和商业银行的公司治理机制，结合内外部影响因素，综合考察其对商业银行经营绩效的影响和作用机制，探索中国经济转型时期以及推动经济"脱虚向实"发展的过程中，如何构建更加完善的银行业金融体系、提升金融服务实体经济的能力、增强"脱虚向实"的内生动力，以及更加有效地防范金融风险，为中国商业银行在积极应对国家宏观政策、适应经济环境变化及加强自身管理效率等方面提供政策建议。

根据研究主题和内容的需要，本书采用以下研究方法：第一，文献研究法。本书的主要章节部分通过查找国内外相关文献，整理国内商业银行及金融体系的相关政策文件和重要数据，运用经济学和金融学等多学科的理论，形成主体内容的逻辑框架和分析思路。第二，定性分析与定量分析相结合的方法。本书根据现有的相关理论对商业银行的性质和影响因素进行定性分析，同时基于收集的数据，利用实证回归模型和计量方法，对研究内容进行进一步的实证分析与检验，更加科学地揭示制度环境和公司治理机制对商业银行经营绩效的影响规律，以及对商业银行未来的发展趋势进行合理的预测。

本书共分为 10 章，主要分为以下五部分：

第一部分包括第 1 章和第 2 章。第 1 章为绪论，对制度环境、商业银行公司治理与经营绩效的研究进行概括性介绍，主要内容包括本书的研究背景与意义，商业银行概述与制度环境，本书的研究框架与研究方法，以及研究结论与研究创新等。第 2 章为基础性章节，介绍中国商业银行面临的制度环境与发展历程。

第二部分包括第 3 章和第 4 章，研究制度环境对商业银行经营绩效的影响。其中，第 3 章介绍地方政府财政压力对商业银行信贷资源配置效率的影响，具体分析地方政府财政压力如何影响商业银行的贷款投向和盈余管理行为，为商业银行监管和防范化解金融风险提供启示。第 4 章从风险防范的角度研究房地产价格波动对商业银行贷款损失准备的影响，并进一步探究城市商业银行的风险应对机制，对防范房地产价格波动给城市商业银行带来的经营风险和金融风险具有积极的经济意义。

第三部分包括第 5 章、第 6 章和第 7 章，研究商业银行公司治理机制对商业银行经营绩效的影响。其中，第 5 章主要介绍中国城市商业银行的公司治理结构对信贷行为、不良贷款和商业银行经营绩效的综合影响，分析股权结构、大股东股权性质和独立董事对商业银行经营绩效的影响，以及股权结构影响商业银行经营绩效的途径和机制，为研究商业银行公司治理与商业银行经营绩效之间的关系提供新的证据。第 6 章从影子银行体系资金融出方的角度，阐述中国商业银行如何通过同业业务参与影子银行运作，分析商业银行从事影子银行业务的影响因素和对银行风险的影响，为研究影子银行的机理提供新的证据。第 7 章研究审计师(会计师事务所)特征对城市商业银行贷款损失准备计提的影响，发现“四大”[①]会计师事务所审计的城市商业银行计提的贷款损失准备更高，由于信息效应的作用，本地会计师事务所审计的城市商业银行计提的贷款损失准备更高；但是这种效应主要体现在本地“四大”会计师事务所审计的城市商业银行中，表明本地“四大”会计师事务所发挥了较好的监督作用。同时，本章还说明商业银行的股东结构和股权性质在会计师事务所选择上存在不同倾向，这对于加强对城市商业银行计提贷款损失准备的监管和防范经营风险具有积极作用。

第四部分包括第 8 章和第 9 章，介绍商业银行结构性竞争和持有企业股份对实体经济的影响。其中，第 8 章分析商业银行结构性竞争对企业投资效率的影响，以及银行竞争对固定资产占比不同的工业企业的投资影响，本章内容以中

① 注：本书的“四大”会计师事务所指普华永道会计师事务所、安永会计师事务所、德勤会计师事务所和毕马威会计师事务所。

国转型经济体制为背景，检验金融供给侧结构性改革对实体经济的影响机制，为金融供给侧结构性改革提供理论依据，对促进金融市场和实体经济协调发展具有重要意义。第 9 章研究中国商业银行持有企业股份的历史演变、监管政策和持有企业股份的变化，总结和评述商业银行持有企业股份的相关理论和实证研究文献，为商业银行持有企业股份的学术研究和监管部门的监管提供理论借鉴与实践启示。

第五部分为第 10 章。第 10 章总结研究结论和研究不足，并提出相应的政策建议。

本书的研究框架具体如图 1-3 所示。

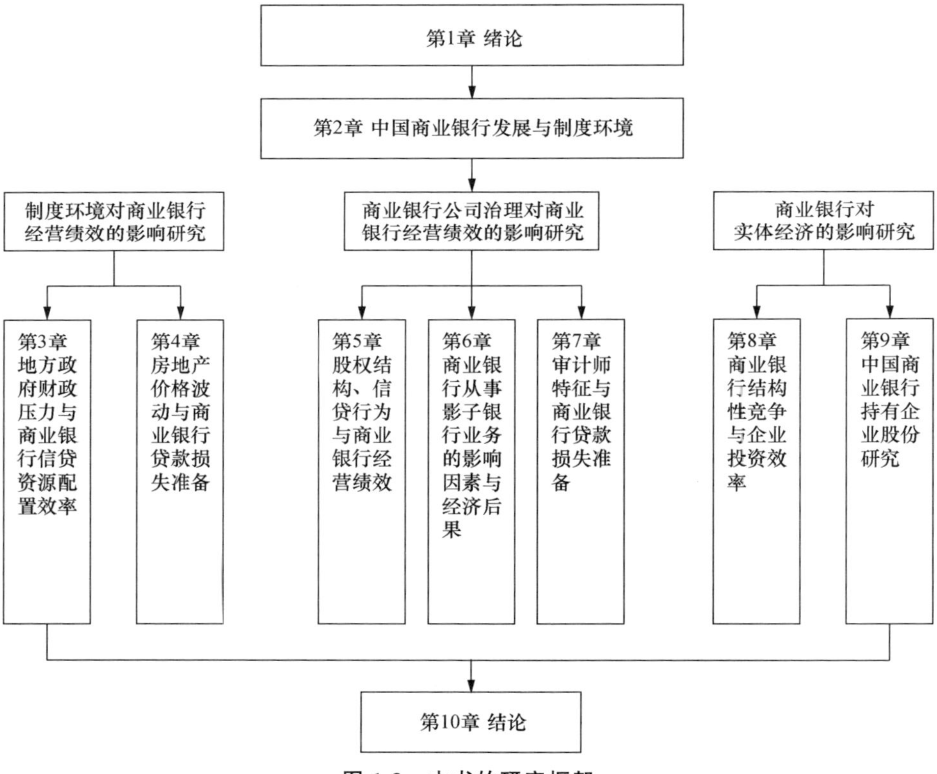

图 1-3 本书的研究框架

1.4 研究结论

在制度环境对商业银行经营绩效的影响研究方面，本书得出以下结论：城市商业银行的地域性决定了地方制度环境会在很大程度上影响城市商业银行的信贷决策和风险控制水平。首先,从地方政府对商业银行的影响角度来看,地方政府财政压力是影响城市商业银行信贷资源配置的重要因素,省级地方政府的财政压力越大,省内城市商业银行投向地方国有经济部门的贷款比率越高,信贷资源向地方国有经济部门集中损害了商业银行的业绩;在财政压力大的省份,城市商业银行投向地方国有经济部门的贷款比率越高,则贷款拨备率越低,这表明城市商业银行会通过盈余管理行为来应对监管压力。其次,从房地产价格变化的角度来看,房地产价格增幅与城市商业银行贷款损失准备显著正相关,且在房地产价格增幅扩大时,"四大"会计师事务所审计的银行和国有商业银行会计提更多的贷款损失准备;当城市商业银行在房地产价格增幅更大的地区设有分支机构时,银行会计提更多的贷款损失准备。

在商业银行公司治理对商业银行经营绩效的影响研究方面,本书得出以下结论:建立良好的公司治理结构是商业银行改革与发展的核心和关键。具体而言,第一,从商业银行的股权结构角度来看,股权结构是影响中国城市商业银行信贷行为和经营绩效的重要因素,第一大股东的控股能力越强,则银行的不良贷款率越高,贷款集中度越高,经营绩效也越差;而且,第一大股东股权性质为地方政府的银行不良贷款率更高,而银行中的独立董事对银行大股东的"掏空"行为有着显著的抑制作用。第二,从业绩压力角度来看,银行业绩压力以及外部金融发展水平是影响商业银行开展同业业务的重要因素,银行从事买入返售金融资产业务的规模越大,则潜在经营风险越高,也说明了商业银行为了规避因贷款能力受限对业绩造成的负面影响,会向影子银行体系融出资金。第三,从审计师特征角度来看,"四大"会计师事务所审计的城市商业银行计提的贷款损失准备更高,其中本地"四大"会计师事务所审计的城市商业银行具有更高的贷款损失准备,表明"四大"会计师事务所发挥了更好的监督作用;同时,城市商业银行的第一大股东持股比例越高,越倾向于选择异地"四大"会计师事务所审计,相比非国有城市商业银行,国有城市商业银行更不可能聘请异地"四大"会计师事务所审计。

在商业银行对实体经济的影响研究方面,本书得出以下结论:商业银行与企业之间存在交易关系和产权关系,进而衍生出商业银行对企业的融资和监督作用,商业银行市场结构、银行与企业的股权关系会影响企业行为,进而对实体经济产生一定的影响。从商业银行结构性竞争角度来看,加强银行竞争能够提高工业企业投资效率,银行竞争对于提升不同产权性质、不同地区的企业的投资效率具有显著差异,随着银行竞争的加强,银行能够对企业的固定资产进行有效评价,发挥更好的融资作用和监督作用。从商业银行持有企业股份角度来看,虽然中国从1995年开始在法律上禁止商业银行持有企业股份,但是商业银行可以通过特定的途径和方式持有企业股份,并且通过向持股企业董事会派驻董事等方式在被持股企业中发挥一定的公司治理作用,但是目前的研究表明,商业银行同时作为股东和债权人会产生利益冲突,损害被持股企业价值。

1.5　研究创新

本书的创新之处主要体现在以下几个方面:

(1) 强调转型经济国家制度环境的重要性,即研究商业银行要关注制度环境对商业银行的影响,丰富了从宏观到微观的研究。在以往研究的基础上,本书分别探讨了地方政府财政压力对商业银行的信贷行为和经营绩效的影响,以及地方房地产价格波动对商业银行计提贷款损失准备的影响及风险应对机制,丰富了地方制度环境对商业银行影响的研究,凸显了转型经济国家制度环境对金融体系发展的重要影响。同时,本书的研究以金融学理论和商业银行特点为纽带,将具有宏观影响的制度环境与微观层面的商业银行内部经营管理联系起来,为商业银行的理论研究拓展了新的思路。

(2) 在微观层面强调了银行公司治理的重要性。本书分别基于股权制衡效应与独立董事的作用、经营业务和审计视角,分析了商业银行经营绩效和风险的影响因素,丰富了转型经济国家商业银行公司治理和银行经营绩效之间关系的研究,也进一步完善了商业银行风险控制与公司治理的研究。建立良好的公司治理结构,是城市商业银行改革与发展的核心和关键,本书的研究紧扣《城市商业银行监管与发展纲要》对城市商业银行公司治理提出的要求,从股权结构、资本充足率、资产质量和风险资产拨备等方面说明改善商业银行内部治理结构的重要意义,梳理完善商业银行公司治理的角度和措施,对城市商业银行的公司治理进行了前瞻性的研究。

(3) 梳理了制度环境和商业银行公司治理影响商业银行经营绩效的途径与机制。本书不仅研究了制度环境和商业银行公司治理对商业银行经营绩效的影响,而且详细地剖析了它们之间的作用机制和影响路径,较为完整地阐述了关联关系。具体来说,第3章的研究发现,城市商业银行会通过盈余管理行为应对信贷资源流向地方国有经济部门所产生的不利影响,反映了商业银行应对政府干预信贷资源配置的方式;第 5 章分析了股权结构会通过影响城市商业银行的贷款集中度和贷款流向来影响商业银行经营绩效,揭示了股权结构影响商业银行经营绩效的途径和机制;第 8 章的研究表明,固定资产在银行结构性竞争与企业投资效率之间发挥了传导作用,体现出金融供给侧结构性改革影响实体经济发展的路径。

(4) 对城市商业银行进行了系统研究。本书从城市商业银行的发展历程和制度环境出发,介绍了城市商业银行的内涵、定位和发展现状,阐述了转型经济国家的城市商业银行在高质量发展阶段的改革方向、服务实体经济和防范化解金融风险的政策措施;从宏观视角分析了制度环境对城市商业银行经营管理和风险防控的影响,也从微观视角考察了公司治理结构对城市商业银行经营绩效和金融风险的影响。本书从宏观到微观、从外部到内部对城市商业银行的管理体制和经营机制进行了较为系统、详细的研究,总结了城市商业银行经营绩效和金融风险的影响因素与管理举措,有助于读者对城市商业银行形成系统的了解。

(5) 为金融服务实体经济以及防范化解金融风险提出了政策建议。本书的研究方向和研究内容契合中国贯彻落实"脱虚向实"和金融体制改革的宏观背景,除理论贡献之外,本书还为国家引导经济"脱虚向实"和强化地方金融安全提供了政策思路,也为金融服务实体经济提供了实践启示。例如,第 3 章对如何防范化解地方政府大规模举债带来的潜在风险提供了政策建议,地方政府应建立合理的融资制度,加强对区域债券市场的监管力度,进而实现商业银行在信贷资源配置方面的主体地位;第 5 章的研究结论表明,股权结构是影响中国城市商业银行信贷行为和经营绩效的重要因素,因此城市商业银行自身要建立健全合理的公司治理体系,金融监管部门要加强对城市商业银行的行业监管,地方政府要密切关注城市商业银行的信贷风险,进而促进城市商业银行高效地发挥金融资源配置功能,更好地服务实体经济。

参考文献

成思危, 2015. 虚拟经济不可膨胀[J]. 资本市场(1):8.

李扬,张晓晶,常欣,等,2018. 中国国家资产负债表 2018[M]. 北京:中国社会科学出版社.

王国刚,2018. 金融脱实向虚的内在机理和供给侧结构性改革的深化[J]. 中国工业经济 (7): 5—23.

第2章　中国商业银行发展与制度环境

中国的商业银行在市场经济逐渐成熟的背景下不断完善，如今的商业银行这一称呼并不单纯是为了和发行货币的中央银行相区别从而定义承担一些商业行为的银行，其在不断发展的过程中被赋予了更加广泛的深层含义。中国的商业银行已经从最开始的单纯承担信用、支付中介功能发展成为依据专门法律成立，经营各类信贷、货币、投资、金融服务及风险管理等业务的综合金融机构，并且在引导中国经济快速发展方面发挥了极为重要的作用。

商业银行的经营模式在改革开放过程中伴随着经济体制的变化而变化，转变了由中国人民银行统一管理的行政主导模式，实现了市场化的转型；业务类型多样、市场化程度较高的商业银行也相应诞生，并形成了由国有大型商业银行、全国性股份制商业银行、城市商业银行及农村商业银行等机构组成的多层次银行体系。商业银行的发展历史便是多层次结构中各部分逐渐形成并完善的过程，因此本章便从中国商业银行具有代表性的层次出发，总结商业银行发展的制度环境。

2.1　国有大型商业银行的发展和制度环境

根据中国银保监会发布的《银行业金融机构法人名单(截至2019年12月31日)》，国有大型商业银行是指中国工商银行、中国农业银行、中国银行、中国建设银行、交通银行和中国邮政储蓄银行。这些银行的职能、体系、制度不断完善和发展的历程便是中国商业银行发展史的核心部分，其发展历程包括专业化探索、商业化改革和市场化改革三个阶段。

2.1.1　专业化探索阶段

改革开放以来，中国整个银行系统逐渐由特殊时期的停滞状态开始恢复正常运转，结束了由中国人民银行统一管理的行政主导模式，开始探索建立真正专业化的银行体系。1978 年,早前与财政部合并的中国人民银行正式独立出来,这标志着中国财政和金融相关业务的分离,中国银行系统的恢复工作正式展开。从 1979 年起,中国农业银行、中国银行及中国人民建设银行逐步恢复设立,并于 1983 年设立了中国工商银行,四家国有大型商业银行的前身全部成立。四家银行中,中国农业银行主要负责提供和农业相关的金融支持;中国银行则承接了中国人民银行分离出的外汇相关业务,主要负责为对外开放提供国际金融业务;中国建设银行负责为中国有关基础设施建设提供信贷等方面的支持;新成立的中国工商银行则主要面向工商业,承接中国人民银行分离出的信贷和储蓄相关业务。这四家银行组成了中国银行业在此阶段的专业银行体系,承接了中国人民银行剥离出的有关商业银行的功能。此阶段银行业发生的重要改变还有“拨改贷”工作的开展。所谓“拨改贷”,即在 1985 年之前,财政对地方基建项目是无偿拨款的,而在 1985 年之后,地方基建项目的资金来源由财政拨款转变为由中国人民建设银行提供贷款,银行信贷在经济建设中的关键地位进一步确立。除此之外,1986 年 7 月,交通银行正式重组完成,成为中国第一家全国性的国有股份制商业银行,交通银行的组建为其他国有大型商业银行的股份制改革探索打下了坚实的基础。

在专业化转型的探索阶段,银行体系得到了规范和完善,相关业务范围也得到了扩展,现代商业银行体系的雏形开始出现。然而,虽然国家在此阶段对各银行的部分经营权力进行了下放,进行了企业化的改革,银行独立经营的体制也开始逐渐形成,但是四大专业性的国有商业银行的行政体制特征仍然比较明显,它们分别在各自领域凭借国家的行政手段实现垄断,承担大量的政策性要求,并没有实现现代商业银行金融资源配置的功能,这一状况是下一个阶段改革重点需要克服的。

2.1.2　商业化改革阶段

向市场经济体制转变必然需要与相应的金融体制相适应,银行体系为实现真正的金融资源配置功能,需要在完善自身体系构成的过程中持续探索,此阶段的主要目标就是实现商业化改革。1993 年,国务院下发《关于金融体制改革的决定》(以下简称《决定》),其中提出了中国银行体系下一步改革的要求,包括建立政策性金融机构,将政策性业务和商业性业务相分离,将之前的专业银行改造为商业银行。随后银行业各方面的改革工作,尤其是对国有商业银行完成彻底商业化改革的相关举措在《决定》的指引下在本阶段有序地展开。

1994 年,四家专业银行的政策性业务在国务院的统一领导下,全部从其经营体系中剥离出来,并组建了三家政策性银行,分别是国家开发银行、中国进出口银行和中国农业发展银行,这三家政策性银行将负责承接专业银行剥离出来的政策性业务。随后,国家从立法角度推进了银行体系的进一步确立,自 1995 年起,国家先后出台了《中华人民共和国中国人民银行法》及《中华人民共和国商业银行法》,正式从立法角度明确了中国人民银行的中央银行地位,同时也正式规范了商业银行在中国的经营范围,明确指出了商业银行将作为自主经营、自担风险、自负盈亏、自我约束的主体,在对前四大专业性的国有商业银行的政策性业务实现剥离的情形下,专业银行正式退出历史舞台,四大国有商业银行的业务不再局限于专有领域,而是按照现代商业银行的模式,经营各类相关的业务领域,在一定程度上摆脱了自身的行政体制特征,内部的管理机制向企业化管理模式转变,更好地发挥了金融资源配置的功能。同时,各银行不再局限于单一方面的业务,开始向不同领域扩展,单一业务领域被垄断的模式逐渐被打破,市场化竞争初步开展。

为了保证中国国民经济的顺利运行,四大国有商业银行在很多方面付出了高额的成本,不良贷款率就是体现其成本的重要指标,巨额的不良资产成为亟待解决的问题。另外,1997 年亚洲金融危机爆发,外围市场的风险传导加剧了中国商业银行面临的风险危机。为了确保商业化改革进程的顺利开展、完善金融体制改革、降低四大国有商业银行不良贷款率、化解风险危机,国家在本阶段采取了多项举措:第一,自 1993 年起,为了整顿全国的金融秩序,逐步剥离各银行的保险、信托等非银行业务,并将银行与其创办的企业相分离,使得银行机构和人员更加精简,更加回归银行的本质属性;第二,1998 年,财政部向工、农、中、建四家银行定向发行 2 700 亿元特别国债,稳定其资本充足率,这为银行商业化改革注入了强心针,更为之后化解不良资产、抵御外围市场风险奠定了基础;第三,1998 年,对四大国有商业银行的管控以资产负债比例为标准,推动货币政策工具成为维护金融稳定的主要工具;第四,1999 年,财政部出资组建四家资产管理公司,专门负责处理工、农、中、建四家银行的不良资产。如图 2-1 所示,自 1999 年起,四大国有商业银行的不良贷款率出现了明显的下降。

图 2-1　1997—2002 年四大国有商业银行不良贷款率

资料来源：根据公开资料整理。

注：早年对银行不良贷款率并无权威的统一数据，表中数据部分根据相关机构和人员公布的资料估计推算，对于资料的整理主要参考：施华强，彭兴韵，2003. 商业银行软预算约束与中国银行业改革[J]. 金融研究(10)：1—16。

综合上述内容，本阶段的核心工作主要是对四大国有商业银行由专业化向商业化改革，主要采取了政策性业务分离、将商业银行纳入法律体系、利用特别国债稳定资本充足率及化解不良资产等措施，成果较为显著，四大国有商业银行逐渐打破了行政体制的约束，向现代商业银行体系靠拢。然而，从图 2-1 中可以发现，尽管采取了多种手段控制，但是截至 2002 年，四大国有商业银行不良贷款率仍维持在 20%以上，处于相对较高的水平，并且和国际主流的标准仍具有一定差距，政策性业务带来的遗留问题仍然没有彻底解决，这也催生了下一阶段的市场化改革。

2.1.3　市场化改革阶段

随着中国在 2001 年年底正式加入世界贸易组织(WTO)，市场化改革不断深入，金融业改革及对外开放的步伐也逐渐加快。四大国有商业银行尽管在上一阶段初步完成了商业化，但是仍然未能彻底摆脱历史的包袱，成为产权结构清晰、金融资源高效配置的商业银行。因此，中央在 2002 年举行的全国金融工作会议上，提出了对国有商业银行进行股份制改革的目标：优化国有商业银行的产权结构,彻底帮助其摆脱过往遗留的负担,成为市场化运营的商业银行。

为了将国有商业银行改造成一般意义上的股份制商业银行,首先要解决的就是国有商业银行资本充足率及不良贷款率不达标的问题。2003年,中央汇金投资有限责任公司(以下简称"汇金公司")成立,该公司的主要作用是代表国家依法行使对国有商业银行等重点金融企业出资人的权利和义务。2003—2009年,汇金公司向四大国有商业银行分别注入百亿美元以上的资本金,代替财政部成为其控股股东。四家银行在接收资本金并进行一系列的后续相关工作后,纷纷挂牌成立股份有限公司,2009年年初中国农业银行股份制改革完成,标志着四大国有商业银行股份制改革全部结束,正式转变为国有控股的商业银行。

国有商业银行在进行股份制改革的过程中采取了多种措施,比如在监管许可的范围内采用次级债来改善资本充足率,对不良贷款的化解则是利用资本金和利润等对部分资产损失进行核销,同时也对部分资产损失进行出售。通过中央的大力支持及国有商业银行的努力,股份制改革得以顺利完成。在这一过程中,四大国有商业银行的不良贷款率得到了显著的降低,资本充足率得到了充分的改善,这也为四大国有商业银行在股份制改革完成后进行的上市工作打下了基础。2005年,交通银行在香港联合交易所上市,开启了国有商业银行的上市之路,五家国有商业银行具体上市时间如表2-1所示。从时间上看,各家银行基本都在完成股份制改革后的一到两年内成功在A股及港股上市。

表2-1 五家国有商业银行上市时间

商业银行	香港联合交易所上市时间	上海证券交易所上市时间
交通银行	2005年6月23日	2007年5月15日
中国建设银行	2005年10月27日	2007年9月25日
中国银行	2006年6月1日	2006年7月5日
中国工商银行	2006年10月27日	2006年10月27日
中国农业银行	2010年7月16日	2010年7月15日

资料来源:根据公开资料整理。

上市工作对改善银行的股权结构和内部管理机制,提高银行的公开透明度及市场化程度起到了至关重要的作用,通过股权资本的注入,银行可以更为从容地处置之前所面临的严重不良贷款率的问题。如图2-2所示,中国国有商业银行的不良贷款率从2003年开始一直处于不断下降的趋势,虽然早期还略高于主要商业银行的平均不良贷款率,但是随着股份制改革的不断深入和相关上市工作的完成,不良贷款率已经和主要商业银行基本保持一致,降至 2%以下,处于较低水平。与此同时,化解了不良贷款风险后,各银行也迈入了高速发展阶段,资产规模和盈利能力都呈现逐步提升的态势。如图 2-3 所示,国有商业银行的资产规模随着股份制改革的深入不断扩大,2010 年年末较 2004 年年初扩大了将近两倍。

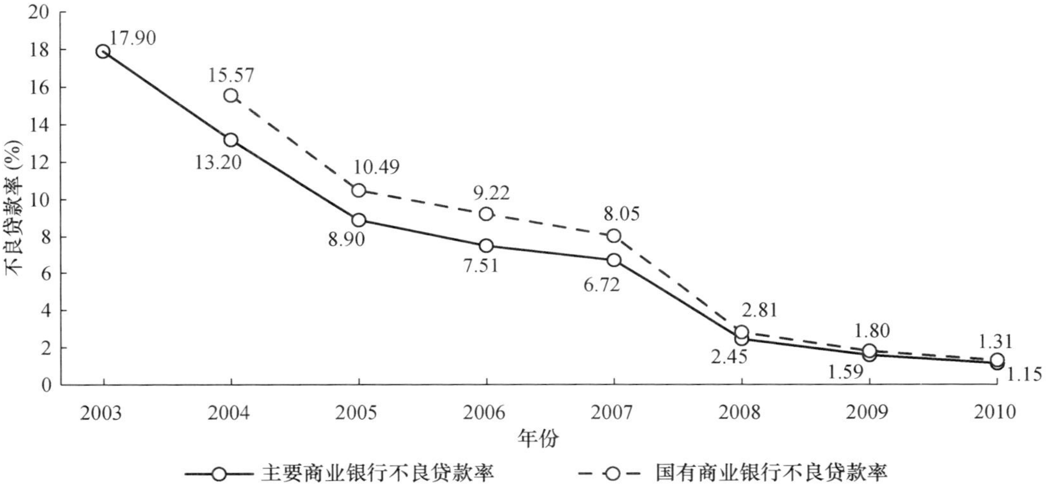

图 2-2　2003—2010 年中国商业银行不良贷款率

资料来源:中国银保监会,其中主要商业银行包括国有商业银行和股份制商业银行。

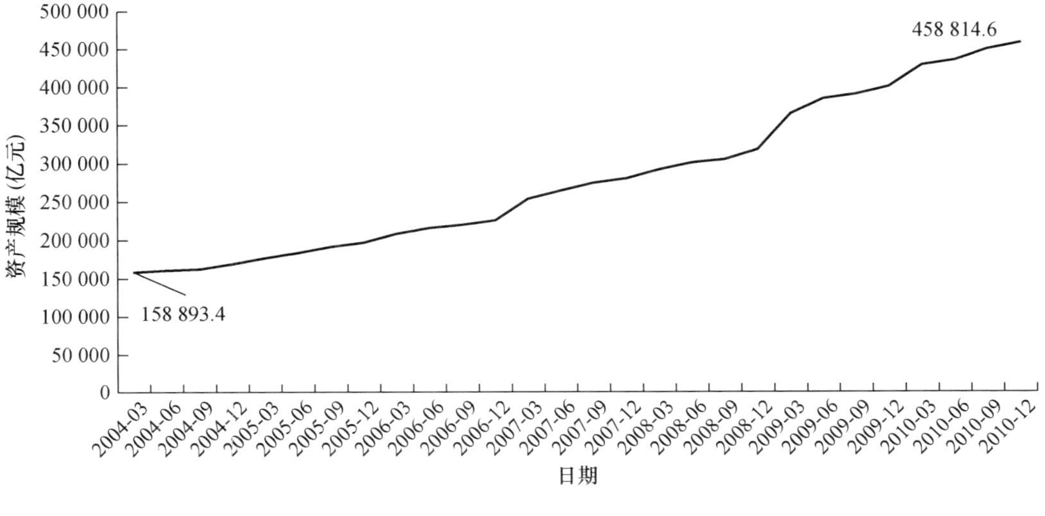

图 2-3　2004—2010 年中国国有商业银行的资产规模

资料来源:中国银保监会。

在股份制改革过程中，国家对银行业的监管也越来越规范和完善。在过往的时间里，中国人民银行一直负责国内银行业的监督管理工作，同时还负责与货币相关的调控职能，多项责任于一身使其运转压力较大。因此，国务院于2003年决定正式成立银监会，负责对全国银行业相关机构从制度规范、信息披露、指标监管、违规惩戒等多个方面进行监督。银监会的成立为中国银行防范金融风险、化解不良贷款危机做出了巨大贡献，推动了中国银行业的发展。

在"工、农、中、建、交"五家国有商业银行完成股份制改革并上市的同时，第六家被列为国有大型商业银行的中国邮政储蓄银行也完成了股份制改革。最早的邮政储蓄银行和邮政业务是密不可分的，邮政储蓄资金在中国城乡建设和金融服务下沉方面发挥了重要作用，而随着中国市场体制的变化，金融体制的改革也不断深入，传统的金融邮政混合经营模式已经无法适应市场化的体制，邮政储蓄银行虽然在农村有着大量的营业部基础，但并不能为"三农"业务提供充分的帮助，为农村地区提供金融服务。因此，国务院于2005年提出加快成立邮政储蓄银行的要求。2007年3月，中国邮政储蓄银行有限责任公司正式成立，开始从事有关小额贷款进军零售信贷领域的业务，加快商业化转型，并于2012年完成股份制改革，2016年在香港联合交易所上市，2019年12月在上海证券交易所上市。2019年，中国银保监会发布的《银行业金融机构法人名单(截至2018年12月31日)》，正式将中国邮政储蓄银行的机构类型由单列的邮储银行改为国有大型商业银行。

综上所述，进入21世纪后的十几年，是中国经济发展的又一黄金时期，伴随着社会主义市场化体制改革的深入，商业银行也充分享受到了此阶段市场环境宽松及流动性充足的红利，即使在此阶段发生了2008年全球金融危机，中国政府果断采取的经济刺激措施不但降低了金融危机对商业银行造成的影响，还促进了商业银行的迅速发展。在享受宏观环境红利的同时，国有大型商业银行也积极地改变自身体制，完成了股份制改革，进一步推动了自身有关指标持续向好。至此，国有大型商业银行通过专业化探索、商业化改革、市场化改革的不断发展，成为具有市场化特征的真正意义上的商业银行。

2.2 股份制商业银行的发展和制度环境

为了适应中国经济体制改革，探索现代商业银行体系，股份制商业银行开始成立。由国有企业主办的股份制商业银行——招商银行、中信银行于 1987 年分别在深圳和北京成立,同年,由六家城市信用合作社合并成立了深圳发展银行(平安银行的前身)。之后由地方发起的福建兴业银行、广东发展银行等股份制商业银行也纷纷成立,银行业多元化发展正式展开(股份制商业银行成立时间轴如图 2-4 所示)。各家股份制商业银行的初始成立背景和股权结构并不相同,但是由于承载着探索金融体制改革的任务,其根本目标都是服务经济。在银行业由国有大型商业银行完全主导时期,股份制商业银行虽然经营权力有限、金融产品相对比较单一,但也充分发挥了其对中国多层次银行体系的补充作用。

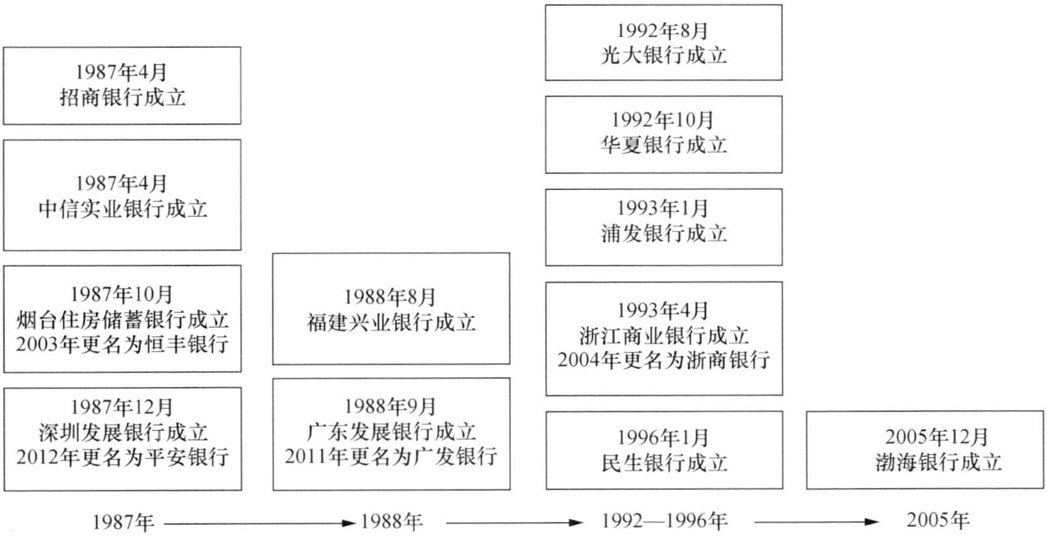

图 2-4　股份制商业银行成立时间轴

资料来源:根据公开资料整理。

进入 20 世纪 90 年代后,股份制商业银行得到了进一步的壮大,光大银行、华夏银行、浦发银行、民生银行四家银行先后在此阶段成立,深圳发展银行、浦发银行和民生银行三家银行先后完成了上市工作,上市之后对信息公开披露及对公司治理要求的提高,使上市银行的质量得到了整体的提升。与此同时,股份制商业银行的资产规模进一步扩大,2002 年资产占银行业金融机构资产的比例相比 1997 年上升了近 5%,盈利能力也得到了提升,2003 年资产占银行业金融机构资产的比例超过了25%。[①] 同时,股份制商业银行体制灵活的特性也得到了充分的发挥,不良贷款率显著低于国有商业银行,并且在部分新兴业务领域(如信用卡、理财业务等)取到了显著的成绩,业务经营范围也逐步由区域走向全国。例如,招商银行抓住国家开发上海浦东的机会走出了深圳,于1991年获批在上海设立了第一家分行,并在此阶段逐步将业务发展到全国。

进入21世纪后,随着中国银行业逐步向市场化、多元化改革,股份制商业银行也迎来了迅速发展的黄金时期。2003年烟台住房储蓄银行改制成为全国性股份制商业银行,更名为恒丰银行;2004年浙江商业银行改制为浙商银行。此外,2005年新设成立的渤海银行成为第一家在发起设立阶段便引入境外战略投资者的中资股份制商业银行,它的成立体现了中国在商业银行股权结构多元化改革方面的尝试。至此,12家全国性股份制商业银行全部成立,在之后的发展历程中为中国银行业多层次结构的建立做出了重要贡献。

股份制商业银行除队伍规模进一步庞大之外,部分银行还通过整顿自身股权结构,引入境内外机构投资者在境内外完成了上市工作。华夏银行及兴业银行等先后完成了境内或境外上市工作。截至2019年年底,12家全国性股份制商业银行已有9家成功在境内或境外上市。同时,为了打造不同于国有大型商业银行的差异化经营模式,股份制商业银行注重业务创新与进步以及科技的运用,旨在打造为客户提供更加贴切服务的模式,充分发挥自身机制灵活、弹性大的特性,创造新的盈利空间。

随着股份制商业银行创新理念的运用以及在资本市场的成功,其公司治理也不断完善,资产规模和经营规模不断扩大,盈利能力逐步稳定。如图2-5所示,股份制商业银行的资产规模不断扩大,2016年年底是2004年年底的八倍以上,同时,其资产占银行业金融机构资产的比例除在2007年出现了短暂的回落之外,一直保持着上升的趋势;如图2-6所示,股份制商业银行从业人数稳定上升,人数在2006—2017年扩大了三倍以上;如图2-7所示,随着股份制商业银行资产规模和经营规模的不断扩大,其税后利润占比也逐渐攀升并趋于稳定。

股份制商业银行在发展过程中充分发挥了机制灵活的特性,为探索中国金融体系建设做出了贡献。在业务范围不断扩大的同时,为了追求更大的盈利空

① 资料来源:《中国金融年鉴》。

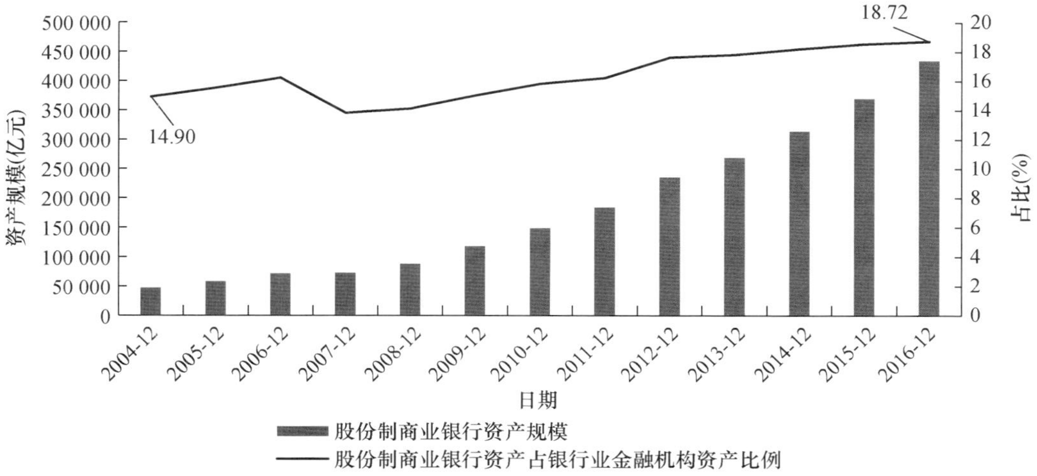

图 2-5　股份制商业银行资产规模

资料来源：中国银保监会。

图 2-6　股份制商业银行从业人数

资料来源：中国银保监会。

间，股份制商业银行普遍具有较高的杠杆率及风险偏好，同时表外业务扩张迅速。而不同银行之间的风险承受能力以及经营模式和治理水平不同，导致了股份制商业银行内部资产质量与盈利水平的分化。部分银行在追求盈利的同时风险防范意识并不到位，导致了风险的累积。

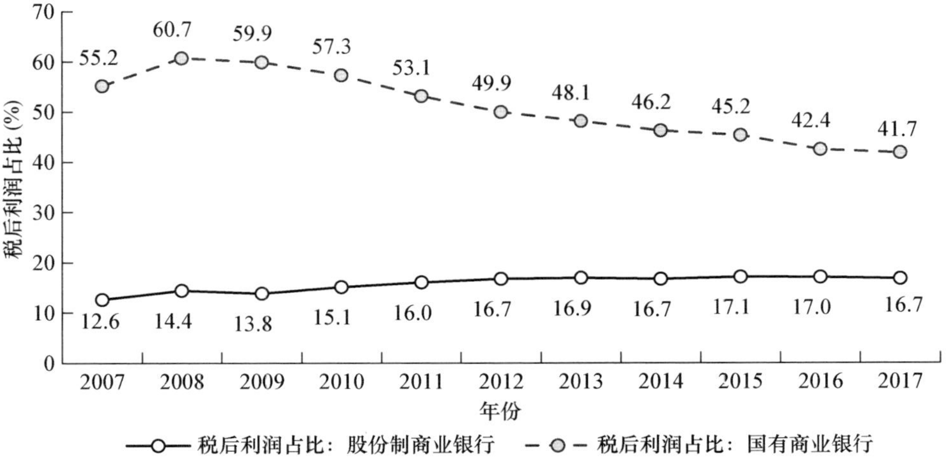

图 2-7 股份制商业银行及国有商业银行税后利润占银行业金融机构税后利润的比例

资料来源：中国银保监会。

2.3 城市商业银行的发展和制度环境

城市商业银行的前身是城市信用合作社。第一家城市信用合作社于 1979 年在深圳成立，自城市信用合作社的地位得到明确后，其规模迅速扩大，大部分城市都设有城市信用合作社。截至 1993 年年底，城市信用合作社发展到近 4 800家，然而飞速发展的同时也催生了一些乱象，部分城市信用合作社缺乏内部控制，信贷审批不严格，导致地区金融风险被进一步放大。

因此，国务院在 1995 年发布的《关于组建城市合作银行的通知》中正式规定，不再成立新的城市信用合作社，而是将地区城市信用合作社进行整合，组建城市合作银行，后来中国人民银行于 1998 年将其更名为城市商业银行。至此，城市商业银行正式成为中国银行业体系的一部分。早期的城市商业银行为地区经济发展做出了很大的贡献，如图 2-8 所示，城市商业银行早期增长较为迅速。出于体制不成熟及经营区域受限等原因，大部分城市商业银行与地方政府和地方国有企业有着密不可分的关系，这导致其为化解地区金融风险付出了很高的成本。城市商业银行普遍资本金不够充足且不良贷款率偏高，通过后续阶段对股权结构的优化及对区域经营限制的解除，上述问题才逐渐得到了缓解。

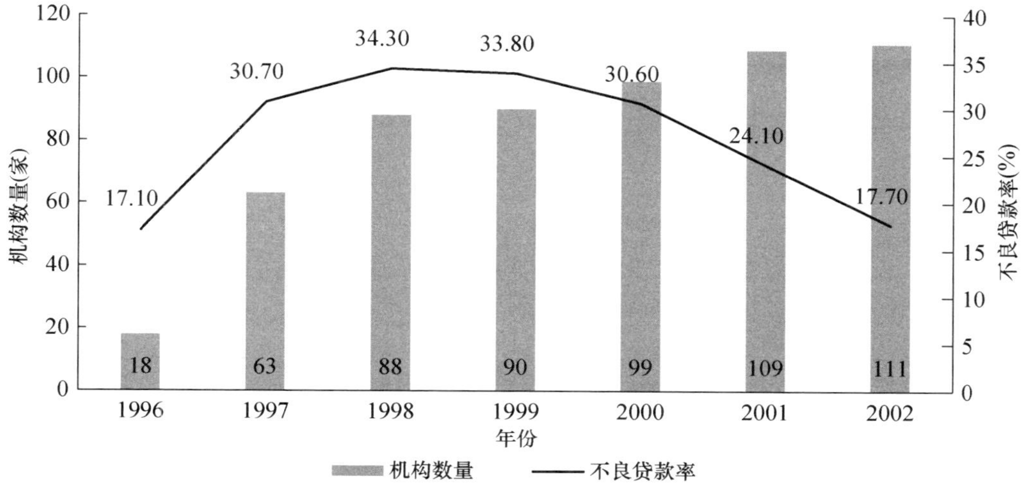

图 2-8　城市商业银行机构数量及不良贷款率

资料来源:《中国金融年鉴》,中国银保监会。

引导区域金融发展的重要机构——城市商业银行在经历了调整、重组、扩张后,进入 21 世纪之后迎来了发展的黄金时期。城市商业银行主要通过以下方式完成了多元化发展:

第一,股权结构多元化。由于历史遗留问题,城市商业银行股权结构较为单一,同时承担了地方大量不良贷款的压力。随着金融市场化意识的不断增强,地方政府参考中央对国有商业银行的改革,对城市商业银行的历史遗留问题进行了有效的整改,通过资产置换、政府出资重组等措施,化解了城市商业银行的部分遗留风险,全国城市商业银行的不良贷款率于 2004 年降至 9.7%,首次低于 10%,并保持下降趋势,在 2010 年降至 0.91%。① 在地方政府采取多项措施化解历史遗留问题的同时,银监会于 2004 年发布公告,鼓励民营资本和外资入股商业银行,城市商业银行正式迎来了股权结构多元化的迅速发展时期,引入民营资本或外资充分激发了部分城市商业银行的活力,也改善了其资本充足率等指标。根据手工收集的 2017 年已披露的 120 家城市商业银行的年度报告,其中第一大股东为非国有属性的占比近 30%,13%的银行前十大股东中有外资背景股东。随着股权结构多元化,部分城市商业银行也积极利用资本市场,通过上市、

---

① 资料来源:中国银保监会。

新三板挂牌等方式改善自身的资本充足率。截至2019年年底，共有25家城市商业银行在境内外上市，其中11家只在境内A股上市(见图2-9)，12家仅在港股上市(见图2-10)，青岛银行及郑州银行实现了A+H股上市。此外，齐鲁银行于2015年登陆新三板。

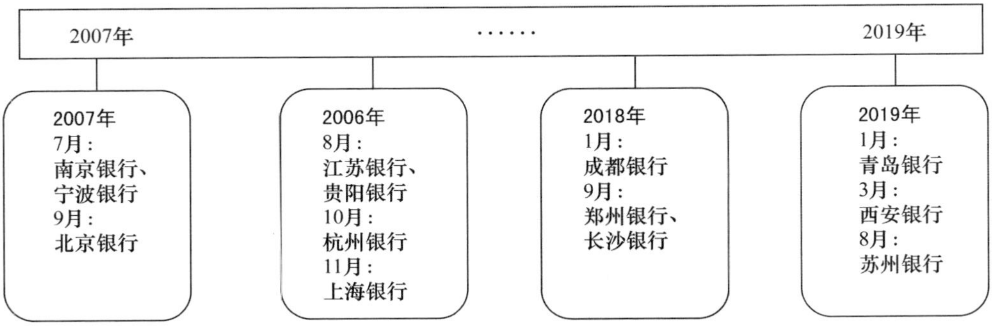

图2-9　城市商业银行A股上市时间轴

资料来源：根据公开资料整理。

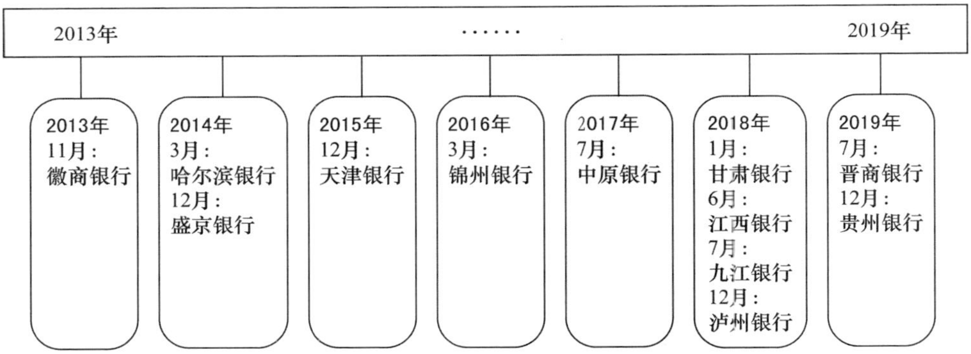

图2-10　城市商业银行港股上市时间轴

资料来源：根据公开资料整理。

第二，区域经营多元化。按照中国人民银行于1995年颁布的《城市合作银行管理规定》，城市商业银行的经营范围被限制在所处的城市地区。随着城市商业银行不断成熟与发展，限定经营范围从某种意义上阻碍了其发展。2004年，银监会发文表示支持业绩条件较好、风险防控能力较强的城市商业银行在基础经营地区之外进行业务拓展。上海银行于2006年在宁波建立分行，这标志着第一家城市商业银行在基础经营地区之外建立了分支机构，开展了相关业务。随后 2009 年银监会发布了《关于中小商业银行分支机构市场准入政策的调整意见(试行)》,这标志着城市商业银行在基础经营地区之外的其他城市设立分支机构在监管上得到了进一步的许可,对城市商业银行在其他城市开展业务的资金水平、分支机构数量及有关指标限制实现了进一步放开。将业务扩展到其他地区的商业银行,往往会产生共同保险效应,显著改善商业银行在经营过程中的收益不稳定性,降低商业银行的经营风险。同时,实现跨区域经营的商业银行,其资金来源在一定程度上会得到扩展,进一步降低资金成本,实现规模经济和范围经济,资产规模迅速扩大。如图 2-11 所示,城市商业银行资产规模同比增速在 2010 年达到最大值,和其他两类商业银行相比,其资产规模同比增速基本一直处于较高水平。截至 2017 年年底,根据已披露的城市商业银行的年度报告,共有 47 家城市商业银行在其他省份设立了分支机构,实现了跨省域经营。

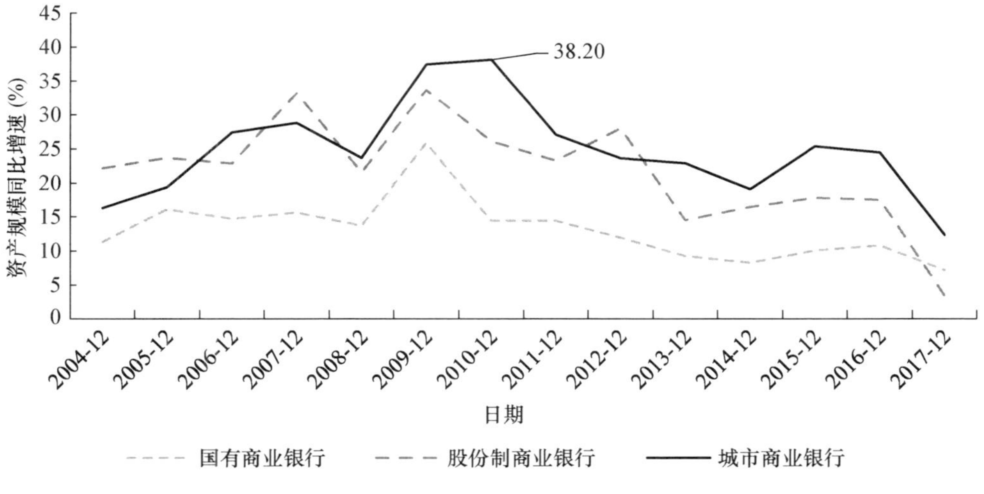

图 2-11　中国商业银行资产规模同比增速

资料来源:中国银保监会。

第三,业务发展多元化。尽管城市商业银行通过改变股权结构或者尝试在其他城市开展经营等方式实现了规模的迅速扩大,但相比之下其整体规模仍然相对较小。在过去的十几年间,传统的存贷业务是银行的主要盈利模式,国内高额储蓄带来的负债端的低成本以及资产投资的高收益,使得广大中小银行获得了较高的利息差收入。近年来,市场利率不断转变,存款和贷款的利息差逐渐收窄，加上大型银行的挤压，中小银行在存贷业务领域难以寻找到突破口。因此，城市商业银行便利用自身体量较小的特点，积极地转变思路，将业务领域尽可能多元化发展，在买入返售业务、同业存单及理财业务等金融市场业务上发展迅速。这些业务在一段时间内确实促进了城市商业银行的发展，但也埋下了很大的隐患。同业理财业务的扩张，使得一些资金投入了非银领域，层层嵌套及期限错配的情况频繁出现，维持其稳定需要较高的流动性。同时，各金融机构也因同业业务而紧密联系在一起，一旦流动性收紧，就极易爆发系统性风险。如图 2-12 所示，城市商业银行经过一系列重组，数量趋于稳定，但不良贷款率在近年来有明显升高的势头。

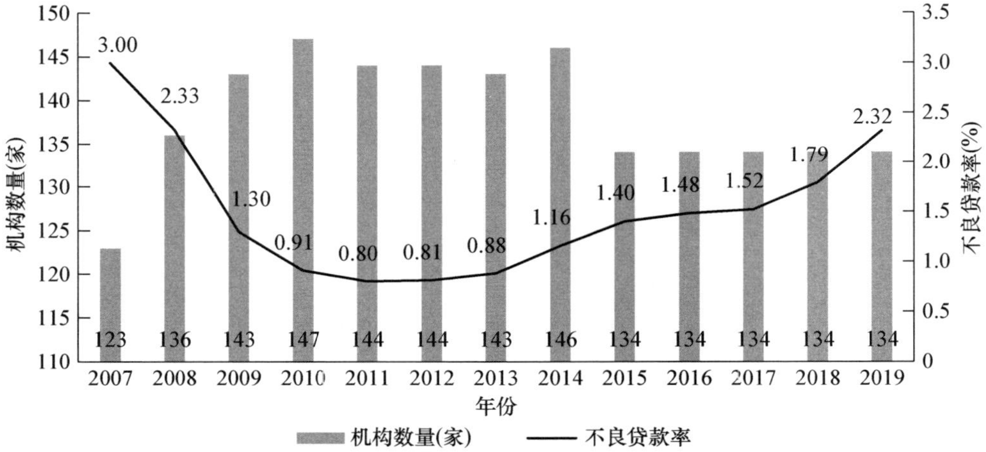

图 2-12　城市商业银行机构数量及不良贷款率

资料来源：中国银保监会。

2.4　农村商业银行的发展和制度环境

中国当前的农村商业银行是由农村信用合作社转变而来的，其从成立初始便一直为农村金融活动提供服务，并取到了一定的成就，为农村开展金融活动提供了有力的支撑，在促进“三农”发展及协助中小企业发展方面有着突出的贡献。

农村信用合作社在成立初期发展迅速，然而在大规模发展的过程中难免会出现一些管理上的问题，此外，在产权方面也比较混乱。改革开放以来，中国农业银行正式重新运行，农村信用合作社被定义为中国农业银行在广大农村地区的管理机构，由中国农业银行主导工作，执行国家金融部门的职能任务。在中国农业银行的管理体系下，农村信用合作社的整体管理水平和业务能力有了显著的提升，由于处于统一的行政管理体系内，农村信用合作社不拥有独立的自我管理权，成立之初的合作性质也没有充分体现。因此，1984年8月国务院批准中国农业银行提出的《关于农村信用社管理体制改革的意见》，农村信用合作社开始逐步脱离中国农业银行的统一管理，重新被定义为自主经营、自负盈亏的群众性合作金融组织。1990年，中国人民银行发布《农村信用合作社管理暂行规定》，农村信用合作社暂时由中国人民银行领导以及管理。1996年8月，国务院发布《关于农村金融体制改革的决定》，其中将农村信用合作社管理体制改革作为重点项目进行了安排，农村信用合作社将由所在的的县联社进行管理，由中国人民银行进行监督。各地政府为方便统一管理以及化解区域的金融风险，成立了农村信用合作社的市联社及省联社，农村信用合作社正式进入了转型改革期。

2000年7月，江苏省开展对农村信用合作社的改革试点，重点推动建立各级联社，由省联社牵头负责对区域内的农村信用合作社进行治理工作，同时从产权结构方面探索改革方式，尝试建立农村商业银行的经营管理模式。2001年，常熟农村商业银行等三家农村商业银行正式成立，拉开了农村信用合作社股份制改革的序幕。2003年6月，国务院印发《关于深化农村信用社改革试点方案的通知》，鼓励有条件的农村信用合作社改造为股份制商业银行，银监会也推出《农村商业银行管理暂行规定》等一系列的监管规范文件。此后多城市开展了农村信用合作社向农村商业银行转型的工作，农村商业银行的数量迅速增加。2011年8月，银监会表示，停止设立新的农村信用合作社和农村合作银行，加快推进现存机构向股份制的转型。由图2-13可以看到，自2011年起农村商业银行的数量持续增加，而农村信用合作社和农村合作银行的数量在不断减少。随着农村商业银行数量的不断增加，涉及的一系列改制合并工作在数量和繁杂程度上带来了改革压力，导致整体质量产生了分化。针对这种情况，监管部门推出了相应的分类管理制度，将农村商业银行按照所处地区级别分为了三类，分别以不同的要求进行监管，在防范风险的同时有效保障了发展速度。

农村信用合作社持续推动产权制度改革，农村商业银行将逐渐取代农村信用合作社和农村合作银行成为未来中国农村金融机构的根基。统计数据显示，截至2019年年底，农村金融机构（农村商业银行、农村信用合作社、农村合作银

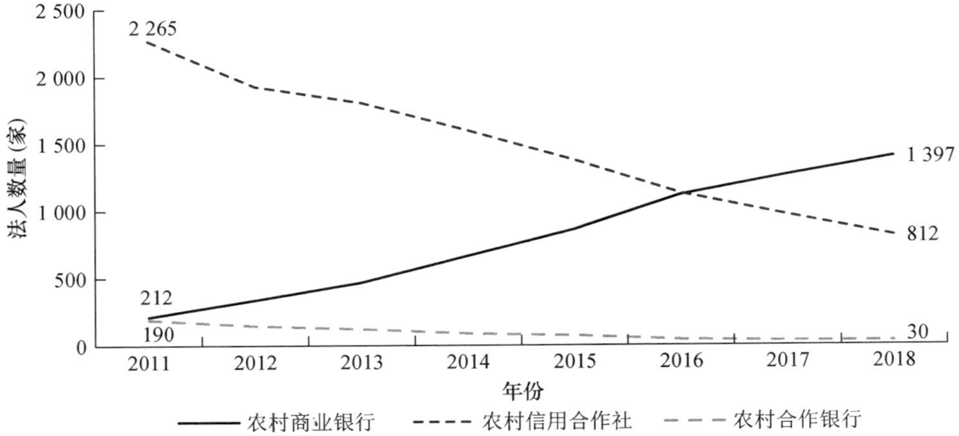

图 2-13　农村商业银行、农村信用合作社、农村合作银行法人数量

资料来源：中国银保监会。

行)资产占银行业金融机构资产的比例为 12.24%，各项贷款余额占银行业金融机构贷款余额的比例为 12.23%。[①] 同时，截至 2019 年年底，10 家农村商业银行完成了上市工作，其中 6 家属于最早开展试点的江苏省。

2.5　高质量发展阶段各层次商业银行的发展

国有大型商业银行、股份制商业银行、城市商业银行及农村商业银行分别通过对自身的市场化改革，逐步成为中国商业银行体系的中坚力量，如图 2-14 所示，根据银保监会公布的数据，2019 年年底国有大型商业银行、股份制商业银行、城市商业银行及农村金融机构资产占银行业金融机构资产的比例稳定在 80%左右。

与此同时，银行业发展的一个重要领域是进一步扩大对外开放的步伐，中国自加入世界贸易组织以来，积极开展金融业的对外开放，为了兑现入世的承诺，银行业作为中国金融体系中最为重要的一部分，加速对外开放就显得尤为重要。2006 年，国务院发布《中华人民共和国外资银行管理条例》，外资银行在国内的经营发展得到了规范，外资可通过投资入股及建立分行的方式进驻中国市场，此

---

① 资料来源：中国银保监会。

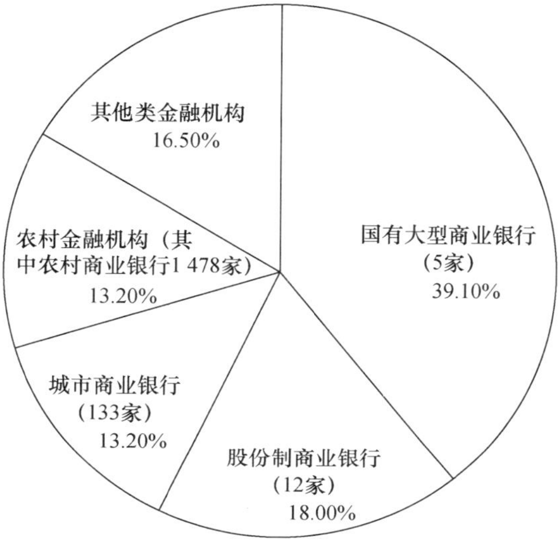

图 2-14　2019 年 12 月银行业金融机构资产结构

资料来源：中国银保监会。

后该条例经过了多次修订，有关限制和标准也不断放宽。如图 2-15 所示，自入世以来，外资银行在中国的发展极其迅速，其资产从 2002 年的不到 3 000 亿元发展到 2017 年年底的 4 万多亿元仅用了 15 年的时间。银行业的对外开放不仅使中国在金融领域能够更好地与国际接轨，打造开放型金融体系，而且引进的外资为国内的广大银行提供了一定的活力，使得国内银行在金融产品设计及风险管理方式等方面更加完善，市场化运转更为流畅。

改革开放以来的 40 多年时间，是中国银行业高歌猛进、发展迅速的时期，银行业从“大一统”的管理模式发展到如今多层次的商业银行体系，向建立商业化、市场化模式进行了深刻的转变，2018 年银行业资产规模相比 1978 年已经增长 1 400 多倍。我们在看到高速发展黄金时期的同时，需要注意的是，在重视规模、追求发展速度的模式下，银行业系统积累的风险也在逐步扩大，无论是各银行普遍出现的不良贷款率反弹，还是部分中小银行为追求盈利，将大量资金流入同业、非标、理财等具有层层嵌套模式的高风险业务领域，银行业整体都存在“脱实向虚”的氛围，导致实体企业融资成本上升，商业银行本质属性发展受阻。

2017 年 10 月，习近平总书记在党的十九大报告中指出：“我国经济已由高速增长阶段转向高质量发展阶段。”迈入高质量发展阶段，随着经济发展方向的转变，我们应重新确立新时代下中国金融体系改革的方向，深化金融体系改革，

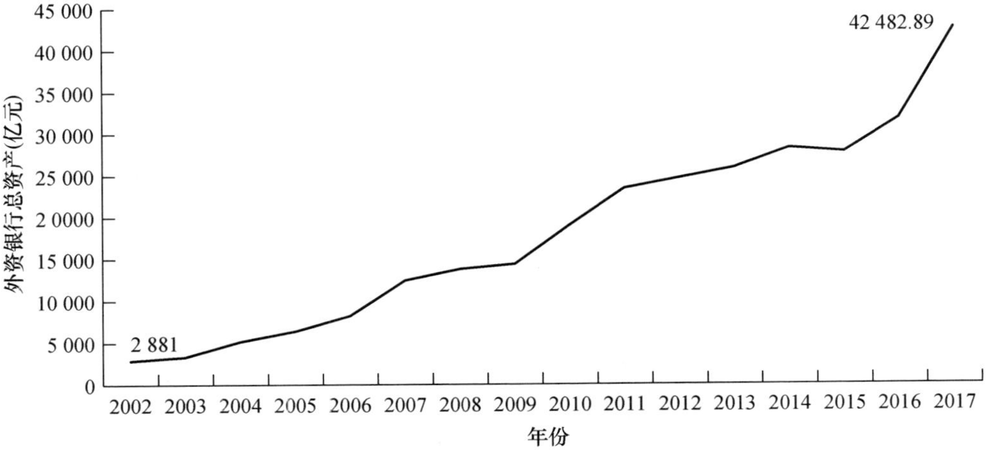

图 2-15　2002—2017 年中国外资银行总资产

资料来源：国家统计局。

强化金融风险防范意识，守住风险底线。而银行业的改革是中国整个金融体系改革中非常关键的一环，银行业的发展具有一定的顺周期效应，正如上文所言，改革开放以来中国经济迅速发展，银行业的规模在经济强劲发展的带动下迅速扩张，但同时也积累了很多遗留的风险问题，产生了一定量的泡沫效应，商业银行不良贷款率也告别下降区间开始有了轻微的反弹，当经济发展势头趋缓时，风险问题会更加突出。因此，当前银行业改革的核心是在稳定高质量发展的同时，控制相应的金融风险，引导金融市场回归本源，更好地为实体经济发展服务。为了实现金融体系尤其是银行业体系改革的目标，促进银行业实现高质量发展，主要有以下政策和措施：

第一，从顶层设计确立金融体系防范风险的方向。2017 年，习近平总书记在全国金融工作会议上提出了“服务实体经济、防控金融风险、深化金融改革”的金融工作“三位一体”任务；2017 年年底的中央经济工作会议将防范化解重大风险作为未来三年“三大攻坚战”的首位；2018 年年底的中央经济工作会议特别强调了在“六稳”中处于第二位的“稳金融”的重要作用，坚持以优化调整金融体系结构为重点深化金融体制改革；2019 年中共中央政治局在第十三次集体学习中，提出了“金融供给侧结构性改革”的概念，着力引导金融机构朝着优化结构、防范风险的方向改善，更好地为实体经济提供服务。

第二，改革优化监管体制。为了改变过去在时间监管方面存在的职责交叉等问题，更好地对广大金融机构进行规范，2017 年的全国金融工作会议上决定成立国务院金融稳定发展委员会，2018 年召开的全国人大会议通过了对中国银行业监督管理委员会和中国保险监督管理委员会的职责整合，并组建中国银行保险监督管理委员会的决议。至此，中国的金融监管体系正式变为“一委一行两会”，各部门职责更为清晰，为金融市场健康发展提供了坚实的保障。

第三，监管部门落实防控风险的相关措施。2018 年 4 月，中国人民银行联合多部门发布《关于规范金融机构资产管理业务的指导意见》，对金融行业在前期经济迅速增长阶段中出现较多不规范行为的资产管理业务进行了整顿和指导。同年，中国人民银行发布《关于进一步明确规范金融机构资产管理业务指导意见有关事项的通知》，中国银保监会发布《商业银行理财业务监督管理办法》，出台了规范资产管理业务的一系列相关规定，防范资产管理业务产生的金融风险的工作也相继落实展开。

在自上而下防范金融风险的政策背景之下，商业银行进入高质量发展阶段后的方向必然是回归本源，优化业务结构，完成供给侧结构性改革。2019 年年底的中央经济工作会议明确强调，各金融机构应“各归其位”，大型银行应当做好服务下沉工作，而中小型银行应当聚焦主业，服务当地企业和特色产业，服务地区居民。

同时，在做好商业银行本源工作的前提下，各商业银行在高质量发展的背景下也要积极加快金融创新，结合新兴市场、新兴技术促进传统业务产生新面貌，推动银行业高质量地成长和发展。比如，近期国有大型商业银行在控制不良贷款率并稳定传统业务的同时，与新兴科技公司进行了积极的合作，积极拓展中间业务和创新业务。股份制商业银行也借助自身机制灵活的优势，在应对不断变化的金融监管环境下，纷纷对自身的发展模式进行了精准的定位，选择了主攻零售金融、科技金融、财富管理银行等未来发展方向，以培养差异化竞争优势为目标。而对于规模相对较小的城市商业银行和农村商业银行来说，进入金融严监管时代后，促进其前期迅速发展的同业业务监管收紧，传统信贷业务也受到了大型银行业务下沉带来的挤压，异地展业监管也逐渐趋严。在多方面的背景之下，城市商业银行和农村商业银行的未来发展必然需要回归本源，充分发挥其区域性优势，为地方企业尤其是地方民营企业建立“输血”工程，巩固区域内传统信贷业务，告别追求“全能银行”的目标，对优势业务落实到细节管理，依靠业务质量获得增长效益。

参考文献

马杰，2019.新中国金融大事记[J].中国金融(19):174—184.

施华强，彭兴韵，2003.商业银行软预算约束与中国银行业改革[J].金融研究(10):1—16.

王国刚，2019.中国银行业70年:简要历程、主要特点和历史经验[J].管理世界(7):15—25.

吴晓灵，2002.中国金融年鉴[Z].中国金融学会.

信瑶瑶，2019.新中国70年银行制度建设:思想演进与理论创新[J].财经研究(12):73—85.

第3章 地方政府财政压力与商业银行信贷资源配置效率[①]

3.1 问题提出

在一个国家的经济发展过程中,金融体系发挥着基础性的资源配置作用。改革开放以来,中国的金融体系不断发展与完善,对经济发展起到了良好的推动作用。但是,中国的金融体系总体而言尚未成熟,其特点是仍以银行为主导,资本市场(包括股票市场和债券市场)尚在发展过程中,利率体系市场化改革仍在进行中(饶品贵和姜国华,2013)。此外,在中国金融体系发展与完善的过程中,无论是在制度变革还是在金融发展方面,政府均扮演了重要角色,可以说中国的金融体系仍然是政府主导的金融体系。

在中国现有的官员晋升锦标赛制度下(周黎安,2007),地方政府之间的竞争主要表现为经济发展(GDP)竞争,而GDP竞争则主要依赖于投资规模的增长。各地方政府为了实现投资增长,一方面依赖于地方财政投入,另一方面则依赖于金融资源投入,主要的表现形式是地方政府举债和金融机构向政府控制的企业提供信贷支持。随着中国1994年分税制改革的进行,税源大而集中的税种逐渐成为中央税,而税源分散、收入零星、涉及面广的税种逐渐成为地方税。地方政府在财权上税收收益递减,事权费用却不减反增,财政分权在无形中增加了地方政府的财政压力(傅勇和张宴,2007;李涛和周业安,2009;赵文哲等,2010),使财政投入远远无法满足政府的投资需要。因此,在推动地方经济发展的目标下,地方政府为了弥补其财政能力的不足,必然有强烈的动机介入金融市场的资源配置(巴曙松等,2005)。[②]

---

① 本章主体内容发表于《金融研究》2020年第1期。题目:“地方政府财政压力与银行信贷资源配置效率——基于我国城市商业银行的研究证据”,作者:祝继高、岳衡、饶品贵。

② 根据审计署2013年12月30日发布的《全国政府性债务审计结果》公告(2013年第32号),截至2013年6月底,地方政府性债务资金来源中,政府负有偿还责任的债务有108 859.17亿元,其中银行贷款55 252.45亿元,占比50.76%;政府负有担保责任的债务有26 655.77亿元,其中银行贷款19 085.18亿元,占比71.60%;政府可能承担一定救助责任的债务有43 393.72亿元,其中银行贷款26 849.76亿元,占比61.87%。这一事实充分说明,地方政府实质性地介入了金融资源的配置。

那么,地方政府的财政压力如何影响当地商业银行的信贷投向,这种来自地方政府的干预会对商业银行信贷资源配置效率产生何种影响?本章采用2005—2015年中国城市商业银行的数据进行实证分析并试图回答上述问题。[①]采用城市商业银行作为研究样本主要基于以下两点原因:第一,城市商业银行是经国务院批准,在部分城市信用合作社基础上组建起来的区域性股份制商业银行。在城市商业银行成立之初,中国人民银行就针对城市商业银行提出了"立足地方经济建设、立足中小企业发展、立足城市居民"的市场定位。因此,城市商业银行的市场定位和业务性质决定了其与地方政府存在千丝万缕的联系。第二,对于全国性商业银行而言,总行对分行的垂直管理限制了地方政府命令(或变相命令)商业银行对地方政绩项目贷款的通道(刘志彪,2013)。而约75%的城市商业银行第一大股东为地方政府或国有企业,地方政府对城市商业银行具有很强的控制力和影响力,比如国有城市商业银行的人事任免权、股本投入等(徐忠,2018)。城市商业银行甚至被地方政府视为"第二财政"(钱先航等,2011)。

本章所指的地方政府财政压力是指省级层面的财政压力。选择省级层面的主要原因如下:首先,始于1994年的中国分税制改革使得地方政府财政压力越来越大(赵文哲等,2010),但分税制改革只对中央和省级财政的收入划分做了规定,而省以下的收入划分则由省级政府决定(周飞舟,2006),因此城市层面的财政受制于省级政府;其次,省级政府对城市商业银行的组建(或改制)、组织形式、人事任免等发挥主导作用或者有重大影响[②],因此省级政府对城市商业银行信贷投放拥有话语权;再次,区域内商业银行的发展对于优化地方信贷资源配置和促进当地经济发展至关重要,而这个区域概念更多地应该是省级层面,而非单个城市层面;最后,按照《城市商业银行异地分支机构管理办法》(银监发〔2006〕第12号),资产规模较大、经营管理水平较高的城市商业银行可以突破单个城市经营区域的限制,发展跨区域业务(包括省内设立异地分支机构和跨

---

① 从城市信用合作社开始,城市商业银行经历了三十多年的发展历程,逐步成为中国银行业的重要组成部分。根据中国银监会2015年年报的统计,截至2015年12月31日,城市商业银行资产总额为226 802亿元,占银行业金融机构资产总额的11.38%。

② 例如,晋商银行在太原市商业银行的基础上组建,在整个组建过程中,山西省政府一直发挥着主导作用,包括人事任免、资产重组和中国银监会的监管审批等[资料来源:晋商银行简介 http://www.jshbank.com/jsyh/gyjs/gywm/19.html(访问日期:2021年8月4日)]。又如,2013年安徽省委组织部任命宿州前市委书记李宏鸣担任徽商银行董事长。

省设立异地分支机构)。[①] 允许城市商业银行省内设立异地分支机构使得城市商业银行可以在全省范围内配置信贷资源和开展经营业务。[②] 有鉴于此，我们认为研究地方政府财政压力与城市商业银行信贷资源投放之间的关系更宜采用省级层面的财政数据。

本章实证研究发现，地方政府财政压力是影响城市商业银行信贷资源投放的重要因素，省级地方政府的财政压力越大，省内城市商业银行投向地方国有经济部门的贷款比率越高。但是信贷资源向地方国有经济部门集中损害了商业银行的业绩(更高的不良贷款率和更差的会计业绩)。进一步的研究发现，城市商业银行会通过盈余管理行为来应对监管压力，具体表现为在财政压力大的省份，投向地方国有经济部门贷款比率高的城市商业银行，贷款拨备率更低。[③]

相比已有研究，本章的理论贡献主要有以下几点：第一，La Porta et al. (2002)提出了政府控制银行的“政治观”和“发展观”。[④] 本章的研究结论表明，中国地方政府会干预城市商业银行的信贷资源配置，因此本章的结论有力地支持了 La Porta et al. (2002)政府控制银行的“政治观”，凸显了转型经济国家制度环境对金融发展的影响。第二，以往的文献更多的是从获得贷款的企业入手，研究政府如何将信贷资源配置给企业(例如，卢峰和姚洋，2004；余明桂和潘红波，2008a)，本章则从城市商业银行入手，分析地方政府财政压力对信贷资源的提供者即商业银行的信贷行为和经营绩效的影响[⑤]，丰富了中国地方政府对经济的

---

① 王擎等(2012)对城市商业银行的跨区域经营进行了统计，发现截至2009年年底，共有49家城市商业银行跨区域经营。

② 在本章的样本中，许多城市商业银行的客户为省内城市商业银行非注册地城市客户。例如，2008年九江银行(银行总行注册地为江西省九江市)的第五大贷款客户为南昌城市建设投资发展有限公司(注册地为江西省南昌市)、第六大贷款客户为南昌市土地储备中心(注册地为江西省南昌市)。

③ 财政部2012年颁布的《金融企业准备金计提管理办法》(财金〔2012〕20号)对拨备和贷款拨备率进行了定义。拨备是指金融企业对承担风险和损失的金融资产计提的准备金，包括资产减值准备和一般准备。贷款拨备率是指金融企业计提的与贷款损失相关的资产减值准备与各项贷款余额之比。

④ La Porta et al. (2002) 的“发展观”认为，在制度环境不好的情况下，政府控制银行能够推动银行发展；“政治观”则认为，政府会利用其对银行的控制力将信贷资源配置给政府支持的贷款对象，从而损害了银行业绩。

⑤ 钱先航等(2011)与钱先航(2012)主要分析官员晋升压力和官员任期对贷款投放量、贷款投放期限及贷款投放行业的影响，而本章主要关注省级地方政府财政压力对城市商业银行信贷资源流向地方国有经济部门的影响及其经济后果(包括对城市商业银行经营绩效和信贷行为的影响)。因此，本章的研究视角和思路与上述两篇论文存在显著的差异。

影响方面的研究。第三,现有关于商业银行的文献很少分析商业银行如何应对政府对信贷资源配置的干预,本章则发现城市商业银行会通过盈余管理行为应对信贷资源流向地方国有经济部门所产生的不利影响,为转型经济国家商业银行的盈余管理研究提供了新的视角。

本章政策实践意义如下:第一,本章的研究结论有助于理解城市商业银行的信贷行为,进而对其更好地监管,从而改善城市商业银行公司治理,并提高城市商业银行经营绩效;第二,近年来,中国地方政府性债务规模快速扩大,由此带来的地方金融风险尤为引人关注,本章的研究结论对于理解地方政府性债务形成原因,加强城市商业银行的贷款风险控制,促进地方金融安全,以及主动防范化解系统性金融风险具有重要的意义。

本章后续安排如下:第二部分是文献回顾与研究假设,第三部分是研究设计与描述性统计,第四和第五部分是主要结果分析与进一步讨论,第六部分是稳健性检验,第七部分是结论与启示。

3.2 文献回顾与研究假设

3.2.1 地方政府财政压力与信贷资源配置

在中国经济发展过程中,各地方的竞争扮演了关键角色。在过去较长的时间内,中央对地方政府的考核机制是以 GDP 为主的政绩考核,将地方官员的晋升与地方经济增长挂钩,实行官员晋升锦标赛制度(周黎安,2007),因此发展经济是地方官员任期内的重中之重。实现经济增长,最为重要的推手是固定资产投资。地方政府可以通过财政的大规模投入加大固定资产投资,这表现为地方财政中一般公共预算的基本建设支出增加。但是,中国的分税制改革使地方政府的财政压力加大,大规模的财政投入非常困难。赵文哲等(2010)统计了1980—2006 年中国省级地方政府总的赤字规模,发现在分税制改革之前,地方政府的预算收支基本持平;而在分税制改革之后,地方政府财政支出规模和赤字规模持续扩大,到 2006 年地方政府财政赤字的名义值已经高达 12 127.75 亿元。刘志彪(2013)指出,分税制改革使得地方政府的财权和事权严重不匹配,地方政府的一般公共预算支出要远远大于一般公共预算收入。

有鉴于财政压力的增大,地方政府有强烈的动机从其他渠道获取资金来弥补预算内财政资金的不足,以推动投资的增长。由于金融体系发挥着基础性的资源配置作用,并且金融资源能够发挥杠杆效应,有助于投资规模的快速扩大,因此地方政府对金融资源的利用对投资增长乃至经济发展至关重要。巴曙松等(2005)指出,GDP增长的竞争主要表现为投资的竞争,而投资的竞争表现为金融资源的竞争。

目前,在中国银行占主导且银行受到政府影响的金融体系中,商业银行自然成为地方政府的重要资金来源。由于地方政府很难对全国性商业银行的信贷行为产生影响(刘志彪,2013),城市商业银行于是成为地方政府筹集资金的一个重要来源(钱先航等,2011)。现有实证研究也发现,地方政府会对城市商业银行的信贷资源投放施加重大影响。例如,钱先航等(2011)发现,地方官员晋升压力较大时,城市商业银行会减少短期贷款,增加中长期贷款;且从贷款行业分析,会减少批发零售业贷款,增加建筑和房地产业贷款。他们认为,地方官员的晋升压力影响了城市商业银行信贷资源的配置方向,官员希望增加长期贷款以支持地方经济发展,并通过房地产业拉动经济快速发展。徐忠(2018)指出,地方政府利用财政等手段干预金融资源配置,通过财政存款、财政补贴、高管任免奖励等手段诱导金融机构加大对当地经济建设的资金支持。

为了促进地方投资,地方政府希望地方国有经济部门成为信贷资源配置的主要对象。这是因为多数固定资产投资项目是基础设施建设,这些项目通常由国有经济部门承担,具有周期长、周转资金大的特点,对地方经济的拉动作用非常明显。国际货币基金组织的一份研究报告发现,中国的地方政府会对商业银行尤其是城市商业银行的信贷决策施加影响,使得银行更多地将信贷资源投向地方国有经济部门,而很多地方国有经济部门承担着一定的社会职能(例如,公共基础设施建设和事业单位发展)(Lu and Sun,2013)。由于法律限制地方政府直接向金融市场借贷,因此各种融资平台成为地方政府获取信贷资金的主要渠道。这份报告认为,地方融资平台的快速发展是地方财政支出不断增加的产物,而且地方融资平台的资金主要来自商业银行贷款。

综上所述,地方政府为了发展经济,在投资上进行竞争,在财政赤字的压力下,地方政府有很强的动机影响城市商业银行的信贷决策。地方政府财政压力越大,地方政府控制的商业银行越有可能将信贷资源配置给地方国有经济部门,

以帮助地方政府推动经济发展和履行相应的社会职能。基于以上分析,我们提出假设 1:

假设 1 随着地方政府财政压力的增大,城市商业银行投向地方国有经济部门的贷款比率会越高。

3.2.2 信贷资源配置与银行经营绩效

根据世界银行(World Bank,2001)的统计,在 20 世纪 90 年代,全世界有 40%的银行资产由国家控制,且政府拥有银行股权的现象在经济发展水平较低、金融体系不发达、政府干预性强且效率低下以及产权保护较差的国家更为普遍(La Porta et al.,2002)。既有学术研究表明,政府通过持股控制银行的一个直接经济后果就是银行效率低下,金融体系不稳定(La Porta et al.,2002; Levine,2003),政府控制银行更多的是服务其政治目的,而非出于经济意义上的考虑,即政府持股银行的"政治观"。例如,Micco et al.(2007)通过对 1995—2002 年 179 个国家的商业银行的研究发现,在大选年份,政府利用其控制的银行向企业提供更多的低息贷款。Shih et al.(2007)以 2002 年中国商业银行为样本发现,大量贷款流向经营不善的国有企业损害了商业银行的经营绩效。由于城市商业银行的信贷决策容易受到地方政府的控制和影响,因此城市商业银行的信贷资源配置存在低效率的情形。例如,钱先航等(2011)发现,官员晋升压力会通过增加城市商业银行中长期贷款和房地产贷款以及提高贷款集中度的途径形成不良贷款。祝继高等(2012)发现,贷款集中度高的城市商业银行不良贷款率更高,业绩更差。他们认为,贷款流向地方融资平台、土地储备中心和国资公司等地方国有经济部门会增加银行的信贷风险。

另外,现有文献指出,部分国有企业的经营效率更差,许多国有经济部门还承担着大量的社会职能(林毅夫和李志赟,2005),因此大量城市商业银行贷款流向地方国有经济部门造成较高的不良贷款率,从而损害银行经营绩效。尽管很多国有经济部门的贷款有地方政府担保,但一些地方政府的偿债能力存在一定的不确定性。[①] 基于以上分析,我们提出假设 2a 和假设 2b:

---

① 审计署 2013 年 12 月 30 日发布的《全国政府性债务审计结果》公告(2013 年第 32 号)指出:"我国政府性债务风险总体可控,但有的地方也存在一定的风险隐患。"

假设 2a　城市商业银行投向地方国有经济部门的贷款比率越高，其不良贷款率越高。

假设 2b　城市商业银行投向地方国有经济部门的贷款比率越高，其经营绩效越差。

3.2.3　地方政府财政压力、信贷资源配置与银行经营绩效

财政压力无疑是扣在地方政府头上的"紧箍咒"，可以预见财政压力大的地方政府更有可能通过干扰商业银行的信贷资源配置来实现其地方政府目标（黎凯和叶建芳，2007）。余明桂和潘红波（2008a）以地方政府控制的国有企业为样本发现，在政府干预强的地区，抵押资产相对较少与风险相对较高的国有企业能获得较多的银行贷款和更长期限的银行贷款。而且，这些地方政府控制的国有企业管理层的代理成本更高，经营绩效更差。毛捷和黄春元（2018）发现，在经济发展水平较低的地方（地方政府财政压力也更大），地方债务资金的使用效率更低，更有可能出现地方债务对经济增长的负向影响。信贷资源低效率的配置最终将传导到贷款银行，从而导致商业银行更高的不良贷款率和更差的银行经营绩效。Shih et al.（2007）发现，政府干预强的地区的城市商业银行经营绩效更差。钱先航等（2011）也指出，财政收支、GDP 增长率和失业率等指标会使得地方政府面临较大压力，导致城市商业银行信贷资源的低效率配置，形成高更的不良贷款率。谭劲松等（2012）研究了某国有商业银行 1988—2005 年全部剥离的不良资产数据，发现政府干预是产生银行不良贷款的主要原因，而政府干预的动机和能力来源于官员晋升锦标赛的激励、地方分权和财政分成体制的改革。因此，我们预期假设 2a 中的正相关关系和假设 2b 中的负相关关系在财政压力大的地方更为显著，即地方政府财政压力存在调节作用。基于以上分析，我们提出假设 3a 和假设 3b：

假设 3a　地方政府财政压力越大，城市商业银行投向地方国有经济部门的贷款比率与不良贷款率的正相关关系就越强。

假设 3b　地方政府财政压力越大，城市商业银行投向地方国有经济部门的贷款比率与银行经营绩效的负相关关系就越强。

3.3　研究设计与描述性统计

3.3.1　研究样本

本章以2005—2015年的中国城市商业银行为研究样本。我们剔除了研究变量缺失的观测，最终获得研究样本473个，占城市商业银行银行总数的32.07%。本章研究样本的年度分布见表3-1，地区分布见表3-2。城市商业银行的财务信息和公司治理信息来自《金融时报》和城市商业银行网站披露的年报。①

表3-1　样本年度分布统计

项目	2005年	2006年	2007年	2008年	2009年	2010年	2011年	2012年	2013年	2014年	2015年	合计
城市商业银行总数(家)	113	113	124	136	143	147	144	144	145	133	133	1 475
本章样本量(家)	7	32	42	33	42	52	45	41	41	72	66	473
比率(%)	6.19	28.32	33.87	24.26	29.37	35.37	31.25	28.47	28.28	54.14	49.62	32.07

注：城市商业银行总数来自中国银监会年报。

表3-2　样本地区分布统计　　单位：家

地区	观测数	地区	观测数	地区	观测数	地区	观测数
安徽	8	河南	29	内蒙古	8	天津	4
北京	9	黑龙江	9	宁夏	9	新疆	2
福建	13	湖北	18	青海	6	云南	7
甘肃	5	湖南	7	山东	60	浙江	77

① 城市商业银行主要以非上市银行为主体，因此本章的数据主要通过手工收集《金融时报》和城市商业银行网站披露的年报。与已有关于城市商业银行的研究类似，本章也存在由于非上市城市商业银行年报的自愿披露以及信息披露的不完整性导致缺失值较多的问题。根据本章的统计，2005—2015年，研究样本资产合计占城市商业银行全样本资产合计的58.93%，研究样本所有者权益合计占城市商业银行全样本所有者权益合计的56.18%；2007—2015年，研究样本净利润合计占城市商业银行全样本净利润合计的57.54%。这说明尽管本章样本的观测数量仅占城市商业银行总数的32.07%，但是本章样本在资产规模、所有者权益规模和净利润规模方面均具有较强的代表性。另外，本章样本平均的ROA(总资产收益率)为1.00%，城市商业银行全样本平均的ROA为1.14%，这表明两组样本在盈利能力方面并不存在显著的偏差。

（续表）

地区	观测数	地区	观测数	地区	观测数	地区	观测数
广东	14	吉林	3	山西	15	重庆	8
广西	17	江苏	20	陕西	14		
贵州	8	江西	12	上海	11		
河北	26	辽宁	24	四川	30		

3.3.2　主要变量定义

1. 地方政府财政压力

鉴于省级政府对城市商业银行的影响力和城市商业银行跨区经营的特征，我们采用省级层面的数据计量地方政府财政压力。借鉴赵文哲等(2010)、Liao and Liu(2014)的做法，我们采用“(一般公共预算支出－一般公共预算收入)/一般公共预算收入”来度量各个省份的财政压力。① 地方政府财政缺口等于一般公共预算支出减去一般公共预算收入。由于地方政府财政缺口是绝对数，因此我们采用一般公共预算收入进行标准化。

2. 投向地方国有经济部门的贷款比率

投向地方国有经济部门的贷款比率是指城市商业银行投向同一省份国有经济部门的贷款余额占全部贷款余额的比率。国有经济部门包括地方政府、事业单位、国有企业、国资公司、开发公司、城投公司、土地储备中心。由于信息披露的限制，本章采用“银行贷款前十大客户中投给地方国有经济部门的贷款余额/全部贷款余额”来度量投向地方国有经济部门的贷款比率。

3. 其他变量定义

本章借鉴 Haw et al. (2010)、徐忠等(2009)、祝继高等(2012)、张健华和王鹏(2012)、Rao et al. (2015)的做法，采用不良贷款率(NPR)来度量银行贷款质

① 一般公共预算收入和一般公共预算支出的数据来自《中国统计年鉴》。需要说明的是，在衡量地方财政收支时，2015 年、2016 年《中国统计年鉴》中列示的是一般公共预算收入和一般公共预算支出，2013 年、2014 年《中国统计年鉴》中列示的是地方公共财政收入和地方公共财政支出，2008—2012 年《中国统计年鉴》中列示的是一般预算收入和一般预算支出，2006 年、2007 年《中国统计年鉴》中列示的是收入合计和支出合计。由于本章采用的比率数，因此可能存在的统计口径差异对本章的结论影响不大。

量，采用总资产收益率(ROA)来衡量银行业绩。

李维安和曹廷求(2004)、Micco et al. (2007)、Haw et al. (2010)、祝继高等(2012)、Rao et al. (2015)发现，商业银行的股权性质、贷款比率、银行资产规模对于商业银行的信贷资源投放和经营绩效具有重要影响。因此，本章将第一大股东股权性质(State)、贷款比率(Loan)和银行资产规模(Size)作为控制变量。由于城市商业银行的信贷资源投放和经营绩效会受到各省份经济发展的影响，因此我们在回归模型中还控制了各个省份的GDP增长率(GDPG)。

本章涉及的变量定义参见表3-3。

表3-3　主要变量定义

变量符号	变量名称	变量定义
Deficit	地方政府财政压力	(省级一般公共预算支出－省级一般公共预算收入)/省级一般公共预算收入
LSloan	投向地方国有经济部门的贷款比率	前十大贷款客户中投给地方国有经济部门的贷款余额/全部贷款余额，地方国有经济部门是指与城市商业银行注册地在同一省份的地方政府、事业单位、国有企业、国资公司、开发公司、城投公司和土地储备中心
NPR	不良贷款率	不良贷款率
ROA	总资产收益率	净利润/总资产
Allowance	贷款拨备率	贷款损失准备余额/贷款余额
State	第一大股东股权性质	如果第一大股东的背景为国有，则取值为1，否则为0
Loan	贷款比率	贷款总额/总资产
Size	银行资产规模	银行总资产的自然对数
GDPG	GDP增长率	各个省份GDP增长率

3.3.3　回归模型

1. 地方政府财政压力与信贷资源配置

本章采用模型(1)，通过OLS(普通最小二乘法)回归来分析地方政府财政压力对城市商业银行投向地方国有经济部门的贷款比率的影响。地方政府财政压力(Deficit)[①]是我们关心的变量,我们预期该变量的回归系数显著为正。

$$LSloan = \alpha + \beta_1 Deficit + \beta_2 State + \beta_3 Loan + \beta_4 Size + \beta_5 GDPG + Year\ Fixed\ Effect + \varepsilon \quad (1)$$

2. 信贷资源配置与银行经营绩效

本章采用模型(2)和模型(3),通过 OLS 回归来分析城市商业银行投向地方国有经济部门的贷款比率对银行经营绩效(包括 NPR 和 ROA)的影响,以及地方政府财政压力(Deficit)的调节作用,即检验假设 2a 和 2b、假设 3a 和 3b。LSloan 和 LSloan×Deficit 是我们关心的变量。

$$NPR(ROA) = \alpha + \beta_1 LSloan + \beta_2 Deficit + \beta_3 State + \beta_4 Loan + \beta_5 Size + \beta_6 GDPG + Year\ Fixed\ Effect + \varepsilon \quad (2)$$

$$NPR(ROA) = \alpha + \beta_1 LSloan + \beta_2 Deficit + \beta_3 LSloan \times Deficit + \beta_4 State + \beta_5 Loan + \beta_6 Size + \beta_7 GDPG + Year\ Fixed\ Effect + \varepsilon \quad (3)$$

3.3.4　描述性统计

表 3-4 是研究样本的描述性统计。由表 3-4 可知,平均而言,地方政府一般公共预算支出是一般公共预算收入的 1.8934 倍,体现出地方政府巨大的财政压力。Deficit 的最小值大于 0,表明所有的样本城市商业银行所在省份的一般公共预算支出都大于一般公共预算收入。在表 3-5 中,我们进一步区分了不同省份之间财政压力的差异。北京、上海和广东的财政压力较小,青海、甘肃和宁夏的财政压力较大。LSloan 的均值为 0.0471,说明城市商业银行前十大贷款客户中投给地方国有经济部门的贷款余额占全部贷款余额的平均比率为 4.71%,该比率的最大值为 54.45%。2005—2015 年,样本城市商业银行 ROA 的均值为 1.00%,NPR 的均值为 1.52%,Allowance 的均值为 2.78%。有 75.69%的城市商业银行第一大股东产权性质为国有。平均而言,城市商业银行的贷款比率为 48.53%。资产规模的标准差较大,这是不同城市商业银行发展状况差异较大导致的。

---

① 模型设定中我们也尝试采用滞后一期的 Deficit,本章的研究结果不会发生实质性改变。

表 3-4 研究样本的描述性统计

变量	样本	均值	标准差	最小值	第一四分位数	中位数	第三四分位数	最大值
Deficit	473	0.8934	0.7621	0.0517	0.2517	0.7807	1.2731	5.7450
LSloan	473	0.0471	0.0720	0.0000	0.0000	0.0201	0.0593	0.5445
ROA	473	0.0100	0.0045	−0.0010	0.0078	0.0099	0.0122	0.0288
NPR	473	0.0152	0.0146	0.0000	0.0072	0.0109	0.0182	0.1458
Allowance	361	0.0278	0.0151	0.0017	0.0209	0.0262	0.0311	0.1545
State	473	0.7569	0.4294	0.0000	1.0000	1.0000	1.0000	1.0000
Loan	473	0.4853	0.2140	0.0246	0.4076	0.4868	0.5628	4.4769
Size	473	17.8187	1.2819	14.1839	16.9545	17.7927	18.6427	21.3357
GDPG	473	0.1311	0.0674	−0.0068	0.0760	0.1212	0.1930	0.3227

表 3-5 各个地区财政压力(Deficit)均值统计

地区	均值	地区	均值	地区	均值	地区	均值
安徽	1.243	河南	1.363	内蒙古	1.175	天津	0.220
北京	0.127	黑龙江	1.698	宁夏	2.179	新疆	1.723
福建	0.400	湖北	1.172	青海	4.974	云南	1.616
甘肃	2.878	湖南	1.307	山东	0.443	浙江	0.220
广东	0.177	吉林	1.643	山西	0.872	重庆	0.794
广西	1.465	江苏	0.194	陕西	1.235		
贵州	1.814	江西	1.279	上海	0.121		
河北	1.008	辽宁	0.710	四川	1.384		

表 3-6 是主要变量的相关系数表。从中可以发现,Deficit 与 LSloan 显著正相关,表明地方政府财政压力越大,城市商业银行投向地方国有经济部门的贷款比率越高,这与本章的预期是一致的。LSloan 与 ROA 显著负相关,与 NPR 显著正相关,说明城市商业银行信贷资源配置对银行经营绩效有显著影响。以上是单变量分析,未控制其他影响因素,有待多元线性回归分析做进一步的检验。

表 3-6　主要变量相关系数表(Pearson)

变量	Deficit	LSloan	ROA	NPR	Allowance	State	Loan	Size	GDPG
Deficit	1.000								
LSloan	0.241***	1.000							
ROA	0.082*	−0.262***	1.000						
NPR	0.007	0.430***	−0.400***	1.000					
Allowance	0.017	0.047	−0.125**	0.374***	1.000				
State	0.232***	0.201***	−0.015	0.109**	0.070	1.000			
Loan	−0.110**	0.086*	−0.020	0.133***	−0.037	−0.061	1.000		
Size	−0.164***	−0.475***	0.073	−0.310***	−0.063	−0.120***	−0.199***	1.000	
GDPG	0.111**	0.337***	0.026	0.184***	−0.108**	0.113**	0.092**	−0.357***	1.000

注：***、**、* 分别表示在 1%、5%和 10%的统计水平上显著。

3.4　地方政府财政压力、信贷资源配置与银行经营绩效

3.4.1　地方政府财政压力与信贷资源配置

在表 3-7 的第(2)列中，Deficit 的系数是 0.0195，在 1%的统计水平上显著，这说明地方政府一般公共预算支出(占一般公共预算收入)上升 1%，那么该省份的城市商业银行投给地方国有经济部门的贷款比率相应地上升 0.0195%，这在经济意义上也是显著的，上述结果支持了假设 1。第(1)列的 R^2 是 0.3713，第(2)列的 R^2 是 0.4061，加入 Deficit 使得 R^2 提高了 0.0348(F 检验在 1%的统计水平上显著)。这表明地方政府财政压力是影响城市商业银行信贷资源配置的重要因素。①

在第(1)列中，State 的系数显著为正，这说明国有城市商业银行投向地方国有经济部门的贷款比率更高，而在本章的样本中，75.69%城市商业银行的第一大股东产权性质为国有，这也体现出政府对城市商业银行的控制能力；Size 的系

① 本章还分析了城市商业银行所在地级市的财政压力对城市商业银行信贷资源配置的影响。我们发现，城市商业银行所在地级市的财政压力对“前十大贷款客户中投给同一地级市国有经济部门的贷款余额/全部贷款余额”和“前十大贷款客户中投给同一省份国有经济部门的贷款余额/全部贷款余额”的影响均不显著。我们认为，由于大多数城市商业银行的信贷资源投放遍及全省，这显然不是城市商业银行所在城市的地方政府控制和影响的，其更有可能受到省级政府和省级财政压力的影响。因此，本章采用省级层面的财政数据度量城市商业银行面临的财政压力是合适的。

数显著为负，这说明城市商业银行的资产规模越大，城市商业银行投向地方国有经济部门的贷款比率越低。

表 3-7　地方政府财政压力与信贷资源配置

变量	LSloan	
	(1)	(2)
Deficit		0.0195***
		(4.38)
State	0.0181**	0.0113*
	(2.50)	(1.85)
Loan	−0.0110	−0.0049
	(−1.35)	(−0.67)
Size	−0.0156***	−0.0126***
	(−4.44)	(−3.84)
GDPG	0.3007**	0.1913*
	(2.47)	(1.85)
Constant	0.2801***	0.2137***
	(4.23)	(3.50)
Year Fixed Effect	控制	控制
N	473	473
R^2	0.3713	0.4061

注：括号内是 T 值，标准误差经异方差调整，并按照省份聚类①；***、**、* 分别表示在 1%、5%和 10%的统计水平上显著。

3.4.2　信贷资源配置与银行经营绩效

在表 3-8 的第(1)列中，LSloan 的系数是 0.0391，在 1%的统计水平上显著，这说明城市商业银行投向地方国有经济部门的贷款比率提高 1%，城市商业银行的不良贷款率相应地提高 0.0391%；在第(2)列中，LSloan 的系数为 −0.0166，在 1%的统计水平上显著，这说明城市商业银行投向地方国有经济部门的贷款比率提高 1%，城市商业银行的总资产收益率相应地降低 0.0166%。上述结论不仅在统计意义上显著，在经济意义上也是重要的，从而支持了本章的

① 我们采用 Petersen(2009)推荐的方法，在回归模型中根据年份和银行同时进行聚类回归，研究结果保持不变。

假设 2a 和假设 2b。周黎安(2004)指出,地方官员会出于对晋升的政治激励而不惜以地方产业和企业的经济预算为代价参与地区竞争。上述结论表明,地方政府因财政压力对城市商业银行信贷行为的干预损害了城市商业银行的经营绩效。

信贷资源向地方国有经济部门集中会损害城市商业银行的经营绩效,那么这种关系是否因地方政府财政压力的不同而存在差异呢?在表 3-8 中,我们将 LSloan 与 Deficit 做交互项。由表 3-8 的第(3)列可知,LSloan 的系数显著为正,LSloan×Deficit 的系数不显著,这表明信贷资源向国有经济部门集中会导致更高的不良贷款率,但是这种关系在财政压力不同的地方并不存在显著的差异,假设 3a 未获得支持。在第(4)列中,LSloan 的系数显著为负,LSloan×Deficit 的系数显著为正,这表明信贷资源向地方国有经济部门集中会损害银行经营绩效,但是这种负相关关系在财政压力大的地方更弱。因此,假设 3b 未获得支持。

表 3-8　地方政府财政压力、信贷资源配置与银行经营绩效

变量	NPR (1)	ROA (2)	NPR (3)	ROA (4)
LSloan	0.0391***	−0.0166***	0.0359**	−0.0235***
	(3.05)	(−4.28)	(2.12)	(−4.49)
Deficit	0.0001	0.0007*	−0.0001	0.0002
	(0.11)	(1.85)	(−0.13)	(0.41)
LSloan×Deficit			0.0033	0.0071**
			(0.30)	(2.18)
State	0.0007	0.0002	0.0007	0.0003
	(0.33)	(0.25)	(0.35)	(0.37)
Loan	0.0030	0.0003	0.0029	0.0001
	(1.18)	(0.59)	(1.16)	(0.30)
Size	−0.0002	−0.0003*	−0.0002	−0.0003*
	(−0.33)	(−1.80)	(−0.35)	(−1.97)
GDPG	0.0113	0.0007	0.0113	0.0007
	(0.52)	(0.10)	(0.52)	(0.11)
Constant	0.0161	0.0131***	0.0165	0.0141***
	(1.11)	(3.81)	(1.14)	(4.24)
Year Fixed Effect	控制	控制	控制	控制
N	473	473	473	473
R^2	0.4578	0.2143	0.4579	0.2211

注:括号内是 T 值,标准误差经异方差调整,并按照省份聚类;***、**、* 分别表示在 1%、5%和 10%的统计水平上显著。

为何信贷资源向地方国有经济部门集中对城市商业银行经营绩效的负面影响在地方政府财政压力大的地方反而更弱，但不良贷款率不存在显著差异？有以下三种推测：① 在其他条件相同的情况下，地方政府财政压力越大，城市商业银行投向地方国有经济部门的贷款越多，贷款利率越高，获得的利息收入越多；② 在其他条件相同的情况下，地方政府财政压力越大，城市商业银行投向地方国有经济部门的贷款越多，获得的补贴收入越多；③ 地方政府财政压力越大，城市商业银行投向地方国有经济部门的贷款比率越高，面临的绩效考核和监管压力就越大，因此城市商业银行很有可能出于监管压力进行盈余管理。

为了检验推测①，本章以“利息净收入/总资产”为被解释变量，在模型(2)的基础上进行分析，发现 LSloan×Deficit 的系数并不显著，因此推测①并不成立。为了检验推测②，本章借鉴祝继高等(2012)的做法，采用“其他业务收入/总资产”来测度城市商业银行可能获得的政府补贴，即以“其他业务收入/总资产”为被解释变量，在模型(2)的基础上进行分析，发现 LSloan×Deficit 的系数并不显著，推测②并不成立。因此可能的解释是推测③。我们将在第五部分对城市商业银行出于监管压力进行盈余管理的行为进行理论分析和实证检验。

3.5 进一步讨论：监管压力与商业银行的贷款损失准备

3.5.1 监管压力与商业银行计提贷款损失准备的理论分析

相比其他行业，银行业是高度管制的行业，而且会计信息在银行的审慎监管中发挥着非常重要的作用(Levine，2003；Beatty and Liao，2014)。因此，商业银行除了具有一般企业的盈余管理动机，还具有满足银行监管部门要求的盈余管理动机。由于银行业的特殊性，银行有其自身独特的会计应计——贷款损失准备本期计提。贷款损失准备是针对银行未来可能发生的坏账损失而计提的坏账准备。贷款损失准备本期计提在银行会计应计中所占比重很大。在 Beatty and Liao(2014)的研究样本(2005—2012 年美国商业银行)中，贷款损失准备本期计提绝对值占银行会计应计绝对值的比重高达 56%。因此，贷款损失准备问题也就成为商业银行会计信息质量研究的重要话题。

Beatty et al. (2002)通过对美国上市银行和非上市银行的对比分析发现,上市银行由于受到资本市场的压力,更有可能通过计提贷款损失准备和确认金融资产收益来避免因银行盈利微小下滑而引起的业绩亏损。Huizinga and Laeven (2012)以美国的上市商业银行为研究样本发现,在 2008 年金融危机期间,商业银行会高估其资产与监管资本以避免业绩下滑和违反监管规定,其进行盈余管理的重要手段包括少计提本期贷款损失准备和将住房抵押贷款证券的资产分类从可供出售资产(资产的公允价值变动计入当期损益)调整为持有至到期投资(资产的公允价值变动不计入当期损益)。Bushman and Williams(2012)利用 27 个国家商业银行的研究发现,如果商业银行通过贷款损失准备本期计提平滑利润,则会使得银行信息变得更不透明(银行面临的外部监管会减弱),商业银行更有可能从事高风险活动;如果商业银行的贷款损失准备本期计提是对银行未来风险的有效估计,则商业银行更不可能从事高风险活动。Kilic et al. (2013)发现,利用贷款损失准备本期计提平滑利润会损害贷款损失准备预测贷款未来违约的信息含量。

银行计提贷款损失准备除了会影响其会计利润,还会影响其监管资本。在现行的《巴塞尔协议》监管体系中,银行资本包括核心资本和附属资本,其中银行的贷款损失准备余额不能计入核心资本,但可以计入附属资本。银行计提贷款损失准备会减少利润和所有者权益,从而减少银行的核心资本,但是会增加银行的附属资本。[①] 因此,银行计提贷款损失准备的另一个重要动机就是满足资本监管的需求。[②] Huizinga and Laeven(2012)指出,由于监管部门对商业银行存在最低资本要求,因此商业银行会通过少计提贷款损失准备来使得监管资本达标。如果商业银行的核心资本充足率较低,那么商业银行会尽量少计提贷款损失准备以避免违反资本监管要求(Ahmed et al., 1999; Beatty and Liao, 2014)。

从文献可以看出,商业银行有很强的动机操纵贷款损失准备本期计提。与国外商业银行类似,中国商业银行同样面临监管压力。首先,计提贷款损失准备会减少利润,减少商业银行的核心资本,从而降低商业银行的核心资

① 银行的贷款损失准备余额占风险资产的比率不能超过 1.25%。

② 具体说明可以参见 Beatty and Liao(2014)中的图 3。

本充足率。[①] 其次,监管部门会对商业银行的盈利能力进行考核,考核结果作为重要的监管依据。例如,2006 年银监会发布《商业银行监管评级内部指引(试行)》,盈利状况就是商业银行监管评级的重要维度之一,其中规定,"监管评级结果应当作为监管规划和合理配置监管资源的主要依据;监管评级结果应当是监管机构采取监管措施和行动的主要依据"。

在财政压力大的地方,城市商业银行投向地方国有经济部门的贷款比率更高,地方国有经济部门的信贷资源配置效率更低,对城市商业银行的经营绩效扭曲也更大。因此,这些城市商业银行为了满足监管要求,计提贷款损失准备的金额就会更少,贷款拨备率就会更低,从而表现出更强的盈余管理动机。基于上述分析,我们预期地方政府财政压力越大,投向地方国有经济部门贷款比率高的城市商业银行计提的贷款损失准备就越少。

3.5.2 研究模型与实证结果

本章采用贷款拨备率来衡量贷款损失准备的计提情况。[②] 与祝继高等(2015)、祝继高等(2017)的方法一致,我们采用贷款损失准备余额来衡量商业银行计提贷款损失准备的水平。从会计角度而言,贷款损失准备余额是以往会计年度贷款损失准备本期计提的累积,它反映的是商业银行在某个时点上贷款损失准备的历史存量,是贷款余额的备抵账户。

本章采用模型(4),通过 OLS 回归来分析随着地方政府财政压力(Deficit)的增大,城市商业银行投向地方国有经济部门的贷款比率对贷款拨备率的影响。

---

① 中国的商业银行资本监管框架与《巴塞尔协议》监管框架是一致的。中国银监会 2007 年 7 月 3 日公布的修正后的《商业银行资本充足率管理办法》规定:"商业银行资本充足率的计算应建立在充分计提贷款损失准备等各项损失准备的基础之上","商业银行资本包括核心资本和附属资本。核心资本包括实收资本或普通股、资本公积、盈余公积、未分配利润和少数股权。附属资本包括重估储备、一般准备、优先股、可转换债券、混合资本债券和长期次级债务"。因此,在核心资本中并不包括计提的贷款损失准备。

② 中国银监会 2011 年 5 月发布的《关于中国银行业实施新监管标准的指导意见》(银监发〔2011〕44 号)要求商业银行贷款拨备率不低于 2.5%。该标准自 2012 年 1 月 1 日开始实施,系统重要性银行应于 2013 年年底前达标;对非系统重要性银行,监管部门将设定差异化的过渡期安排,并鼓励提前达标:盈利能力较强、贷款损失准备补提较少的银行业金融机构应在 2016 年年底前达标;个别盈利能力较低、贷款损失准备补提较多的银行业金融机构应在 2018 年年底前达标。

$$\text{Allowance} = \alpha + \beta_1 \text{LSloan} + \beta_2 \text{Deficit} + \beta_3 \text{LSloan} \times \text{Deficit} + \beta_4 \text{State} + \beta_5 \text{Loan} + \beta_6 \text{Size} + \beta_7 \text{GDPG} + \text{Year Fixed Effect} + \varepsilon \quad (4)$$

由表 3-9 的第(1)列可知，LSloan 和 Deficit 的系数均不显著，但是在第(2)列中，LSloan×Deficit 的系数在 5%的统计水平上显著为负，这表明随着地方政府财政压力的增大，城市商业银行投向地方国有经济部门的贷款比率越高，贷款拨备率就越低。由于贷款给地方国有经济部门的不良贷款率在财政压力不同的地区并不存在显著差异(见表 3-8)，因此贷款拨备率更低并不是因为贷款质量更高所以需要计提的贷款损失准备更少，而是城市商业银行为了避免监管压力而少计提贷款损失准备的盈余管理行为导致的。因此，表 3-9 的回归结果支持了本章的预期，即地方政府财政压力越大，投向地方国有经济部门贷款比率高的城市商业银行计提的贷款损失准备就越少。

表 3-9　地方政府财政压力与贷款拨备率

变量	Allowance	
	(1)	(2)
LSloan	0.0229	0.0413
	(0.84)	(1.34)
Deficit	−0.0012	0.0003
	(−0.97)	(0.27)
LSloan×Deficit		−0.0194**
		(−2.14)
State	0.0023*	0.0022*
	(1.99)	(1.92)
Loan	−0.0013	−0.0009
	(−0.38)	(−0.27)
Size	−0.0015*	−0.0014
	(−1.70)	(−1.62)
GDPG	−0.0235	−0.0233
	(−0.86)	(−0.85)
Constant	0.0634***	0.0602***
	(3.11)	(3.05)
Year Fixed Effect	控制	控制
N	361	361
R^2	0.0664	0.0715

注：括号内是 T 值，标准误差经异方差调整，并按照省份聚类；***、**、* 分别表示在 1%、5%和 10%的统计水平上显著。

为了进一步验证表3-8第(4)列中的结果是否是城市商业银行的盈余管理行为,我们将样本根据贷款拨备率的大小分成两组分别进行回归。由表3-10可知,LSloan×Deficit系数只在贷款拨备率低的银行组显著为正,这说明城市商业银行的盈余管理行为能够显著提高城市商业银行的会计业绩。这也从另一个角度说明,随着地方政府财政压力的增大,投向地方国有经济部门贷款比率高的城市商业银行更有可能通过少计提贷款损失准备来防止会计业绩下滑。总之,上述结果较好地解释了表3-8中发现的"信贷资源向地方国有经济部门集中会损害银行经营绩效,但是这种负相关关系在财政压力高的地方更弱"。

表3-10　地方政府财政压力、贷款拨备率与银行经营绩效

变量	ROA	
	贷款拨备率低的银行 (1)	贷款拨备率高的银行 (2)
LSloan	−0.0385***	−0.0142*
	(−2.88)	(−1.87)
Deficit	−0.0004	0.0013*
	(−0.78)	(1.97)
LSloan×Deficit	0.0132***	0.0032
	(3.30)	(0.63)
State	0.0001	0.0010
	(0.15)	(0.81)
Loan	0.0014	0.0001
	(0.37)	(0.25)
Size	−0.0001	−0.0003
	(−0.37)	(−0.78)
GDPG	−0.0070	−0.0045
	(−0.67)	(−0.54)
Constant	0.0112	0.0113*
	(1.35)	(1.76)
Year Fixed Effect	控制	控制
N	179	182
R^2	0.1956	0.2973

注:括号内是T值,标准误差经异方差调整,并按照省份聚类;***、**、*分别表示在1%、5%和10%的统计水平上显著。

3.6 稳健性检验

3.6.1 地方政府财政压力的测度

除一般公共预算收入外，地方政府还有其他收入来源，包括中央政府转移支付、预算外收入及国有土地使用权出让金。Lu and Sun(2013)指出，各个地方政府对中央政府的转移支付存在激烈的竞争博弈，地方政府所获得的中央政府转移支付并不能很好地填补预算内财政缺口。预算外收入则存在较大的不确定性。孙秀林和周飞舟(2013)认为，分税制改革使得地方政府逐渐形成了土地财政。作为稳健性检验，我们考虑了国有土地使用权出让金收入对地方政府财政压力的影响。构建新的指标 Deficit1 来衡量地方政府面临的财政压力，Deficit1＝(一般公共预算支出－一般公共预算收入－国有土地使用权出让金)/(一般公共预算收入＋国有土地使用权出让金)。由表 3-11 和表 3-12 可知，采用该指标，本章的主要研究结论保持不变。

3.6.2 控制政府性债务和城投债的影响

政府性债务是地方政府过往多年累积的结果，这些政府性债务未来的偿付会形成地方政府未来的财政压力。根据《国务院办公厅关于做好全国政府性债务审计工作的通知》(国办发明电〔2013〕20 号)的要求，审计署组织审计了各个省份截至 2012 年年底和 2013 年 6 月底的政府性债务情况。我们手工收集了各个省份政府性债务审计结果。作为稳健性检验，定义测度各个省份政府性债务的变量 Debt(Debt＝政府负有偿还责任的债务/地方 GDP)，并将该变量分别放入本章的主要回归模型中。

罗党论和佘国满(2015)指出，地方政府通过设立投融资平台发行城投债是地方政府债务的重要来源，由于政府的“隐性”担保，城投债通常被视为“准市政债”。因此，我们还在本章的主要回归模型中控制了变量 Bond(Bond＝年度地方城投债发行量/年度地方 GDP)。

由表3-11和表3-12可以发现，在控制政府性债务和城投债的影响后，本章中的主要研究结论不变。

表3-11 地方政府财政压力与信贷资源配置

变量	LSloan		
	(1)	(2)	(3)
Deficit		0.019***	
		(3.61)	
Deficit1			0.026***
			(3.89)
State	0.018**	0.012*	0.010*
	(2.62)	(1.91)	(1.80)
Loan	−0.010	−0.006	−0.005
	(−1.25)	(−0.80)	(−0.76)
Size	−0.016***	−0.013***	−0.013***
	(−4.60)	(−4.00)	(−4.19)
GDPG	0.218*	0.150	0.174*
	(2.00)	(1.56)	(1.80)
Debt	0.051	0.013	0.009
	(1.46)	(0.44)	(0.31)
Bond	0.166	0.252	0.255
	(1.21)	(1.39)	(1.29)
Constant	0.275***	0.216***	0.226***
	(4.22)	(3.55)	(3.86)
Year Fixed Effect	控制	控制	控制
N	473	473	473
R^2	0.3807	0.4085	0.4190

注：括号内是T值，标准误差经异方差调整，并按照省份聚类；***、**、*分别表示在1%、5%和10%的统计水平上显著。

表 3-12　地方政府财政压力、信贷资源配置与银行经营绩效

变量	NPR (1)	ROA (2)	NPR (3)	ROA (4)	NPR (5)	ROA (6)	NPR (7)	ROA (8)
LSloan	0.039***	−0.017***	0.036**	−0.024***	0.036***	−0.016***	0.032**	−0.020***
	(3.07)	(−4.25)	(2.14)	(−4.35)	(2.99)	(−4.17)	(2.39)	(−4.50)
Deficit	−0.000	0.001*	−0.000	0.000				
	(−0.16)	(2.02)	(−0.36)	(0.66)				
LSloan×			0.003	0.007**				
Deficit			(0.31)	(2.17)				
Deficit1					0.001	0.001	0.000	−0.000
					(0.69)	(1.20)	(0.18)	(−0.23)
LSloan×							0.010	0.010**
Deficit1							(0.64)	(2.11)
State	0.001	0.000	0.001	0.000	0.000	0.000	0.001	0.000
	(0.37)	(0.19)	(0.39)	(0.31)	(0.22)	(0.31)	(0.27)	(0.46)
Loan	0.003	0.000	0.003	0.000	0.003	0.000	0.003	−0.000
	(1.19)	(0.46)	(1.17)	(0.17)	(1.27)	(0.31)	(1.22)	(−0.08)
Size	−0.000	−0.000*	−0.000	−0.000*	−0.000	−0.000**	−0.000	−0.000**
	(−0.34)	(−1.76)	(−0.36)	(−1.94)	(−0.22)	(−2.17)	(−0.26)	(−2.29)
GDPG	0.011	0.000	0.011	0.001	0.009	0.002	0.009	0.002
	(0.45)	(0.05)	(0.45)	(0.07)	(0.39)	(0.28)	(0.38)	(0.25)
Debt	0.004	−0.001	0.004	−0.002	0.002	−0.001	0.002	−0.001
	(0.61)	(−0.93)	(0.61)	(−0.97)	(0.27)	(−0.51)	(0.29)	(−0.44)
Bond	−0.021	0.013	−0.021	0.012	−0.016	0.011	−0.017	0.011
	(−0.48)	(1.37)	(−0.49)	(1.32)	(−0.36)	(1.14)	(−0.37)	(1.07)
Constant	0.016	0.013***	0.017	0.014***	0.015	0.014***	0.015	0.015***
	(1.14)	(3.67)	(1.16)	(4.06)	(1.05)	(4.44)	(1.11)	(4.69)
Year Fixed Effect	控制	控制	控制	控制	控制	控制	控制	控制
N	473	473	473	473	473	473	473	473
R^2	0.4590	0.2173	0.4591	0.2241	0.4603	0.2098	0.4611	0.2178

注：括号内是 T 值，标准误差经异方差调整，并按照省份聚类；***、**、* 分别表示在1%、5%和10%的统计水平上显著。

3.6.3　内生性问题

本章的研究结论可能受到内生性问题的影响。内生性问题主要源于三个方面：

第一是遗漏变量。对于这方面的问题，我们采用固定效应模型来解决可能存在的遗漏变量问题，固定效应模型的回归结果表明本章的主要结论是稳定的，这说明本章的结论基本不受遗漏变量的影响。

第二是变量计量误差。本章主要变量包括省级层面的财政缺口、城市商业银行信贷资源配置等，这些数据均来自《中国统计年鉴》或城市商业银行的年报，因此我们的变量计量是相对准确的。但不可否认的是，本章将“投向地方国有经济部门的贷款比率”(LSloan)定义为“前十大贷款客户中投给地方国有经济部门的贷款余额/全部贷款余额”存在一定的计量误差。地方国有经济部门是指与城市商业银行注册地在同一省份的地方政府、事业单位、国有企业、国资公司、开发公司、城投公司和土地储备中心。我们从城市商业银行年报附注中手工摘录了前十大贷款客户的信息，并通过百度检索、电话问询等多种方式判断贷款客户是否为地方国有经济部门。在本章中我们也承认了信息披露的限制，我们无法获得城市商业银行投向地方国有经济部门的所有贷款信息，但这已经是目前国内研究商业银行所能获得的最为完整和可靠的公开信息。

第三是反向因果关系。我们查阅了相关文献，从宏观到微观的研究，通常较少探讨内生性问题，这是因为单一微观主体的决策行为更多的是受到制度和外部环境的影响，而不是影响制度和外部环境。例如，钱先航等(2011)研究官员晋升压力对银行信贷资源配置的影响，饶品贵和姜国华(2013)研究货币政策对银行信贷与商业信用互动关系的影响，上述两篇文献均未讨论内生性问题。本章主要研究地方政府财政压力对城市商业银行信贷资源配置的影响，城市商业银行由于受到其体量的影响，在同一地区还存在很多国有大型商业银行(比如四大国有商业银行)的分支机构，因此我们认为某一家城市商业银行对地方经济的影响是较小的，很难改变制度和外部环境，但另一方面城市商业银行可能受到所在省份制度环境、行政因素的影响，因此本章研究也基本不存在严重的反向因果关系导致的内生性问题。

为了进一步缓解可能存在的内生性问题，我们采用了两阶段回归。针对表 3-7 中地方政府财政压力（Deficit）可能存在的内生性问题，我们采用各个省份国有企业及规模以上非国有企业数量（Firmnumber，取自然对数）作为地方政府财政压力的工具变量，通常而言，国有企业及规模以上非国有企业数量越多，地方政府的财政压力就越小，但是国有企业及规模以上非国有企业数量不太可能影响前十大贷款客户中投给地方国有经济部门的贷款比率。两阶段的回归结果表明，本章的主要结论依然成立。

3.7 结论与启示

本章研究了地方政府财政压力是否对商业银行信贷资源配置产生影响。采用 2005—2015 年中国城市商业银行的样本，我们研究发现，地方政府财政压力是影响城市商业银行信贷资源配置的重要因素。具体而言，省级地方政府的财政压力越大，省内城市商业银行投向地方国有经济部门的贷款比率越高，而且信贷资源更多地投向地方国有经济部门的城市商业银行会有更高的不良贷款率和更差的会计业绩。进一步还发现，在财政压力大的省份，城市商业银行投向地方国有经济部门的贷款比率越高，其贷款拨备率越低，这表明城市商业银行会通过盈余管理行为来应对监管压力。

与以往的研究文献相比，本章手工收集的中国城市商业银行数据对于检验地方政府与商业银行的关系更具有普遍意义，并且从更深层次上研究了地方政府影响城市商业银行信贷资源配置及其效率的途径与机制。此外，本章的研究还具有重要的政策意义。如何防范化解由地方政府大规模举债引发的潜在金融风险，一直是理论界和实务界关注的焦点问题。一方面，地方政府的财权与事权不匹配会导致地方政府举债从而引发地方金融风险；另一方面，中国官员晋升锦标赛制度产生的官员政治动机也是引发地方金融风险的重要原因。因此，建立良好的融资体制以及完善地方政府的融资市场对于缓解地方政府的融资压力和防范化解金融风险具有积极的意义。但更为重要的是启动新一轮的财政体制改革，平衡地方政府的财权与事权（刘志彪，2013），并有效地约束地方官员的政治动机。最后，只有减少政府对商业银行的干预、真正提高信贷资源配置的市场化水平才能提升商业银行的经营绩效，让商业银行发挥信贷资源配置的主体作用，进而更好地服务实体经济。

参考文献

巴曙松，刘孝红，牛播坤，2005.转型时期中国金融体系中的地方治理与银行改革的互动研究[J]. 金融研究(5):25—37.

傅勇，张晏，2007.中国式分权与财政支出结构偏向:为增长而竞争的代价[J].管理世界(3):4—12.

黎凯，叶建芳，2007.财政分权下政府干预对债务融资的影响:基于转轨经济制度背景的实证分析[J].管理世界(8):23—34.

李涛，周业安，2009.中国地方政府间支出竞争研究:基于中国省级面板数据的经验证据[J].管理世界(2):12—22.

李维安，曹廷求，2004.股权结构、治理机制与城市银行绩效:来自山东、河南两省的调查证据[J].经济研究(12):4—15.

林毅夫，李志赟，2005.中国的国有企业与金融体制改革[J].经济学(季刊)，4(4):913—936.

刘志彪，2013.我国地方政府公司化倾向与债务风险:形成机制与化解策略[J].南京大学学报(5):24—31.

卢峰，姚洋，2004.金融压抑下的法治、金融发展和经济增长[J].中国社会科学(1):42—55.

罗党论，佘国满，2015.地方官员变更与地方债发行[J].经济研究(6):131—146.

毛捷，黄春元，2018.地方债务、区域差异与经济增长:基于中国地级市数据的验证[J].金融研究(5):1—19.

钱先航，2012.官员任期、政治关联与城市商业银行的贷款投放[J].经济科学(2):89—101.

钱先航，曹廷求，李维安，2011.晋升压力、官员任期与城市商业银行的贷款行为[J].经济研究(12):72—85.

饶品贵，姜国华，2013.货币政策对银行信贷与商业信用互动关系的影响研究[J].经济研究(1):68—82.

孙秀林，周飞舟，2013.土地财政与分税制:一个实证解释[J].中国社会科学(4):40—59.

谭劲松，简宇寅，陈颖，2012.政府干预与不良贷款:以某国有商业银行1988—2005年的数据为例[J].管理世界(7):29—43.

王擎，吴玮，黄娟，2012.城市商业银行跨区域经营:信贷扩张、风险水平及银行绩效[J].金融研究(1):141—153.

徐忠，2018.新时代背景下中国金融体系与国家治理体系现代化[J].经济研究(7):4—20.

徐忠，沈艳，王小康，等，2009.市场结构与我国银行业绩效:假说与检验[J].经济研究(10):75—86.

余明桂，潘红波，2008a.政府干预、法治、金融发展与国有企业银行贷款[J].金融研究(9):

1—22.

余明桂,潘红波,2008b.政治关系、制度环境与民营企业银行贷款[J].管理世界(8):9—21.

张健华,王鹏,2012.银行风险、贷款规模与法律保护水平[J].经济研究(5):18—30.

赵文哲,杨其静,周业安,2010.不平等厌恶性、财政竞争和地方政府财政赤字膨胀关系研究[J].管理世界(1):44—53.

周飞舟,2006.分税制十年:制度及其影响[J].中国社会科学(6):100—115.

周黎安,2004.晋升博弈中政府官员的激励与合作:兼论我国地方保护主义和重复建设问题长期存在的原因[J].经济研究(6):33—40.

周黎安,2007.中国地方政府官员的晋升竞标赛模式研究[J].经济研究(7):36—50.

祝继高,李天时,尤可畅,2017.房地产价格波动与商业银行贷款损失准备[J].金融研究(9):83—98.

祝继高,饶品贵,鲍明明,2012.股权结构、信贷行为与银行绩效[J].金融研究(7):31—47.

祝继高,王春飞,尤可畅,2015.审计师特征与商业银行贷款损失准备[J].审计研究(4):105—112.

AHMED A S, TAKEDA C, THOMAS S, 1999. Bank loan loss provision: a reexamination of capital management, earnings management and signaling effects [J]. Journal of accounting and economics, 28(1):1-25.

BEATTY A L, KE B, PETRONI K R, 2002. Earnings management to avoid earnings declines across publicly and privately held banks [J]. The accounting review, 77(3):547-570.

BEATTY A, LIAO S, 2014. Financial accounting in the banking industry: a review of the empirical literature [J]. Journal of accounting and economics, 58(2/3):339-383.

BUSHMAN R M, WILLIAMS C D, 2012. Accounting discretion, loan loss provisioning, and discipline of banks' risk-taking [J]. Journal of accounting and economics, 54(1):1-18.

HAW I, HO S S M, HU B, et al., 2010. Concentrated control, institutions, and banking sector [J]. Journal of banking and finance, 34(3):485-497.

HUIZINGA H, LAEVEN L, 2012. Bank valuation and accounting discretion during a financial crisis [J]. Journal of financial economics, 106(3):614-634.

KILIC E, LOBO G J, RANASINGHE T, et al., 2013. The impact of SFAS 133 on income smoothing by banks through loan loss provisions [J]. The accounting review, 88(1):233-260.

LA PORTA R, LOPEZ-DE-SILANES F, SHLEIFER A, 2002. Government ownership of banks [J]. Journal of finance, 57(1):265-301.

LEVINE R, 2003. The corporate governance of banks: a concise discussion of concepts and evidence [R]. Working paper.

LIAO X, LIU Y, 2014. Local fiscal distress and investment efficiency of local SOEs [J]. China journal of accounting research, 7(2):119-147.

LU Y, SUN T, 2013. Local government financing platforms in China: a fortune or misfortune? [R]. IMF working paper.

MICCO A, PANIZZA U, YANEZ M, 2007. Bank ownership and performance: does politics matter? [J]. Journal of banking and finance, 31(1):219-241.

PETERSEN M A, 2009. Estimating standard errors in finance panel data sets: comparing approaches[J]. Review of financial studies, 22(1):435-480.

RAO P, YUE H, ZHU J, 2015. An investigation of credit borrower concentration [J]. Journal of banking and finance, 54:208-221.

SHIH V, ZHANG, LIU M, 2007. Comparing the performance of Chinese banks: a principal component approach[J]. China economic review, 18(1):15-34.

World Bank, 2001. Finance for growth: policy choices in a volatile world[M]. New York: Oxford University Press.

第4章　房地产价格波动与商业银行贷款损失准备[①]

4.1　问题提出

从1998年实行住房分配货币化[②]至今，中国的房地产行业高速发展。1998年之前，中国实行住房实物分配制度，即对商品房没有任何市场需求；1998年之后，中国房地产行业正式进入市场化阶段。从2004年开始，中国房地产行业进入高速发展期，房地产价格一路上涨，房地产销售价格指数也普遍高于商品价格指数，直到2008年受金融危机冲击，房地产价格上涨幅度才有所缓和，但是2009年，房地产价格再度飙升。根据《中国房地产统计年鉴2014》，截至2013年年底，相比2004年的房地产行业数据，2013年中国商品房销售价格总计上涨138.69%，其中住宅价格涨幅为135.27%，办公楼价格涨幅为128.35%，商业营业用房价格涨幅为161.74%，其他类房地产价格涨幅为102.42%。为了抑制房地产价格涨势过猛以及防范房地产泡沫的发生，国家出台了一系列房地产行业调控政策。然而，即使国家调控政策步步推进，房地产市场仍然逐渐显现出两极分化的态势。由于2015年频繁颁布的房地产行业调控政策以及公众对一、二线城市房价的上涨预期，一、二线城市的房价更是于2016年年初迅速回暖，成交量急剧上升，甚至出现疯狂的“抢房潮”。

梁云芳和高铁梅(2007)认为，信贷规模、实际利率、人均GDP、房地产价格预期等因素都是造成房地产价格波动的原因。而且，不仅信贷规模的扩张会推动房地产价格的上涨，房地产行业的繁荣也会促进信贷行业的发展(Gorton and Metrick,2012)。一方面，金融机构可以通过降低信贷标准促进房地产价格的上

---

① 本章主体内容发表于《金融研究》2017年第9期。题目：“房地产价格波动与商业银行贷款损失准备——基于中国城市商业银行的实证研究”，作者：祝继高、李天时、尤可畅。

② 1998年7月3日，国务院颁发《关于进一步深化城镇住房制度改革加快住房建设的通知》，要求从1998年下半年开始，停止住房实物分配。

涨;另一方面,出于其他原因所导致的房地产价格上涨,会使金融机构更愿意放贷给具备更高价值抵押物的企业。然而,房地产价格上涨所推动的银行信贷规模扩张,可能会导致银行不良贷款率提高,加剧银行的信贷风险(皮舜和武康平,2004;周京奎,2005),一旦资产泡沫破裂,将会给经济、社会造成严重的负面影响。因此,探究如何在房地产价格上涨时期应对银行不良贷款,对于管控信贷和金融风险、促进经济健康发展具有重要意义。

从商业银行风险管理的角度而言,银行在期末核算时会根据借款人的还款能力、还款意愿、贷款本息的偿还情况、抵押品的市价以及担保人的支持力度和银行的内部信贷管理等因素,分析贷款的风险程度和回收的可能性,以判断其是否发生减值。如有客观证据表明贷款发生了减值,则银行应对其计提贷款损失准备。贷款损失准备作为商业银行应对不良贷款的主要工具,在房地产价格上涨导致信贷及金融风险加剧时,应当被合理利用以抵御风险。原银监会主席刘明康在 2011 年 11 月 11 日指出:“过去 8 年间,中国银行业的拨备水平已达到 1.3 万亿元,资本充足率水平在 11%到 12%之间,有能力避免可预期损失的影响。”他还指出:“自 2008 年,银监会就要求商业银行进行房地产压力测试,监管部门也会进行整体测试,当房价下跌 40%时,银行的贷款覆盖率仍能达到 110%;而最坏的情况发生,即当房价下跌 50%时,银行的贷款覆盖仍能达到 100%,虽然利息不能回收,但本金没有问题。”①商业银行计提贷款损失准备需要遵循监管部门的统一标准。2002 年 4 月,中国人民银行发布了《银行贷款损失准备计提指引》,指出银行应当按照谨慎会计原则,合理估计贷款可能发生的损失,及时计提贷款损失准备。2011 年 5 月,中国银监会发布了《关于中国银行业实施新监管标准的指导意见》,指出要强化贷款损失准备监管,建立动态调整贷款损失准备制度,相关监管部门应根据经济发展不同阶段、银行业金融机构贷款质量差异和盈利状况的不同,对贷款损失准备监管要求进行动态化和差异化调整。

本章利用手工收集的中国城市商业银行数据,研究了中国城市房地产价格波动与商业银行贷款损失准备的关系。采用城市商业银行数据进行研究,是由于城市商业银行经营的地域性特点,使得城市商业银行的信贷决策更容易受到本地区房地产价格的影响。结果发现,当房地产价格增幅扩大时,城市商业银行倾向于计提更多的贷款损失准备;并且相较于非“四大”会计师事务所审计的城

① 资料来源:https://finance.qq.com/a/20111111/004675.htm(访问日期:2021 年 8 月 4 日)。

市商业银行,“四大”会计师事务所审计的城市商业银行在商品房销售价格增幅扩大时,会计提更多的贷款损失准备;相较于非国有城市商业银行,国有城市商业银行在房地产价格增幅扩大时,倾向于计提更多的贷款损失准备。

相比已有文献,本章的贡献主要体现在以下几个方面:第一,现有关于房地产价格与商业银行的研究,主要关注银行信贷规模与房地产价格的关系,本章则从风险防范的角度,研究了房地产价格波动对城市商业银行计提贷款损失准备的影响,并进一步探究了城市商业银行的风险应对机制。第二,本章的研究样本为城市商业银行,同时包括上市和非上市城市商业银行。相比已有研究主要采用上市银行作为研究样本,本章样本更具有代表性,这也丰富了转型经济国家商业银行的研究。第三,研究结果表明,政府应结合房地产价格的变化趋势,不断修改和完善与贷款拨备率相关的监管政策,以有效防范金融风险,维护金融稳定。

本章后续安排如下:第二部分是文献回顾,第三部分是研究假设,第四部分是研究设计与描述性统计,第五部分是主要分析结果,第六部分是稳健性检验,第七部分是结论与启示。

4.2　文献回顾

4.2.1　中国房地产价格的影响因素和经济后果

1. 影响因素

针对中国房地产价格上涨的原因,已有研究主要集中在经济基本面、银行信贷规模及其变动、土地财政、货币政策、房地产泡沫等层面。梁云芳和高铁梅(2007)研究发现,信贷规模、实际利率、人均 GDP、房地产价格预期等因素是造成房地产价格波动的主要原因,且存在区域之间的差异。[①] 何静等(2011)以房地产投资资金来源中的国内贷款部分作为信贷规模的代理变量研究中国房地产价格波动的 Granger 原因,研究结果表明,信贷规模的变动是房地产价格波动的原因,且两者之间的效应是非线性相关的。张双长和李稻葵(2010)发现,土地财

① 梁云芳和高铁梅(2007)研究发现,信贷规模对中国东部、西部地区房地产价格的作用效果相比中部地区更强;人均 GDP 则相反,对中部地区房地产价格的作用效果更强;人们对房地产价格的预期在短期内对东部地区房地产价格的作用效果更强。

政政策对房地产价格上涨具有显著的正向推动作用，具体而言，当地政府越依赖于土地财政，就越会推动房地产价格的上涨，且这一推动作用会随着房地产价格的上涨更加强烈。邓富民和王刚(2012)从货币政策的角度分析房地产价格上涨的原因，研究发现，货币政策在较长时期内对房地产价格及其行业投资具有显著作用，且货币供应量对房地产价格与房地产投资的调控效果明显强于利率作为调控工具的调控效果。胡晓(2014)在已有研究的基础上，总结出房地产价格上涨的综合性原因，即价格周期波动、均衡价格上涨及泡沫三个因素的共同作用，其中价格周期波动在这三个因素中的影响力最大。

2. 经济后果

已有关于中国房地产价格上涨的经济后果分析主要集中于财富效应分析。关于房地产价格财富效应的传导途径和机制，原鹏飞和冯蕾(2014)基于可计算的一般均衡(DCGE)模型的房地产价格上涨效应，对房地产价格上涨的经济增长效应、收入分配效应及贫富分化效应进行模拟和分析，发现在经济增长效应层面，房地产价格上涨不仅会刺激房地产市场膨胀，促进重工业、建筑业等行业迅速增长，还会抑制农业、轻工业和公共服务业的增长速度与空间；在收入分配效应层面，虽然房地产价格上涨有助于增加政府、企业和居民的收入，但收入分配由部门向政府倾斜的状况暂时不会改变；在贫富分化效应层面，房地产价格上涨会使城镇居民家庭之间的贫富差距更为悬殊，并且指出贫富差距恶化的主要原因是房地产溢价的利益固化。Li and Wu(2014)还发现，房地产价格上涨会对创业活动产生消极影响。

4.2.2 房地产价格与银行信贷的关联研究

谭政勋和王聪(2011)将中国金融业尤其是银行业不稳定性的原因归纳为：房地产价格波动和信贷规模波动及两者的联合波动，银行反馈机制所引起的信贷紧缩和资本紧缩，以及宏观经济波动等三个方面，但已有研究主要集中于房地产价格与银行信贷的联系。周京奎(2005)研究了银行信贷扩张对房地产价格上涨的正效应，但并未进行反向的研究。叶欣和王婕(2013)的研究表明，中国房地产价格上涨会引起银行信贷扩张，但不会带来明显、持续的循环贷款模式。

然而，银行信贷繁荣与房地产业繁荣之间的关联往往是互为影响的(Gorton and Metrick，2012)。Collyns and Senhadji(2002)的研究表明，银行信贷扩张与房地产价格上涨存在双向引导关系。皮舜和武康平(2004)通过对房地产价格和银行信贷的正反馈关联机制进行实证检验,发现房地产业繁荣能带动银行信贷繁荣,而银行信贷繁荣又会带动房地产新一轮膨胀。秦岭和姚一旻(2012)也发现银行信贷与房地产价格存在显著双向正相关关系,且房地产贷款规模在房地产价格持续高速攀升时期对房地产价格的作用显著强于贷款利率。Flanney and Lin(2014)不仅检验了银行信贷与房地产价格的双向正向影响,还发现由房地产业繁荣引起的银行信贷扩张会对实体经济产生影响。当房地产价格上涨引起银行信贷扩张时,该银行所处区域的小型企业会扩大就业,但是对大型企业无显著影响。

4.2.3　商业银行的贷款损失准备研究

Beatty and Liao(2014)以 2005—2012 年美国商业银行为样本,发现贷款损失准备本期计提绝对值占商业银行本期会计应计绝对值的比例高达 56%。Beatty and Liao(2014)认为,贷款损失准备是衡量商业银行绩效最根本、最重要的指标,因为它不仅是贷款损失的估计,还反映了银行与贷款方的信息不对称程度。Beatty and Liao(2014)通过总结银行重述年报和证券交易委员会(SEC)评论信发现:12.7%的银行重述它们提取贷款损失准备的原因,35.3%的银行因计提不恰当贷款损失准备金额而收到了 SEC 的评论信。Beck and Narayanmoorth(2013)研究发现,在 SAB 102 指南[①]和 2001 年美国联邦金融机构检查委员会(Federal Financial Institutions Examination Council, FFIEC)有关贷款损失准备的估计方法出台后,银行提高了贷款损失准备计提的信息有用性。

已有关于贷款损失准备的研究可以分为两个方面。第一,贷款损失准备公告发布后的信号释放功能。Beaver et al. (1989)在讨论贷款损失准备和市场价值的关系时指出,银行的市场价值与贷款损失准备的计提存在一定的关联,银行高层发布有关贷款损失准备计提的公告可以向市场释放积极的信号,即该银行的盈利能力所产生的正向影响应当大于本期计提的贷款损失准备对利润的负向影响。计提贷款损失准备后,银行更有意愿及能力积极应对可能产生的损失,这可以视为市场对贷款损失准备公告的信号的解读(Grffin et al. ,1991;Elliot et

---

① SAB 102 指南要求银行采用的贷款损失准备估计方法应当是持续性的,并且应当实时控制贷款损失估计的流程。

al.,1991[①]):冲销贷款损失准备,会降低银行资本充足率,市场反应消极;反之,计提贷款损失准备,则会提高银行当期的资本充足率,市场反应积极。Beaver et al.(1989)还发现,增加计提贷款损失准备的银行被认为是"好"的、"收益平滑"的银行;Ryan et al.(2006)也认为"收益平滑"会使得银行的收益更具有信息含量,并反映该银行是"好"的银行。Nichols et al.(2009)还发现,相比未上市银行,上市银行会面临更高的信息不对称,因此会更及时地计提贷款损失准备以消除信息不对称。Bushman and Williams(2012)则发现,当银行计提未来导向的贷款损失准备时,如果是出于平滑利润的目的,则会损害对银行风险行为的监管;如果是出于及时估计未来贷款损失的目的,则会加强对银行风险行为的监管。

第二,贷款损失准备的资本管理动机。及时计提贷款损失准备的商业银行的财务融资状况通常较优(Beatty and Liao,2014)。Beatty and Liao(2011)研究发现,贷款损失准备的拖延计提程度会影响贷款损失准备金在经济下滑时覆盖信用损失的作用。他们发现,拖延计提贷款损失准备时间较长的银行相较于那些相对积极、适时地计提贷款损失准备的银行来说在金融危机期间贷款较少,因为拖延计提贷款损失准备时间较长的银行通常很难在经济萧条时补足权益资本。他们同时还发现,较少拖延计提贷款损失准备的银行在其扩张期间会形成更多的权益资本作为金融危机损失的"缓冲区"。与 Beatty and Liao(2011) 的研究结果一致,Van(2009)也认为,对于拖延计提贷款损失准备的银行而言,它们可能会放弃一些有利的贷款机会从而降低未来资本不充足的风险,而预期贷款损失准备的增加会导致银行在金融危机期间减少贷款。Bushman and Williams(2015)考虑了贷款损失准备的宏观影响,发现拖延计提贷款损失准备与股票市场的非流动性风险有关,贷款损失准备的拖延计提会增加筹集新股本的金融摩擦。

总体而言,现有的文献分析了房地产价格对银行信贷的影响,但是这些研究未深入剖析商业银行如何应对房地产价格波动带来的信贷风险以及银行贷款损

---

① Elliot et al.(1991)基于 1987 年 2 月 20 日巴西发布的延期偿付 670 亿美元中长期贷款利息的事件,分析了 46 家银行的贷款规模及贷款损失准备披露信息。其中,花旗银行在 1987 年 5 月 19 日发布了由于欠发达国家(Less Developed Country,LDC)的贷款问题,增加贷款损失准备 30 亿美元的公告,随后其他 45 家银行也纷纷效仿。然而,波士顿银行在 1987 年 12 月 14 日发布公告,继续增加贷款损失准备 2 亿美元,包括 4.7 亿美元的非应计 LDC 贷款和 2 亿美元的 LDC 贷款注销,这项注销是首个与 LDC 相关的降低银行资本充足率的措施。最终,花旗银行因增加贷款损失准备释放出的有利信号而使其股价飞速上涨,波士顿银行则因注销 LDC 贷款等行为释放出的不利信号而使其股价下跌。

失准备作为一种风险应对手段在其中发挥的调节作用。

4.3 研究假设

4.3.1 房地产价格与银行贷款损失准备

Acharya et al.(2009)认为,信贷扩张与房地产价格高速上涨是2008年全球金融危机的导火索。房地产价格与银行信贷风险的关系可以从以下两个角度分析:第一,房地产价格上涨会引发信贷扩张,进而产生银行信贷风险。房地产价格上涨与信贷扩张之间是互相推动的(Kiyotaki and Moore,1997;Shin,2009)。当金融机构增加信贷供给时,客户借贷成本降低,房地产资产的需求增加,房地产价格将由此上涨,而房地产价格上涨会使银行降低客户尤其是房地产抵押贷款客户的筛选成本,并放松信贷标准,促进金融机构信贷的扩张。第二,房地产价格上涨使得银行贷款抵押物价值升高,并引发"灾难近视"[①]现象(Herring and Wachter,1999),导致银行信贷风险增加。当房地产价格上涨时,具有房地产实业资产的企业的抵押物价值会升高,这些企业就会以此为依据向银行进行更多的借贷来增加投资和降低借贷成本(Adelino et al.,2015;Lin,2015;Chaney et al.,2012);但当房地产价格下跌时,抵押物价值的下降就会导致银行信贷资产质量的恶化和资产盈利能力的下降。因此,在房地产价格上涨尤其是暴涨阶段,银行应提前做好防范措施,防患于未然。而贷款损失准备是银行应对不良资产的一项基本工具,因此我们预期,出于稳健性考虑,银行会在房地产价格加速上涨时期计提更多的贷款损失准备,以应对潜在的信贷风险。基于上述分析,我们提出假设1:

假设1 当房地产价格增幅扩大时,城市商业银行会计提更多的贷款损失准备。

4.3.2 房地产价格、城市商业银行审计师特征与银行贷款损失准备

相比非"四大"会计师事务所,"四大"会计师事务所具有更高的审计质量。

① "灾难近视":由于对未来事件发生的可能性的低估,导致事件发生时没有做出充足的准备。Herring and Wachter(1999)指出,在银行业中,"灾难近视"是资产价格上涨导致银行房地产信贷盲目扩张,进而引发信贷风险的主要原因。

DeAngelo(1981)提出的“深口袋”理论(The Deep Pocket Theory)认为,“四大”会计师事务所规模较大,更为看重自身品牌和声誉,并且拥有一套严格的管理系统,因而在世界各地都能做到高质量、高标准审计。其中,有关“四大”会计师事务所的“声誉”可以理解为市场一致性地认同“四大”会计师事务所的审计质量,投资者对“四大”会计师事务所和非“四大”会计师事务所的市场认同度是存在显著差异的(王咏梅和王鹏,2006)。但是,Khurana and Raman(2004)研究发现,影响高质量审计的因素是诉讼风险而非出于对品牌声誉的保护。除此之外,规模大的会计师事务所审计的公司盈余反应系数更高(Teoh and Wong,1993),且当公司发布规模更大会计师事务所的公告时,会给市场带来积极的市场信号(Nichols and Smith,1983)。漆江娜等(2004)提出了“四大”会计师事务所的“审计质量异质或声誉溢价”[①],从审计费用的角度说明了“四大”会计师事务所在中国的审计市场上虽然审计费用较高,但质量与费用成正比(Moizer,1997),也从侧面说明了“四大”会计师事务所拥有较高的审计质量。于鹏(2007)也通过实证研究发现,“四大”会计师事务所具有更高的审计质量。祝继高等(2015)研究发现,经“四大”会计师事务所审计的中国城市商业银行计提了更多的贷款损失准备。由此可见,“四大”会计师事务所在审计过程中,相比非“四大”会计师事务所,的确发挥了更好的监督作用。当房地产价格加速上涨时,“四大”会计师事务所更有可能督促由其审计的城市商业银行计提更多的贷款损失准备以防范预期的信贷风险,因此我们预期,当房地产价格加速上涨时,“四大”会计师事务所审计的城市商业银行会计提更多的贷款损失准备。基于上述分析,我们提出假设2:

假设 2　相较于非“四大”会计师事务所审计的城市商业银行,“四大”会计师事务所审计的城市商业银行在房地产价格增幅扩大时,会计提更多的贷款损失准备。

4.3.3　房地产价格、城市商业银行产权性质与银行贷款损失准备

银行产权性质如何影响房地产价格与银行贷款损失准备间的正向关系,可

---

① 经“四大”会计师事务所审计的财务报表每单位资产操纵性应计利润略低于本土会计师事务所审计的公司,因而“四大”会计师事务所相较于非“四大”会计师事务所而言审计费用显著较高(漆江娜,2004)。

以从以下两个角度进行分析:第一,国有银行的体制特征使其信贷风险普遍高于非国有银行,因此会计提更多的贷款损失准备。Qian(1994)发现,在中国,相较于非国有企业,国有企业会从财务、政治等方面得到更多的政府支持。国有银行在贷款给国有企业时,会考虑到政治、社会和税收因素,对其给予优惠待遇(Brandt and Li,2003;张健华和王鹏,2012)。廖国民和刘巍(2005)从银行体制、破产成本与政府担保三个不同的角度对国有银行当下产生巨额不良资产的原因进行了剖析:国有银行具备的集中化垄断体制使得国有银行有实力且有动机实行再融资,破产成本的缺失提高了项目预期收益率并增加了投融资倾向,政府对国有银行的各种显隐性担保增加的道德风险都可能引发国有银行的巨额不良资产。第二,国有银行的正向盈余管理动机更小,也更有可能服从政府监管政策,从而计提更多的贷款损失准备以应对潜在风险。Aharony et al. (2000)研究发现,中国股票市场监管者出于政治考虑,会给予国有企业优先上市的特权,因此,国有企业的盈余管理动机较小。相反,由于非国有企业的经理人面临更大的市场压力,他们有更大的动机进行正向盈余管理来提高公司业绩(Kato and Long,2006)。薄仙慧和吴联生(2009)发现,国有控股企业的正向盈余管理水平显著低于非国有企业。王少飞等(2009)就以国有银行为核心的集权式银行体制进行分析,认为国有银行基于政策目的而非营利目的为企业提供债务融资的可能性更大,尤其是为与国有银行产权性质一致的具备“预算软约束”的国有企业放贷。因此,国有银行非盈利最大化的经营目的也会使其相较于非国有银行,具有更小的盈余管理动机。基于上述分析,我们提出假设 3:

假设 3　相较于非国有城市商业银行,国有城市商业银行在房地产价格增幅扩大时,会计提更多的贷款损失准备。

4.4　研究设计与描述性统计

4.4.1　研究样本

本章的研究样本为 2005—2013 年的中国城市商业银行。涉及的城市商业银行财务、审计及公司治理信息等来源于《金融时报》和城市商业银行官方网站披露的年报。研究样本最终共计 383 个,占城市商业银行总数的 31.68%。研究样本的年度分布见表 4-1,地区分布见表 4-2。虽然研究样本没有涵盖全部的城市商业银行，但是本章获取的研究样本比例与钱先航等(2011)、祝继高等(2012)、祝继高等(2015)相似，且远高于从 BANKSCOPE 数据库[①]中下载的城市商业银行数据。

表 4-1　样本年度分布统计

项目	2005 年	2006 年	2007 年	2008 年	2009 年	2010 年	2011 年	2012 年	2013 年	合计
城市商业银行总数(家)	113	113	124	136	143	147	144	144	145	1 209
本章样本量(家)	3	9	21	46	58	68	64	65	49	383
比例(%)	2.65	7.96	16.94	33.82	40.56	46.26	44.44	45.14	33.79	31.68

注：城市商业银行总数来自中国银监会年报。

表 4-2　样本地区分布统计　　单位：家

地区	观测数	地区	观测数	地区	观测数
安徽	6	湖北	14	山西	9
北京	7	湖南	6	陕西	10
福建	9	吉林	3	上海	8
甘肃	2	江苏	16	四川	15
广东	21	江西	9	天津	6
广西	15	辽宁	34	新疆	4
贵州	1	内蒙古	12	云南	6
河北	19	宁夏	6	浙江	57
河南	28	青海	4	重庆	5
黑龙江	5	山东	46		

房地产价格数据来自 2005—2013 年《中国房地产统计年鉴》中录入的“35 个大中城市按用途分的房地产开发企业商品房销售价格”，其中商品房包括住宅、办公楼、商业营业用房以及其他。截至 2013 年，中国共有 4 个直辖市、283 个地级市，年鉴中收录的房地产价格数据相较于各城市商业银行的数据量而言较少，若只采用 35 个大中城市的房地产价格数据与各城市商业银行的数据做研究，则研究结果将可能因样本量较少而出现偏差，其可信度也会下降。因此，本章以城市商业银行数据为基础，将银行所在城市的省份与 35 个大中城市所在的省份进行一一对应，即同一省份的城市房地产价格数据由该省份的大中城市房

① 许友传和杨继光(2010)使用 BANKSCOPE 数据库进行了相关研究，他们的样本包括 42 家商业银行，其中全国性商业银行 14 家，城市商业银行 28 家。而且，BANKSCOPE 数据库中未完整收集商业银行的公司治理数据。

地产价格数据替代，若同一省份的大中城市有两个或以上，则由该省份的省会城市房地产价格数据替代。[①] 例如，赣州银行注册地所在城市赣州、九江银行注册地所在城市九江、上饶银行注册地所在城市上饶以及南昌银行注册地所在城市南昌均为江西省的地级市，但江西省的大中城市只有南昌市，因此赣州银行、九江银行、上饶银行、南昌银行所对应的城市的房地产价格数据均采用南昌的房地产价格数据替代。又如，泉州银行注册地所在城市泉州为福建省的地级市，福建省的大中城市有福州和厦门，其中福州为福建省的省会城市，因此泉州银行对应的城市的房地产价格数据为福州的房地产价格数据。

4.4.2　模型设定和变量说明

1. 检验假设 1 的模型

本章参考祝继高等(2015)的方法，使用 OLS 模型分析房地产价格对银行贷款损失准备的影响，回归模型如下：

$$LLR = \delta_0 + \delta_1 VPrice + Controls + Province\ Fixed\ Effect + Year\ Fixed\ Effect + \varepsilon \tag{1}$$

与祝继高等(2015)的方法一致，本章选取贷款拨备率(LLR，即贷款损失准备余额/贷款余额)指标对商业银行计提贷款损失准备的情况进行度量。贷款损失准备是贷款余额的备抵账户，是商业银行计提贷款损失准备的累积效应。VPrice 代表房地产价格增幅[$(Price_t - Price_{t-1})/Price_{t-1}$]，选择房地产价格增幅作为解释变量，可以有效控制可能存在的样本选择偏差。为了探究不同类别商品房销售价格上涨与银行计提贷款损失准备之间的关联，本章根据《中国房地产统计年鉴》的商品房分类标准，将 VPrice 分别赋值为商品房销售价格增幅(VCommercial)、住宅销售价格增幅(VResidence)、办公楼销售价格增幅(VOffice)、商业营业用房销售价格增幅(VOperating)和其他类商品房销售价格增幅(VOthers)等五类价格指标，并分别代入模型进行回归分析。

2. 检验假设 2 的模型

为了进一步检验假设 2，我们手工收集了审计城市商业银行的会计师事务所特征变量“Big4”。为了分析在不同类别商品房的销售价格波动情况下，“四

① 由于本变量的构建可能存在偏差，作为稳健性分析，我们删除了总部所处城市为非 35 个大中城市的城市商业银行样本并进行回归，结果表明，本章的主要结论依然成立。

大”会计师事务所审计对银行贷款损失准备的影响，本章将样本分为“四大”会计师事务所审计的银行组(Big4＝1)和非“四大”会计师事务所审计的银行组(Big4＝0)，并将商品房销售价格增幅(VCommercial)、住宅销售价格增幅(VResidence)、办公楼销售价格增幅(VOffice)、商业营业用房销售价格增幅(VOperating)和其他类商品房销售价格增幅(VOthers)共五类房地产价格指标代入模型(1)进行进一步的回归分析。

3. 检验假设 3 的模型

为了进一步检验假设 3，本章采用第一大股东是否具有国有背景来衡量产权性质(State)。与检验假设 2 的模型构建思路一致，为了分析在不同类别商品房销售价格波动的情况下，产权性质对银行贷款损失准备的影响，本章将样本分为国有银行组(State＝1)和非国有银行组(State＝0)分别进行检验，并仍将商品房销售价格增幅(VCommercial)、住宅销售价格增幅(VResidence)、办公楼销售价格增幅(VOffice)、商业营业用房销售价格增幅(VOperating)和其他类商品房销售价格增幅(VOthers)共五类房地产价格指标代入模型(1)进行回归分析。

本章还借鉴许友传和杨继光(2010)、陈雯靓和吴溪(2014)、张敏等(2015)、祝继高等(2015)的做法，在模型中引入贷款比率(Loan)、资本充足率(CAR)、银行资产规模(Size)、总资产收益率(ROA)、资产负债率(Lev)作为控制变量。同时，本章还在回归模型中控制了省份固定效应(Province Fixed Effect)和年度固定效应(Year Fixed Effect)，并借鉴 Petersen(2009)的做法，按银行和年份聚类，以降低内生性影响。各变量的定义见表 4-3。

表 4-3　变量定义

变量符号	变量名称	变量定义
LLR	贷款拨备率	贷款损失准备余额/贷款余额(单位：%)
VPrice	房地产价格增幅	代表各类商品房销售价格增幅
VCommercial	商品房销售价格增幅	[T 期商品房销售价格－(T－1)期商品房销售价格]/(T－1)期商品房销售价格
VResidence	住宅销售价格增幅	[T 期住宅销售价格－(T－1)期住宅销售价格]/(T－1)期住宅销售价格
VOffice	办公楼销售价格增幅	[T 期办公楼销售价格－(T－1)期办公楼销售价格]/(T－1)期办公楼销售价格
VOperating	商业营业用房销售价格增幅	[T 期商业营业用房销售价格－(T－1)期商业营业用房销售价格]/(T－1)期商业营业用房销售价格

（续表）

变量符号	变量名称	变量定义
VOthers	其他类商品房销售价格增幅	[T期其他类商品房销售价格－($T-1$)期其他类商品房销售价格]/($T-1$)期其他类商品房销售价格
Loan	贷款比率	贷款总额/总资产
CAR	资本充足率	资本总额/加权风险资产总额
Size	银行资产规模	银行总资产的自然对数
ROA	总资产收益率	净利润/总资产
Lev	资产负债率	总负债/总资产
Big4	是否为“四大”所	如果审计城市商业银行的会计师事务所是“四大”会计师事务所，则取值为 1，否则为 0
State	产权性质	如果城市商业银行第一大股东的产权性质为国有，则取值为 1，否则为 0

4.4.3　描述性统计

表 4-4 为主要变量的描述性统计。由表 4-4 可知，LLR 的均值和中位数均为 0.025。根据银监会 2011 年 7 月颁布的《商业银行贷款损失准备管理办法》，自 2012 年起对商业银行的贷款拨备率以 2.5％为基本标准进行综合考核，说明有一部分城市商业银行还没有达到标准，贷款拨备计提水平仍有待提高。Big4 的均值为 0.300，说明有 30.0％的城市商业银行选择了“四大”会计师事务所进行审计。State 的均值为 0.718，说明所选样本中 71.8％的城市商业银行为国有商业银行。VCommercial 的均值为 0.147，说明商品房销售价格平均增幅为 14.7％。住宅和其他类商品房的销售价格平均增幅分别为 14.5％、14.4％，低于商品房整体销售价格增幅；办公楼和商业营业用房的销售价格平均增幅分别为 18.3％、18.0％，高于商品房整体销售价格增幅。

表 4-4　描述性统计

变量	样本	均值	标准差	最小值	中位数	最大值
LLR	383	0.025	0.011	0.000	0.025	0.080
VCommercial	383	0.147	0.247	−0.692	0.107	3.506
VResidence	383	0.145	0.263	−0.706	0.107	3.709
VOffice	383	0.183	0.388	−0.565	0.090	3.187
VOperating	383	0.180	0.356	−0.561	0.116	2.849

（续表）

变量	样本	均值	标准差	最小值	中位数	最大值
VOthers	371	0.144	0.352	−0.648	0.089	1.773
Loan	383	0.491	0.291	0.000	0.491	5.730
CAR	383	0.137	0.049	0.031	0.128	0.596
ROA	383	0.011	0.007	0.000	0.011	0.094
Size	383	7.731	0.539	6.428	7.709	10.500
Lev	383	0.945	0.507	0.001	0.936	9.067
Big4	383	0.300	0.459	0.000	0.000	1.000
State	383	0.718	0.451	0.000	1.000	1.000

4.5 主要结果分析

4.5.1 银行贷款损失准备与房地产价格

表 4-5 显示了不同类型商品房销售价格增幅对城市商业银行贷款拨备率的影响。第(1)列为商品房销售价格增幅对城市商业银行贷款拨备率的影响，由回归结果可知，VPrice 的回归系数为 0.008，并在 1%的统计水平上显著，说明当商品房销售价格增幅扩大 1%时，城市商业银行的贷款拨备率会提高 0.008%。第(2)列至第(5)列分别是对商品房进行分类后，其销售价格增幅与城市商业银行贷款拨备率的回归结果。其中，第(2)列中的住宅销售价格增幅的回归系数为 0.007，并在 1%的统计水平上显著，其余的回归系数不显著。

表 4-5 贷款损失准备与房地产价格的回归结果

变量	LLR				
	VPrice =VCommercial (1)	VPrice =VResidence (2)	VPrice =VOffice (3)	VPrice =VOperating (4)	VPrice =VOthers (5)
VPrice	0.008***	0.007***	0.001	0.002	0.001
	(4.58)	(3.78)	(0.60)	(0.74)	(1.11)
Loan	−0.004	−0.004	−0.004	−0.004	−0.005
	(−1.07)	(−1.04)	(−1.13)	(−1.18)	(−1.27)

（续表）

变量	LLR				
	VPrice =VCommercial (1)	VPrice =VResidence (2)	VPrice =VOffice (3)	VPrice =VOperating (4)	VPrice =VOthers (5)
CAR	−0.021**	−0.021**	−0.021**	−0.020**	−0.020**
	(−2.11)	(−2.12)	(−2.04)	(−1.97)	(−1.99)
ROA	−0.043	−0.045	−0.024	−0.018	−0.011
	(−0.24)	(−0.25)	(−0.13)	(−0.10)	(−0.06)
Size	−0.008***	−0.008***	−0.008***	−0.007***	−0.007***
	(−3.31)	(−3.27)	(−3.34)	(−3.37)	(−3.17)
Lev	0.003*	0.003*	0.003*	0.003*	0.003*
	(1.79)	(1.77)	(1.73)	(1.78)	(1.83)
Big4	0.003**	0.003**	0.004**	0.003**	0.003*
	(2.38)	(2.37)	(2.47)	(2.50)	(1.86)
State	0.003***	0.003***	0.003***	0.003***	0.003***
	(2.74)	(2.76)	(2.83)	(2.85)	(2.70)
Constant	0.075***	0.075***	0.082***	0.081***	0.080***
	(4.90)	(4.87)	(5.22)	(5.08)	(5.04)
Province Fixed Effect	控制	控制	控制	控制	控制
Year Fixed Effect	控制	控制	控制	控制	控制
N	383	383	383	383	371
Adj. R^2	0.298	0.295	0.273	0.274	0.295

注：第(5)列的样本量为 371，因为部分年份的《中国房地产统计年鉴》中没有此类型商品房的平均价格数据；括号内是 T 值，按银行和年份进行标准误差聚类；***、**、* 分别表示在 1%、5%和 10%的统计水平上显著。

表 4-5 的研究结果支持假设 1，即房地产价格增幅与银行贷款损失准备正相关。当房地产价格增幅扩大时，城市商业银行会计提更多的贷款损失准备；且当住宅销售价格增幅扩大时，相比其他类型商品房销售价格增幅扩大，城市商业银行会倾向于计提更多的贷款损失准备。

在研究商品房销售价格增幅对城市商业银行贷款拨备率的影响时[见第(1)列]，我们还发现，State 的回归系数为 0.003，且在 1%的统计水平上显著，说明国有城市商业银行的贷款拨备率比非国有城市商业银行的贷款拨备率要高0.3%，这与祝继高等(2015)得出的关于银行产权性质与银行贷款损失准备关系的结论一致；Size的回归系数为－0.008，且在1%的统计水平上显著，说明规模越小的城市商业银行倾向于计提越多的贷款损失准备，这与祝继高等(2015)得出的关于银行规模与银行贷款损失准备关系的结论一致。

4.5.2 房地产价格、商业银行审计师特征与银行贷款损失准备

表4-6报告了按审计师特征进行分组的回归结果。我们将样本分为"四大"会计师事务所审计的银行组(Big4＝1)和非"四大"会计师事务所审计的银行组(Big4＝0)，在第(1)列和第(2)列(商品房销售价格)中，"四大"会计师事务所审计的银行组的VPrice的回归系数为0.007，且在1%的统计水平上显著；非"四大"会计师事务所审计的银行组的VPrice的回归系数不显著，这一结果说明，相较于非"四大"会计师事务所审计的城市商业银行，"四大"会计师事务所审计的城市商业银行在商品房销售价格增幅扩大时，会计提更多的贷款损失准备，支持假设2。

将商品房类型进行细分后，在第(3)列和第(4)列(住宅销售价格)与第(7)列和第(8)列(商业营业用房销售价格)中，"四大"会计师事务所审计的银行组(Big4＝1)和非"四大"会计师事务所审计的银行组(Big4＝0)的VPrice的回归系数具有显著差异：在"四大"会计师事务所审计的银行组中，VPrice的回归系数均显著为正；在非"四大"会计师事务所审计的银行组中，VPrice的回归系数不显著。以上回归结果表明，相较于非"四大"会计师事务所审计的城市商业银行，"四大"会计师事务所审计的城市商业银行在住宅和商业营业用房销售价格增幅扩大时会计提更多的贷款损失准备。

4.5.3 房地产价格、商业银行产权性质与银行贷款损失准备

表4-7显示了城市商业银行产权性质对房地产价格与贷款损失准备正相关性的影响。由表4-7的结果可知，在第(1)列和第(2)列(商品房销售价格)中，国

表 4-6　"四大"会计师事务所对房地产价格与贷款损失准备正相关性的影响

变量	LLR									
	VPrice=VCommercial		VPrice=VResidence		VPrice=VOffice		VPrice=VOperating		VPrice=VOthers	
	Big4=1 (1)	Big4=0 (2)	Big4=1 (3)	Big4=0 (4)	Big4=1 (5)	Big4=0 (6)	Big4=1 (7)	Big4=0 (8)	Big4=1 (9)	Big4=0 (10)
VPrice	0.007***	0.003	0.006***	0.002	0.002	−0.000	0.009**	−0.001	0.002	−0.000
	(4.44)	(1.37)	(3.58)	(0.77)	(0.41)	(−0.95)	(2.54)	(−1.12)	(1.22)	(−0.45)
Loan	0.042	−0.009***	0.043	−0.009***	0.043	−0.009***	0.044	−0.009***	0.033	−0.009***
	(1.56)	(−3.79)	(1.56)	(−3.59)	(1.57)	(−3.79)	(1.66)	(−3.80)	(1.07)	(−3.28)
CAR	−0.029	−0.038***	−0.028	−0.038***	−0.021	−0.038***	−0.028	−0.038***	−0.025	−0.040***
	(−0.71)	(−3.69)	(−0.69)	(−3.70)	(−0.48)	(−3.55)	(−0.72)	(−3.66)	(−0.56)	(−3.69)
ROA	−0.722*	0.128	−0.723*	0.128	−0.721	0.138	−0.658**	0.136	−0.623	0.122
	(−1.73)	(1.09)	(−1.69)	(1.05)	(−1.63)	(1.17)	(−2.07)	(1.13)	(−1.39)	(0.89)
Size	0.002	−0.012***	0.002	−0.012***	0.002	−0.012***	0.003	−0.012***	0.001	−0.012***
	(0.55)	(−4.24)	(0.55)	(−4.21)	(0.54)	(−4.22)	(0.66)	(−4.23)	(0.27)	(−4.28)
Lev	0.001	0.004***	0.001	0.004***	−0.000	0.004***	0.001	0.004***	0.001	0.004***
	(0.13)	(3.19)	(0.16)	(3.15)	(−0.02)	(3.14)	(0.13)	(3.08)	(0.11)	(2.89)
State	0.002	0.005***	0.002	0.005***	0.002	0.005***	0.002	0.005***	0.002	0.005***
	(0.94)	(3.17)	(0.91)	(3.19)	(1.04)	(3.18)	(1.07)	(3.19)	(0.98)	(3.08)
Constant	−0.001	0.106***	0.000	0.106***	0.007	0.105***	−0.002	0.105***	0.009	0.109***
	(−0.02)	(5.62)	(0.00)	(5.58)	(0.17)	(5.58)	(−0.05)	(5.59)	(0.23)	(5.47)
Province Fixed Effect	控制	控制	控制	控制	控制	控制	控制	控制	控制	控制
Year Fixed Effect	控制	控制	控制	控制	控制	控制	控制	控制	控制	控制
N	115	268	115	268	115	268	115	268	110	261
Adj. R^2	0.427	0.323	0.414	0.323	0.374	0.322	0.459	0.323	0.428	0.310

注：括号内是 T 值，标准误差经异方差调整，并按照省份聚类；***、**、* 分别表示在 1%、5%和 10%的统计水平上显著。

表 4-7 产权性质对房地产价格与贷款损失准备正相关性的影响

变量	LLR									
	VPrice＝VCommercial		VPrice＝VResidence		VPrice＝VOffice		VPrice＝VOperating		VPrice＝VOthers	
	State＝1 (1)	State＝0 (2)	State＝1 (3)	State＝0 (4)	State＝1 (5)	State＝0 (6)	State＝1 (7)	State＝0 (8)	State＝1 (9)	State＝0 (10)
VPrice	0.008***	−0.006	0.007***	−0.005	0.001	−0.001	0.003	−0.003	0.002***	0.000
	(7.92)	(−0.68)	(5.21)	(−0.59)	(0.66)	(−0.90)	(1.37)	(−1.41)	(2.73)	(0.17)
Loan	−0.003	0.011	−0.003	0.011	−0.004	0.011	−0.004	0.016	−0.005	0.011
	(−0.79)	(0.79)	(−0.79)	(0.78)	(−0.87)	(0.75)	(−0.86)	(1.11)	(−1.13)	(0.73)
CAR	0.002	−0.014	0.002	−0.014	0.005	−0.014	0.005	−0.012	0.001	−0.015
	(0.15)	(−0.59)	(0.16)	(−0.58)	(0.31)	(−0.59)	(0.31)	(−0.55)	(0.05)	(−0.63)
ROA	−0.060	−0.132	−0.058	−0.130	−0.046	−0.145	−0.036	−0.168	−0.002	−0.146
	(−0.30)	(−0.73)	(−0.29)	(−0.72)	(−0.23)	(−0.77)	(−0.19)	(−0.95)	(−0.01)	(−0.77)
Size	−0.007**	0.003	−0.007**	0.003	−0.007***	0.003	−0.007***	0.004	−0.007**	0.003
	(−2.53)	(0.45)	(−2.51)	(0.48)	(−2.61)	(0.41)	(−2.60)	(0.51)	(−2.41)	(0.42)
Lev	0.003**	−0.001	0.003**	−0.002	0.003**	−0.001	0.003**	−0.001	0.003**	−0.002
	(2.07)	(−0.23)	(2.06)	(−0.30)	(2.15)	(−0.16)	(2.04)	(−0.25)	(2.46)	(−0.27)
Big4	0.003*	−0.002	0.003*	−0.002	0.003*	−0.001	0.003*	−0.002	0.002	−0.001
	(1.74)	(−0.27)	(1.70)	(−0.31)	(1.91)	(−0.24)	(1.86)	(−0.30)	(1.13)	(−0.25)
Constant	0.064***	0.017	0.065***	0.016	0.070***	0.019	0.069***	0.012	0.080***	−0.002
	(2.96)	(0.38)	(2.98)	(0.35)	(3.34)	(0.42)	(3.21)	(0.27)	(4.06)	(−0.03)
Province Fixed Effect	控制	控制	控制	控制	控制	控制	控制	控制	控制	控制
Year Fixed Effect	控制	控制	控制	控制	控制	控制	控制	控制	控制	控制
N	275	108	275	108	275	108	275	108	264	107
Adj. R^2	0.288	0.463	0.284	0.462	0.255	0.461	0.262	0.473	0.287	0.456

注：括号内是 T 值，标准误差经异方差调整，并按照省份聚类；***、**、*分别表示在 1%、5%和 10%的统计水平上显著。

有银行组(State＝1)的VPrice的回归系数为0.008,且在1%的统计水平上显著;非国有银行组(State＝0)的VPrice的回归系数不显著,这一结果说明,相较于非国有城市商业银行,国有城市商业银行在商品房销售价格增幅扩大时,会计提更多的贷款损失准备,支持假设3。

将商品房类型进行细分后,在第(3)列和第(4)列(住宅销售价格)与第(9)列和第(10)列(其他类商品房销售价格)中,国有银行组(State＝1)和非国有银行组(State＝0)的VPrice的回归系数具有显著差异:在国有银行组中,VPrice的回归系数均显著为正;在非国有银行组中,VPrice的回归系数不显著。以上回归结果表明,相较于非国有城市商业银行,国有城市商业银行在住宅和其他类商品房销售价格增幅扩大时会计提更多的贷款损失准备。

4.6 稳健性检验

4.6.1 商业银行本期计提的贷款损失准备

贷款损失准备是商业银行计提贷款损失准备的累积效应。作为稳健性检验,本章还采用商业银行本期计提的贷款损失准备来反映银行的贷款损失准备水平(Greenawalt and Sinkey,1998;Ma,1998;Collins et al.,1995;Bhat,1996;张敏等,2015)。我们定义了商业银行贷款损失准备本期计提与贷款总额的比率(LLP),具体回归模型如下(此处我们仅将商品房销售价格指标代入模型):

$$\begin{aligned}\text{LLP} = &\delta_0 + \delta_1 \text{VCommercial} + \text{Controls} + \\ &\text{Province Fixed Effect} + \text{Year Fixed Effect} + \varepsilon\end{aligned} \tag{2}$$

表4-8报告了商品房销售价格增幅对城市商业银行当期计提贷款损失准备的影响。第(1)列为商品房总体销售价格增幅对城市商业银行本期计提贷款损失准备的影响,VCommercial的回归系数为0.002,并在5%的统计水平上显著,说明当商品房销售价格增幅扩大1%时,城市商业银行当期的贷款损失准备会提高0.002%,与前文基本一致,支持了假设1,即当商品房销售价格增幅扩大时,城市商业银行会计提更多的贷款损失准备。

表4-8中的第(2)列和第(3)列报告了按审计师特征进行分组的回归结果。其中,VCommercial的回归系数在"四大"会计师事务所审计的银行组中为0.004,并在1%的统计水平上显著,而在非"四大"会计师事务所审计的银行组

中不显著。这一结果说明，相较于非“四大”会计师事务所审计的城市商业银行，“四大”会计师事务所审计的城市商业银行在商品房销售价格增幅扩大时，会计提更多的贷款损失准备，支持了假设 2。

表 4-8 中的第(4)列和第(5)列报告了按产权性质分组后的回归结果。由结果可知，国有银行组的 VCommercial 的回归系数为 0.002，且在 10%的统计水平上显著，非国有银行组的 VCommercial 的回归系数不显著。这一结果说明，相较于非国有城市商业银行，国有城市商业银行在商品房销售价格增幅扩大时，会计提更多的贷款损失准备，支持了假设 3。

表 4-8　房地产价格与商业银行本期计提的贷款损失准备的回归结果

变量	LLP				
	(1)	Big4=1 (2)	Big4=0 (3)	State=1 (4)	State=0 (5)
VCommercial	0.002**	0.004***	−0.001	0.002*	0.001
	(2.32)	(5.75)	(−0.63)	(1.96)	(1.01)
Loan	−0.004***	−0.004	−0.005***	−0.003*	0.001
	(−3.04)	(−0.33)	(−4.01)	(−1.72)	(0.20)
CAR	−0.003	−0.011	−0.008	0.003	−0.029**
	(−0.87)	(−0.71)	(−1.45)	(0.56)	(−2.09)
ROA	−0.132	−0.332*	−0.101	−0.225***	−0.167**
	(−1.62)	(−1.74)	(−1.15)	(−3.04)	(−2.53)
Size	−0.004***	−0.003	−0.005***	−0.003***	−0.003
	(−5.50)	(−1.35)	(−4.05)	(−6.03)	(−0.74)
Lev	0.004***	0.002**	0.004***	0.004***	−0.000
	(5.14)	(2.26)	(5.41)	(8.63)	(−0.16)
Big4	0.000			−0.001	0.001
	(0.30)			(−0.78)	(0.38)
State	0.000	−0.001	0.001		
	(0.55)	(−0.57)	(1.27)		
Constant	0.047***	0.048*	0.060***	0.035***	0.034
	(7.07)	(1.70)	(6.51)	(7.77)	(1.26)
Province Fixed Effect	控制	控制	控制	控制	控制
Year Fixed Effect	控制	控制	控制	控制	控制
N	365	112	253	261	104
Adj. R^2	0.257	0.130	0.283	0.297	0.204

注：括号内是 T 值，标准误差经异方差调整，并按照省份聚类；***、**、* 分别表示在 1%、5%和 10%的统计水平上显著。

4.6.2　城市商业银行的跨区域经营

中国银监会 2009 年 4 月发布的《中小商业银行分支机构市场准入政策的调整意见(试行)》规定:"股份制商业银行和城市商业银行跨省(自治区、直辖市)设立分行和支行,仍由银监会根据监管评级和优化布局等要求进行审批。鼓励股份制商业银行优先到西部、东北等金融机构较少、金融服务相对薄弱地区设立分支机构;支持城市商业银行按照'三步走'原则建立分支机构网络,即先省内、后省外,先本经济区域、后跨经济区域,最后向全国辐射;并对符合监管导向的相关申请予以优先支持。"这意味着城市商业银行跨区域经营逐渐放开,但跨省(自治区、直辖市)设立分行和支行仍需要银监会审批。上述制度环境给本章的研究提供了一个准自然实验的机会。因此,对城市商业银行跨区域经营的稳健性检验,能够有效缓解内生性问题。

为了进一步检验城市商业银行计提贷款损失准备与地方房地产价格波动之间的关系,本部分利用手工收集的银行设立异省分支机构的数据,分析了在城市商业银行新设异省分支机构后,其贷款损失准备是否会受到异省房地产价格波动的影响。本部分选择存在异省分支机构的城市商业银行作为研究样本,并在模型(1)中加入了反映异省与本地房地产价格波动差异的变量(Out_Price)。Out_Price 是城市商业银行当年的所有分支机构所处异省城市的商品房销售价格增幅与本地商品房销售价格增幅差值的平均值。在表 4-9 所示的回归结果中,第(1)列中 VPrice 的回归系数为正,且在 5%的统计水平上显著,说明当本地商品房销售价格增幅扩大时,银行会计提更多的贷款损失准备。第(1)列和第(2)列中的 Out_Price 的回归系数为正,且在 5%的统计水平上显著,说明当城市商业银行在商品房销售价格增幅更大的省份设有异地分支机构时,银行会计提更多的贷款损失准备。以上结论进一步支持了我们的研究假设。

表 4-9　贷款损失准备与异地房地产价格

变量	LLP				
	VPrice= VCommercial (1)	VPrice= VResidence (2)	VPrice= VOffice (3)	VPrice= VOperating (4)	VPrice= VOthers (5)
VPrice	0.011**	0.009*	0.000	0.003	0.003
	(2.35)	(1.95)	(0.00)	(1.15)	(1.02)

（续表）

变量	LLP				
	VPrice=VCommercial (1)	VPrice=VResidence (2)	VPrice=VOffice (3)	VPrice=VOperating (4)	VPrice=VOthers (5)
Out_Price	0.010**	0.010**	0.000	0.002	0.001
	(2.40)	(2.24)	(0.22)	(1.38)	(0.87)
Loan	0.019**	0.020**	0.018*	0.018*	0.021**
	(2.19)	(2.27)	(1.89)	(2.01)	(2.19)
CAR	0.047	0.049	0.045	0.046	0.048
	(1.24)	(1.27)	(1.13)	(1.21)	(1.25)
ROA	0.054	0.040	0.069	0.071	0.087
	(0.40)	(0.30)	(0.55)	(0.57)	(0.65)
Size	−0.010*	−0.010*	−0.009*	−0.009*	−0.009*
	(−1.95)	(−1.94)	(−1.83)	(−1.86)	(−1.84)
Lev	−0.014**	−0.014**	−0.014**	−0.014**	−0.016**
	(−2.59)	(−2.65)	(−2.27)	(−2.37)	(−2.55)
Big4	0.006**	0.006**	0.006**	0.006**	0.006**
	(2.28)	(2.24)	(2.24)	(2.31)	(2.37)
State	−0.001	−0.001	−0.000	−0.001	−0.000
	(−0.39)	(−0.41)	(−0.26)	(−0.32)	(−0.25)
Constant	0.102**	0.102**	0.102**	0.101**	0.100**
	(2.63)	(2.62)	(2.55)	(2.58)	(2.63)
Province Fixed Effect	控制	控制	控制	控制	控制
Year Fixed Effect	控制	控制	控制	控制	控制
N	139	139	139	139	137
Adj. R^2	0.559	0.557	0.548	0.553	0.550

注：括号内是 T 值，标准误差经异方差调整，并按照省份聚类；***、**、* 分别表示在1%、5%和10%的统计水平上显著。

4.6.3 防范风险还是平滑利润？

已有研究还发现，商业银行存在通过计提贷款损失准备来平滑利润的行为(Hasan and Hunter, 1999; Kanagaretnam et al., 2003; Laeven and Majnoni, 2003; Kanagaretnam et al., 2004; Bikker and Metzemakers, 2005)，即当业绩较好时，商业银行会计提较多的贷款损失准备；而当业绩较差时，商业银行会计提较少的贷款损失准备。因此，为了检验城市商业银行在商品房销售价格增幅扩大时多计提贷款损失准备不是为了平滑利润而是为了防范风险，本部分区分了商业银行在不同业绩水平下的贷款损失准备计提行为。

本部分将商业银行根据每年ROA的中位数进行分组，将商业银行ROA大于或等于年度中位数的样本定义为"ROA_Good＝1"，将商业银行ROA小于年度中位数的样本定义为"ROA_Good＝0"，并对模型(1)进行分组回归。由表4-10可知，在第(1)列和第(2)列(商品房销售价格)与第(3)列和第(4)列(住宅销售价格)中，业绩差的银行组VPrice的回归系数均显著为正，业绩好的银行组VPrice的回归系数不显著。这一结果说明，相较于业绩好的城市商业银行，业绩差的城市商业银行在商品房销售价格增幅扩大时，会计提更多的贷款损失准备。上述结果表明，城市商业银行在商品房销售价格增幅扩大时计提更多的贷款损失准备是为了防范风险，而不是为了平滑利润。

4.7　结论与启示

本章利用中国城市商业银行的数据，分析了房地产价格(商品房销售价格)波动与城市商业银行贷款损失准备之间的关系。本章研究发现，当商品房销售价格增幅扩大时，城市商业银行倾向于计提更多的贷款损失准备。本章将商品房销售价格细分为住宅、办公楼、商业营业用房以及其他类商品房销售价格，并分别与城市商业银行贷款拨备率进行回归，研究发现，相较于办公楼、商业营业用房和其他类商品房销售价格增幅扩大而言，当住宅销售价格增幅扩大时，城市商业银行会计提更多的贷款损失准备。本章还检验了银行审计师特征和产权性质对房地产价格与贷款损失准备相关关系的调节作用。本章研究结果表明，在审计师特征方面，相较于非"四大"会计师事务所审计的城市商业银行，"四大"会计师事务所审计的城市商业银行在商品房销售价格增幅扩大时，会计提更多的贷款损失准备；在产权性质方面，相较于非国有城市商业银行，国有城市商业银行在房地产价格增幅扩大时，会计提更多的贷款损失准备。

本章对于政府控制房地产价格的快速增长，防范由房地产价格波动带来的金融风险有着积极的意义。贷款损失准备既是商业银行应对不良贷款的防线，又是管控风险的工具。城市商业银行需要合理计提贷款损失准备来应对金融不稳定性引发的金融风险。同时，政府应当合理利用贷款损失准备这一工具，进一步完善监管政策，且在不同城市的商业银行政策需依据当地房地产行业调控政

表 4-10 银行业绩对房地产价格与贷款损失准备正相关性的影响

变量	LLR									
	VPrice=VCommercial		VPrice=VResidence		VPrice=VOffice		VPrice=VOperating		VPrice=VOthers	
	ROA_Good=1	ROA_Good=0	ROA_Good=1	ROA_Good=0	ROA_Good=1	ROA_Good=0	ROA_Good=1	ROA_Good=0	ROA_Good=1	ROA_Good=0
	(1)	(2)	(3)	(4)	(5)	(6)	(7)	(8)	(9)	(10)
VPrice	0.004	0.010***	0.004	0.010**	−0.001	0.002	0.001	0.002	0.002	0.001
	(0.93)	(2.72)	(0.85)	(2.51)	(−0.67)	(0.63)	(0.48)	(0.56)	(1.20)	(1.22)
Loan	−0.002	0.016	−0.002	0.016	−0.002	0.021*	−0.002	0.021*	−0.003	0.016
	(−0.59)	(1.33)	(−0.56)	(1.31)	(−0.69)	(1.71)	(−0.74)	(1.85)	(−0.86)	(1.19)
CAR	−0.025	−0.010	−0.025	−0.010	−0.022	−0.008	−0.024	−0.009	−0.022	−0.013
	(−1.15)	(−0.52)	(−1.14)	(−0.54)	(−0.93)	(−0.43)	(−1.11)	(−0.46)	(−0.97)	(−0.61)
ROA	−0.174	−0.204	−0.177	−0.209	−0.161	−0.197	−0.149	−0.170	−0.127	−0.215
	(−0.88)	(−0.38)	(−0.89)	(−0.38)	(−0.84)	(−0.37)	(−0.76)	(−0.34)	(−0.65)	(−0.36)
Size	−0.009**	−0.001	−0.009**	−0.001	−0.009**	−0.001	−0.009**	−0.001	−0.009**	−0.001
	(−2.32)	(−0.54)	(−2.31)	(−0.51)	(−2.23)	(−0.43)	(−2.29)	(−0.44)	(−2.25)	(−0.51)
Lev	0.003*	0.002	0.003*	0.002	0.003*	0.002	0.003*	0.002	0.003*	0.002
	(1.79)	(0.71)	(1.77)	(0.79)	(1.78)	(0.74)	(1.80)	(0.71)	(1.76)	(0.69)
Big4	0.003	0.003	0.003	0.003	0.002	0.003*	0.002	0.003*	0.002	0.003
	(1.11)	(1.30)	(1.11)	(1.31)	(1.03)	(1.78)	(1.09)	(1.73)	(1.02)	(1.24)
State	0.005***	−0.001	0.005***	−0.001	0.005***	−0.000	0.005***	−0.001	0.005***	−0.001
	(2.98)	(−0.22)	(2.98)	(−0.23)	(3.06)	(−0.22)	(3.01)	(−0.25)	(2.87)	(−0.27)
Constant	0.092***	0.016	0.091***	0.016	0.096***	0.018	0.096***	0.022	0.079**	0.024
	(3.91)	(0.53)	(3.91)	(0.53)	(2.94)	(0.54)	(2.87)	(0.66)	(2.28)	(1.01)
Province Fixed Effect	控制	控制	控制	控制	控制	控制	控制	控制	控制	控制
Year Fixed Effect	控制	控制	控制	控制	控制	控制	控制	控制	控制	控制
N	194	189	194	189	194	189	194	189	187	184
Adj. R^2	0.437	0.271	0.437	0.269	0.434	0.216	0.434	0.213	0.430	0.264

注：括号内是 T 值，标准误差经异方差调整，并按照省份聚类；***、**、* 分别表示在 1%、5%和 10%的统计水平上显著。

策以及当地房地产价格进行调整,以防范城市商业银行的经营风险。

本章的不足在于,由于许多城市商业银行为非上市银行,部分城市商业银行未披露或未详细披露财务信息和公司治理信息,从而导致研究样本的缺失。

参考文献

薄仙慧,吴联生,2009.国有控股与机构投资者的治理效应:盈余管理视角[J].经济研究(2):81—91.

陈雯靓,吴溪,2014.我国商业银行的贷款损失准备计提与利润平滑,新会计准则的影响[J].审计研究(1):105—112.

邓富民,王刚,2012.货币政策对房地产价格与投资影响的实证分析[J].管理世界(6):177—179.

何静,李村璞,邱长溶,2011.信贷规模与房地产价格的非线性动态关系研究[J].经济评论(2):21—28.

胡晓,2014.我国房地产价格上涨背后的制度性因素:兼论房地产价格泡沫[J].中央财经大学学报(7):91—99.

梁云芳,高铁梅,2007.中国房地产价格波动区域差异的实证分析[J].经济研究(8):133—142.

廖国民,刘巍,2005.银行体制,破产成本与政府担保:国有银行不良资产形成的一个分析框架[J].管理世界(3):7—14.

皮舜,武康平,2004.房地产市场发展和经济增长间的因果关系:对我国的实证分析[J].管理评论(16):8—12.

漆江娜,陈慧霖,张阳,2004.事务所规模·品牌·价格与审计质量:国际"四大"中国审计市场收费与质量研究[J].审计研究(3):59—65.

钱先航,曹廷求,李维安,2011.晋升压力、官员任期与城市商业银行的贷款行为[J].经济研究(12):72—85.

秦岭,姚一旻,2012.我国银行信贷与房地产价格关系研究[J].经济社会体制比较(2):188—202.

谭政勋,王聪,2011.中国信贷扩张、房价波动的金融稳定效应研究:动态随机一般均衡模型视角[J].金融研究(8):57—71.

王少飞,孙铮,张旭,2009.审计意见、制度环境与融资约束:来自我国上市公司的实证分析[J].审计研究(2),63—72.

王咏梅,王鹏,2006."四大"与"非四大"审计质量市场认同度的差异性研究[J].审计研究(5):49—56.

许友传，杨继光，2010. 商业银行贷款损失准备与盈余管理动机[J]. 经济科学(2):94—103.

叶欣，王婕，2013. 宏观经济环境下我国银行贷款和房价动态影响关系：基于 SVAR 模型的实证分析[J]. 管理评论(9):62—71.

于鹏，2007. 公司特征、国际"四大"与审计意见[J]. 审计研究(2):53—60.

原鹏飞，冯蕾，2014. 经济增长、收入分配与贫富分化：基于 DCGE 模型的房地产价格上涨效应研究[J]. 经济研究(9):77—90.

张健华，王鹏，2012. 银行风险、贷款规模与法律保护水平[J]. 经济研究(5):18—30.

张敏，谢露，马黎珺，2015. 金融生态环境与商业银行的盈余质量：基于我国商业银行的经验证据[J]. 金融研究(5):117—131.

张双长，李稻葵，2010. "二次房改"的财政基础分析：基于土地财政与房地产价格关系的视角[J]. 财政研究(7):5—11.

周京奎，2005. 货币政策、银行贷款与住宅价格：对中国 4 个直辖市的实证研究[J]. 财贸研究(5):22—27.

祝继高，饶品贵，鲍明明，2012. 股权结构、信贷行为与银行绩效：基于我国城市商业银行数据的实证研究[J]. 金融研究(7):31—47.

祝继高，王春飞，尤可畅，2015. 审计师特征与商业银行贷款损失准备：基于中国城市商业银行的实证研究[J]. 审计研究(4):105—112.

ACHARYA V, PHILIPPON T, RICHARDSON M, et al., 2009. The financial crisis of 2007-2009: causes and remedies [J]. Financial markets, institutions and instruments, 18(2):89-137.

ADELINO M, SCHOAR A, SEVERINO F, 2015. House prices, collateral and self employment [J]. Journal of financial economics, 17(2):288-306.

AHARONY J, LEE C J, WONG T J, 2000. Financial packaging of IPO firms in China [J]. Journal of accounting research, 38(1):103-126.

BEATTY A, LIAO S, 2011. Do delays in expected loss recognition affect banks' willingness to lend? [J]. Journal of accounting and economics, 52(1):1-20.

BEATTY A, LIAO S, 2014. Financial accounting in the banking industry: a review of the empirical literature [J]. Journal of accounting and economics, 58(2/3):339-383.

BEAVER W, EGER C, RYAN S, et al., 1989. Financial reporting, supplemental disclosures, and bank share prices [J]. Journal of accounting research, 27(2):157-178.

BECK P, NARAYANMOORTH G, 2013. Did the SEC impact banks' loan loss reserve policies and their informativeness? [J]. Journal of accounting and economics, 56(2/3):42-65.

BHAT V, 1996. Banks and income smoothing: an empirical analysis [J]. Applied financial economics, 6(6): 505-510.

BIKKER J A, METZEMAKERS P A J, 2005. Bank provisioning behavior and procyclicality [J]. Journal of international financial markets, institution and money, 15(2): 141-157.

BRANDT L, LI H, 2003. Bank discrimination in transition economics: ideology, information or incentives? [J]. Journal of comparative economics, 31(3): 387-413.

BUSHMAN R, WILLIAMS C, 2012. Accounting discretion, loan loss provisioning, and discipline of banks' risk taking [J]. Journal of accounting and economics, 54(1): 1-18.

BUSHMAN R, WILLIAMS C, 2015. Delayed expected loss recognition and the risk profile of banks [J]. Journal of accounting research, 53(3): 511-553.

CHANEY T, SRAER D, THESMAR D, 2012. The collateral channel: how real estate shocks affect corporate investment [J]. American economic review, 102(6): 2381-2409.

COLLINS J, SHACKELFORD D, WAHLEN J, 1995. Bank differences in the coordination of regulatory capital, earnings, and taxes [J]. Journal of accounting research, 33(2): 263-291.

COLLYNS C, SENHADJI A, 2002. Lending boom, real estate bubbles and the Asian crisis [R]. IMF working paper.

DEANGELO L, 1981. Auditor size and audit or quality [J]. Journal of accounting and economics, 3(12): 183-199.

ELLIOT J, HANNA D, SHAW W, 1991. The evaluation by the financial markets of changes in bank loan loss reserve levels [J]. The accounting review, 66: 847-861.

FLANNEY M J, LIN L, 2014. House prices, bank balance sheets, and bank credit supply [J]. Social science electronic publishing: 1-41.

GORTON G, METRICK A, 2012. Getting up to speed on the financial crisis: a one-weekend-reader's guide [J]. Journal of economic literature, 50(1): 128-150.

GREENAWALT M, SINKEY J, 1998. Bank loan-loss provisions and the income-smoothing hypothesis: an empirical analysis [J]. Journal of financial services research, 1(4): 301-318.

GRFFIN P, WALLCH A, SAMOA J, 1991. Latin American lending by major U. S. banks: the effects of disclosures about non accrual: loans and loan loss provisions [J]. The accounting review, 66(4): 830-846.

HASAN I, HUNTER W C, 1999. Income-smoothing in the depository institutions: an empirical investigation [J]. Advances in quantitative analysis of finance and accounting, 7: 1-16.

HERRING R J, WACHTER S, 1999. Real estate booms and banking busts [R]. Financial institutions center at the Wharton School, 110.

KANAGARETNAM K, LOBO G J, MATHIEU R, 2003. Managerial incentives for income smoothing through bank loan loss provisions [J]. Review of quantitative finance and accounting, 20:63-80.

KANAGARETNAM K, LOBO G J, YANG D, 2004. Joint tests of signaling and income smoothing through bank loan loss provisions [J]. Contemporary accounting research, 21(4):843-884.

KATO T, LONG C, 2006. Executive turnover and firm performance in China [J]. American economic review, 96(2):363-367.

KHURANA I K, RAMAN K K, 2004. Litigation risk and the financial reporting credibility of big4 versus non-big4 auditors: evidence from Anglo-American countries [J]. The accounting review, 79(3):473-495.

KIYOTAKI N, MOORE J, 1997. Credit cycles [J]. Journal of political economy, 105(2):211-248.

LAEVEN L, MAJNONI G, 2003. Loan-loss provisioning and economic slowdowns: too much, too late? [J]. Journal of financial intermediation, 12(2):178-197.

LI L, WU X, 2014. Housing price and entrepreneurship in China [J]. Journal of comparative economics, 42(2):436-449.

LIN L, 2015. Collateral and the choice between bank debt and public debt, management science [J]. Management science, 109(2):517-534.

MA C K, 1988. Loan loss reserve and income smoothing: the experience in the U. S. banking industry [J]. Journal of business finance and accounting, 15(4):487-497.

MOIZER P, 1997. Auditor reputation: the internal empirical evidence [J]. Internal journal of auditing, 1(1):61-74.

NICHOLS C, WIELAND M, WHALEN J, 2009. Publicly-traded versus privately-held: implications for conditional conservatism in bank accounting [J]. Review of accounting studies, 14:88-122.

NICHOLS D R, SMITH D B, 1983. Auditor credibility and auditor changes [J]. Journal of accounting research, 21(2):534-544.

PETERSEN M A, 2009. Estimating standard errors in finance panel data sets: comparing approaches [J]. Review of financial studies, 22(1):435-480.

QIAN Y, 1994. A theory of shortage in socialist economies based on the soft budget constraint [J]. American economic review, 84(1):145-156.

RYAN S, TUCKER J, ZAROWIN P, 2006. Classification and market pricing of the cash flows and accruals on trading positions [J]. The accounting review, 81(2):443-472.

SHIN H, 2009. Securitisation and financial stability [J]. Economic journal, 119(536):309-332.

TEOH S H, WONG T J, 1993. Perceived auditor quality and the earnings response coefficient [J]. The accounting review, 68(4):346-366.

VAN S J, 2009. The bank capital channel of monetary policy [R]. Federal reserve board of governors, working paper.

第5章 股权结构、信贷行为与商业银行经营绩效[①]

5.1 问题提出

金融体系在资源配置中发挥着基础性的作用,对于促进经济增长具有重要的意义。高效的金融体系能够将优质资源配置到最需要资金的行业与企业,对经济发展起到引导作用,因此金融发展是经济增长的先行指标(Levine and Zervos,1998)。中国的金融体系与发达成熟的经济体存在巨大差异,中国的资本市场(包括股票市场与债券市场)尚处于初步发展阶段,银行在金融体系中仍占据主导地位,并在金融资产配置过程中扮演着核心角色。同时,银行作为企业重要的债权人,在获取企业信息方面具有一定的比较优势,并且能够发挥积极的公司治理作用(Shleifer and Vishny,1997)。因此无论是理论还是实践研究,都极为关注银行在公司治理中的作用。然而,现有的研究关注银行在企业中所扮演的公司治理角色要远远超过银行自身的公司治理结构(Macey and Hara,2003),对发展中国家银行公司治理问题的研究则少之又少(Arun and Turner,2004)。

但是,良好的银行公司治理是金融资源高效配置的前提性条件和发挥银行在企业中的公司治理作用的基础性条件。具体而言,良好的银行公司治理能够提高银行金融资产的配置效率、促进金融资产的良性循环、降低金融风险进而促进经济增长,从而形成一个良性循环;具有良好公司治理的银行更能甄别信贷的质量,加速企业的资本积累并降低企业的融资成本,从而更好地发挥银行在企业公司治理中的积极作用(Caprio et al.,2007)。比如,Chang et al.(2010)发现在2001年之前,中国金融发展对经济增长没有产生引导作用,直到2001—2005

---

① 本章主体内容发表于《金融研究》2012年第7期。题目:“股权结构、信贷行为与银行绩效——基于我国城市商业银行数据的实证研究”,作者:祝继高、饶品贵、鲍明明。

年,金融发展才对经济增长具有引导作用,他们把其中的重要原因归结为银行公司治理的改善(比如引入战略投资者)。在 2007 年下半年开始的金融危机中,银行扮演了一个不光彩的角色,过高的资产负债率、过度依赖短期债务、高额的管理层薪酬激励计划等都是导致金融危机发生的重要原因,而这些恰恰是银行自身的公司治理问题。在此背景下,深入地研究银行的公司治理机制就显得十分迫切,当然也具有重要的理论与现实意义。

通常而言,银行的公司治理结构包括股东大会、董事会、管理层等元素,银行也存在股东与管理层之间的委托代理问题。从表面上看,银行的公司治理结构与非金融企业的公司治理结构无显著差异,但是银行具有的独特性使得非金融企业的公司治理理论并不完全适用于银行公司治理。Levine(2003)总结了银行的三大特点:第一,银行要比非金融企业更不透明,银行贷款的质量并不能完全观测到,而且能够隐藏很多年;第二,银行业是一个高度政府管制的行业,鉴于银行对整个国民经济的重要性,银行信息的不透明,以及银行是政府财政收入的稳定来源,世界各国政府对银行制定了一系列的管制政策,或者政府直接持股银行;第三,银行在经济中扮演流动性创造者的角色,这使得银行只保留存款的部分作为储备,因此资产负债率非常高。一旦所有存款人都要求银行还款,银行就会面临挤兑风险从而导致银行破产,进而引发金融危机,因此银行业都有储蓄存款保险制度以防止发生银行挤兑风险。总之,银行业高度的信息不对称和政府管制使银行业并不能完全照搬非金融企业的公司治理模式(Andres and Vallelado,2008)。中国的银行业也具有这些特点:高资产负债率,资产交易的非透明性,严格的行业监管(潘敏,2006)。但不同的是,由于中国经济尚处于转型时期,中国对银行业的监管更为严格,银行的公开信息披露更少。

由于数据的限制,已有的研究主要以 5 家国有大型商业银行和 12 家股份制商业银行为研究对象。与以往的研究对象不同,本章以城市商业银行为研究对象,分析中国城市商业银行的公司治理结构对其信贷行为、不良贷款和经营绩效的综合影响。

本章基于手工收集的 2004—2009 年中国城市商业银行数据,通过实证研究发现:第一,股权结构是影响城市商业银行信贷行为和经营绩效的重要因素。第一大股东的控股能力越强,银行的不良贷款率越高、贷款集中度越高、经营绩效越差;第一大股东的性质为地方政府,则银行的不良贷款率高。第二,独立董事对第一大股东的“掏空”动机能起到抑制作用,具体表现为对于第一大股东控股能力较强的银行而言，独立董事能够显著降低其不良贷款率和贷款集中度。第三，对贷款集中度的研究表明，城市商业银行的信贷表现出很高的贷款集中度，主要流向了地方政府或者地方政府控制的融资平台、土地储备中心、国资公司和国有企业，而过高的贷款集中度会导致城市商业银行较差的经营绩效（更高的不良贷款率和更低的总资产收益率）。

本章的研究贡献体现在：首先，由于数据的限制，目前关注中国城市商业银行公司治理结构和信贷行为的研究较少，本章通过对手工收集的城市商业银行数据进行实证研究，丰富了转型经济国家银行公司治理与银行经营绩效之间关系的研究；其次，已有研究更多地分析银行股权性质对银行经营绩效的影响，比如私有化是否能促进银行经营绩效的提高（Berger et al.，2005），而本章更多地从公司治理角度（股权制衡效应与独立董事的作用）来分析股权结构对银行经营绩效的影响，强调改善商业银行内部治理结构的重要性，从而为研究银行公司治理与银行经营绩效的关联关系提供了新的视角；再次，已有文献主要直接研究股权性质对银行经营绩效的影响（Ferri，2009），忽略了其中可能的作用机制，而本章分析了城市商业银行的贷款集中度和贷款流向，并发现贷款集中度与贷款流向是股权结构影响银行经营绩效的一种途径，因此本章在实证数据上找出了股权结构影响银行经营绩效的具体途径，从而为研究股权结构与银行经营绩效之间的关系提供了新的证据；最后，本章的研究结论对于加强中国城市商业银行的贷款风险控制，防范金融风险，以及加强金融安全，尤其是地方金融安全具有重要的实践意义。

本章后续安排如下：第二部分是理论回顾与研究假设，第三部分是研究设计与描述性统计，第四和第五部分是主要结果分析与进一步讨论；第六部分是结论与启示。

5.2 文献回顾与研究假设

5.2.1 银行的股权结构、信贷行为与银行经营绩效

股权结构对于企业价值最大化至关重要。Iannotta et al.（2007）指出，银行股权结构的研究有两个维度：股权集中度和股权性质。本章对股权结构的文献回顾也将从上述两个维度展开。

1. 银行股权集中度

Caprio et al. (2007)利用 BANKSCOPE 数据库中的数据，对 44 个国家 244 家银行的数据进行调查发现，银行的股权集中是一个较为普遍的现象。如果将控股股东的持股比率超过 10%定义为银行股权集中，那么在他们的样本中有 75%的银行股权是集中的①，可见银行的股权集中是在世界范围内存在的。Shleifer and Vishny(1997)指出，大股东因更为关注其自身利益而具有更强的监督动机，这可以减少股东对管理层监督过程中的"搭便车"行为，能够起到良好的公司治理作用。但是，股权集中对于公司治理既存在正面效应，又可能产生负面效应。一方面，集中的股权能够有效监督管理层，即利益协调假说；另一方面，集中的股权会使大股东追求控制权私利，从而损害其他股东的利益，即"掏空"假说。银行股权集中的公司治理效应是正面还是负面的并没有取得一致的结论。第一种观点认为，股权集中能够提高银行贷款质量，改善银行业绩，支持股权集中的利益协调假说。Caprio et al. (2007)发现，控股股东现金流权比率的提高能够提升银行的市场价值。Laeven and Levine(2009)发现，银行大股东的现金流权和银行的承担风险行为正相关，这说明股权集中能够协调管理层和股东的利益冲突。Iannotta et al. (2007)发现，股权集中度与贷款质量显著正相关。Li and Song(2010)发现，第一大股东持股比例高的银行市场价值也高。李维安和曹廷求(2004)利用山东、河南两省 28 家城市商业银行的调查样本发现，集中型股权结构对银行经营绩效有明显的积极影响。第二种观点认为，股权集中会损害银行业绩，支持股权集中的"掏空"假说。Haw et al. (2010)分析了 1990—1996 年 9 家东亚上市银行和 13 家西欧上市银行，发现控股股东集中的股权会导致银行的业绩更差、成本效率更低、股价波动更大。他们认为其中一个重要原因是部分银行成为家族或集团内部银行，从而有可能成为"掏空"的工具。谭兴民等(2010)发现，在中国，第一大股东的持股比例、控制能力及较高的股权集中度阻碍了银行经营绩效的提高。

相比其他国家，中国的制度环境存在特殊性。第一，中国中小股东能够采取的保护自身利益不受侵害的有效措施非常有限(Jiang et al.,2010)。第二，中国的控制权市场所发挥的作用非常有限，银行的并购也只有深圳发展银行一例，同时 Levine(2003)指出，监管部门对商业银行的并购行为存在严格的限制，而且对

① 在 Caprio et al. (2007)的样本中，控股股东的平均持股比率为 30.8%。

商业银行的股东有一定的要求。因此，商业银行的治理结构实质上缺乏并购市场，大股东和管理层面临的控制权转移威胁实际上非常小。第三，大股东“掏空”行为的隐性成本比较低。不完善的法律制度和低效率的执法行为很难对大股东的“掏空”行为产生制约(Jiang et al.，2010；祝继高和王春飞，2012)。基于上述分析，我们提出假设1：

假设1 第一大股东持股比例与城市商业银行经营绩效呈负相关关系。

2. 银行股权性质

根据World Bank(2001)的计算，20世纪90年代，全世界有40%的银行资产由国家控制着。La Porta et al.(2002)通过对世界主要国家的银行股权结构进行研究发现，政府持有银行股份是一种普遍的现象，这种现象在经济发展水平较低、金融体系不发达、政府效率低下及产权保护较差的国家更为普遍。他们认为，有两种理论可以解释政府参与金融体系(市场)：其一是发展观点。该观点认为，政府持有银行股份有利于促进金融发展和经济增长，而且政府持有银行股份对有国家战略意义的行业具有十分显著的影响。其二是政治观点。政府持有银行股份是出于政治目的，例如利用银行向政府的支持者提供就业机会、补贴和其他福利。

La Porta et al.(2002)发现，1970年银行体系中政府持股比例高的国家在之后的发展中经济发展较为缓慢、生产力较低、金融体系更不稳定，从而支持了政治观点。Levine(2003)指出，当政府同时成为银行的所有者和监管者时，会存在严重的利益冲突，政府持有银行的股份会降低银行的效率。Berger et al.(2005)利用20世纪90年代阿根廷的数据发现，国有银行的业绩更差，而私有化以后，银行的业绩得到改善。Micco et al.(2007)通过对1995—2002年179个国家的研究发现，在发展中国家，国有银行的业绩要比私有银行差，而且两者的差距在大选年份更加明显。他们还发现，在大选年份，政府利用其控制的银行向为其提供竞选帮助的企业提供更多的低息贷款，上述结论支持政府持有银行股份的政治观点。Ferri(2009)通过对2000—2003年20家中国城市商业银行的问卷调查发现，国有性质的城市商业银行业绩更差。

总体而言，已有的研究表明，股权结构是影响商业银行经营绩效非常重要的因素，而且多数的研究支持La Porta et al.(2002)所提出的政治观点，即政府直接控制或持有银行股份更多的是出于政治上的考虑，而非经济意义上的考虑。

对于中国的城市商业银行而言，很大一部分产权为地方政府直接控制或者通过国有企业间接控制。自 20 世纪 80 年来以来地方官员的选拔和晋升标准由政治指标转变为经济绩效指标，尤其是地方 GDP 增长率（Li and Zhou，2005）。在这种逻辑下，地方官员的晋升竞争主要表现为政绩竞争，政绩竞争主要表现为经济增长竞争，经济增长竞争主要表现为投资竞争，而投资竞争最终要靠金融资源来支持，因此基于晋升激励的地方官员自然会干预所控制的城市商业银行的信贷行为，以支持地方经济建设，最终实现自身的政治晋升目标（钱先航等，2011）。基于上述分析，我们提出假设 2：

假设 2　相比其他类型的城市商业银行，第一大股东性质为国有的城市商业银行经营绩效更差。

5.2.2　独立董事比例、信贷行为与银行经营绩效

由于商业银行自身的特点，商业银行的公司治理结构与企业的公司治理结构会存在一定的差异。Levine（2003）指出，监管部门对商业银行的并购行为存在严格的限制，而且对商业银行的股东有一定的要求。因此，商业银行的治理结构缺乏并购市场和外部股东的监督。由于外部治理机制的作用有限，商业银行治理机制的设计应偏重内部治理机制，有选择地审慎运用外部治理机制（李维安和曹廷求，2003）。Li and Song（2009）的研究结果表明，相较于非金融企业而言，银行的董事会结构是一种更为重要的治理机制，他们认为主要原因是政府对银行的监管使得解决公司治理问题的其他机制失去了效果，银行业的信息不透明使得股东更难以设计有效的契约来激励高管。

独立董事作为商业银行内部治理机制的重要组成部分，在规范银行公司治理结构、防范金融风险和提高银行经营绩效方面发挥了重要作用。例如，Li and Song（2010）指出，良好的公司治理结构会提升商业银行的市场价值，独立董事比例越高的银行市场价值越高。Andres and Vallelado（2008）基于 6 个发达国家 69 家银行的数据发现，银行董事会中外部董事的比例与银行经营绩效呈倒 U 形关系，即随着外部董事比例的提高，银行经营绩效提升，当外部董事比例达到一定水平时，银行经营绩效开始下降。外部董事在银行中发挥监督和咨询两种职能。随着外部董事的增加，外部董事对高管的监督会增强，这有利于缓解不同利益相关者之间的利益冲突。

从研究文献可以发现，独立董事对于提高商业银行的公司治理水平、防范金融风险具有重要作用。由于中国城市商业银行目前的独立董事比例偏低，因此，

我们预期提高独立董事比例能够降低银行金融风险、提高银行公司治理水平，进而有助于提升银行经营绩效。基于上述分析，我们提出假设 3：

假设 3 独立董事比例与城市商业银行的经营绩效呈正相关关系。

5.3 研究设计与描述性统计

5.3.1 研究设计

1. 样本选择

本章的研究样本为 2004—2009 年的中国城市商业银行。城市商业银行财务信息和公司治理结构信息通过手工方式从《金融时报》与城市商业银行官方网站披露的年报中收集。由表 5-1 可知，本章的样本占城市商业银行总数的 26.01%。

表 5-1 样本年度分布统计

项目	2004 年	2005 年	2006 年	2007 年	2008 年	2009 年	合计
城市商业银行总数（家）	113	113	113	124	136	143	742
样本量（家）	3	9	34	49	43	55	193
比率（%）	2.65	7.96	30.09	39.52	31.62	38.46	26.01

注：城市商业银行总数来自中国银监会年报。

2. 模型选择与变量定义

本章主要分析城市商业银行的股权结构对银行不良贷款率和经营绩效的影响，具体的研究模型设定如下：

$$\text{NPR(ROA)} = \alpha_0 + \sum \alpha_i \text{Governance}_i + \alpha_{i+1} \text{Loan} + \alpha_{i+2} \text{Size} + \sum Y_i \text{Year}_i + \varepsilon$$

根据文献回顾与研究假设，本章采用不良贷款率（NPR）和总资产收益率（ROA）来衡量银行经营绩效。不良贷款率能够反映银行对贷款的管理水平（徐忠等，2009），不良贷款率越高，贷款质量越差。我们参考 Andres and Vallelado (2008) 和 Haw et al. (2010)[①] 的做法，采用总资产收益率来衡量城市商业银行的

① Haw et al. (2010) 指出，采用 ROA 而不是 ROE（净资产收益率）作为绩效衡量指标，是因为 ROE 会受到银行资本结构的影响。

综合绩效。

Governance 变量代表相应的公司治理变量。主要包括：① 第一大股东持股比例(First)，该比例越高代表股权越集中；② 第一大股东与第二大股东持股比例之差(HC)，该值越大代表第一大股东的控股能力越强(李维安和曹廷求，2004；谭兴民等，2010)；③ 为了更详细地分析城市商业银行的股权性质对银行信贷行为和经营绩效的影响，我们将城市商业银行第一大股东类型区分为地方政府(Gov)、国有企业(SOE)和民营企业(Nonstate)。如果城市商业银行第一大股东为地方政府或国有企业，则定义城市商业银行为国有城市商业银行(State)。

已有的文献发现，银行资产规模(Size)、贷款比率(Loan)、独立董事比例(Indratio)是影响银行信贷质量和经营绩效的重要因素(Micco et al.，2007；Haw et al.，2010)[①]，因此本章将上述因素作为控制变量。[②] 朱红军等(2010)利用 2004—2008 年城市商业银行的数据发现，金融环境会影响城市商业银行的关联贷款行为。张健华和王鹏(2012)发现，法律保护水平是影响中国银行业风险和贷款规模的重要因素。因此，在模型中我们对市场化指数(Market)(樊纲等，2011) 也进行了控制。各变量的定义见表 5-2。

表 5-2　变量定义

变量符号	变量名称	变量定义
ROA	总资产收益率	净利润/总资产
NPR	不良贷款率	(次级类贷款＋可疑类贷款＋损失类贷款)/各项贷款
First	第一大股东持股比例	第一大股东持股数/总股数
HC	第一大股东持股比例与第二大股东持股比例之差	第一大股东持股比例与第二大股东持股比例之差

① 单变量的相关系数分析表明，贷款比率、存款比率(存款总额/总资产)和权益比率(股东权益/总资产)高度相关(变量之间的相关系数大于 0.5)。为了避免多重共线性，本章在回归模型中控制了贷款比率。如果控制存款比率或权益比率，则研究结论保持不变。

② Barry et al. (2011)指出，上市银行和非上市银行由于面临的外部市场监管存在差异，因此在风险承担上会存在较大的差异。因此，本章将银行是否上市作为控制变量，研究结论保持不变。

（续表）

变量符号	变量名称	变量定义
State	第一大股东股权性质	如果第一大股东为国有(包含地方政府、国有企业、国资公司和开发公司),则取值为 1,否则为 0
Gov	第一大股东是否为地方政府	如果第一大股东为地方政府,则取值为 1,否则为 0
SOE	第一大股东是否为国有企业	如果第一大股东为国有企业(包含国有企业、国资公司和开发公司),则取值为 1,否则为 0
LC1	最大单一客户贷款占资本净额比例	单一最大客户贷款/资本净额
LC10	最大十家客户贷款占资本净额比例	最大十家客户贷款/资本净额
Size	银行资产规模	银行总资产的自然对数
Loan	贷款比率	贷款总额/总资产
Boardsize	董事会总人数	银行董事会的总人数
Indratio	独立董事比例	银行董事会中独立董事的比例
Market	市场化指数	各省份各年度的市场化指数

5.3.2 描述性统计

表 5-3 中 Panel A 是样本银行的主要财务特征。样本银行的平均资产总额约为 505.98 亿元,平均股东权益为 30.23 亿元,平均资产负债率为 94.03%,这充分体现了城市商业银行的高负债特点。城市商业银行的平均营业收入为 300.83 亿元,平均利润总额为 5.93 亿元。而总资产、股东权益、营业收入、利润总额和贷款总额的标准差较大,体现出不同城市商业银行发展程度和经营状况的巨大差异。

表 5-3 中 Panel B 是样本银行的财务变量和公司治理变量描述。平均而言,样本银行的 ROA 为 0.9%,与同期的银行业金融机构 ROA 水平相当(2007 年为 0.9%,2008 年为 1.0%,2009 年为 0.9%)。盈利能力最好的城市商业银行的 ROA 为 2.9%,盈利能力最差的城市商业银行的 ROA 为 −0.1%。平均 NPR 为 2.4%,与同期的银行业金融机构 NPR 水平相当(2007 年为 6.7%,2008

年为2.4%,2009年为1.6%)。

第一大股东持股比例的均值为20.8%(中位数为15.4%),低于Haw et al.(2010)发现的控股股东持股比例为30%的临界点(控股股东持股比例大于30%时,持股比例与经营绩效正相关)。在Li and Song(2010)的样本(48个国家255家银行)中,第一大股东持股比例的均值(中位数)为32.04%(22.01%)。在Caprio et al.(2007)的样本(44个国家244家银行)中,控股股东持股比例均值为32.6%。这说明中国城市商业银行第一大股东的持股比例是相对较低的。第一大股东与第二大股东持股比例之差的均值为10.1%(中位数为4.4%),说明第一大股东的相对控股能力是较强的。

平均而言,82.4%的城市商业银行第一大股东的性质为国有,其中地方政府为第一大股东的比例为37.8%,国有企业为第一大股东的比例为44.6%。80%左右的城市商业银行由地方政府直接或间接控制,这是中国城市商业银行的重要特征。

最大单一客户贷款占资本净额(LC1)的均值为40.5%(中位数为12.7%),最大十家客户贷款占资本净额(LC10)的均值为144.0%(中位数为78.5%)。根据《中华人民共和国商业银行法》的规定,“对同一借款人的贷款余额与商业银行资本余额的比例不得超过百分之十”。本章样本中超过一半的城市商业银行在贷款集中度方面违反了法律的相关规定,这也从一个方面说明了城市商业银行潜在的信贷风险。

样本银行董事会人数(Boardsize)的均值为11.8人(中位数为12.0人),独立董事比例的均值为14.9%(中位数为14.3%)。Li and Song(2009)分析了2004—2006年世界主要国家或地区商业银行的董事会结构。在其样本中,董事会平均人数为11.02人,与中国城市商业银行的董事会规模相当。但是,其样本中的独立董事比例均值为49.96%(其中,美国80.28%,德国50.86%,日本37.18%,韩国61.17%,印度49.25%),远远高于中国城市商业银行独立董事比例水平。

表 5-3　描述性统计

	样本	均值	标准差	最小值	第一四分位数	中位数	第三四分位数	最大值
Panel A：样本银行的主要财务特征(单位：百万元)								
总资产	193	50 598.06	83 174.55	1 445.42	10 098.79	21 577.21	49 544.58	533 469.32
股东权益	193	3 023.00	5 172.12	91.34	553.49	1 248.76	2 937.26	37 577.77
营业收入	193	30 082.78	271 398.64	37.49	376.26	773.18	1 600.80	2 959 533.01
利润总额	188	593.39	1 031.67	0.31	94.85	222.40	555.85	7 162.24
贷款总额	193	26 261.65	42 122.18	612.92	5 442.32	11 101.63	25 505.00	273 480.94
Panel B：样本银行的财务变量和公司治理变量描述								
ROA	193	0.009	0.005	−0.001	0.005	0.009	0.011	0.029
NPR	193	0.024	0.021	0.000	0.010	0.019	0.030	0.146
First	193	0.208	0.161	0.029	0.100	0.154	0.243	0.920
HC	193	0.101	0.166	0.000	0.007	0.044	0.100	0.902
State	193	0.824	0.382	0.000	1.000	1.000	1.000	1.000
Gov	193	0.378	0.486	0.000	0.000	0.000	1.000	1.000
SOE	193	0.446	0.498	0.000	0.000	0.000	1.000	1.000
LC1	177	0.405	0.620	0.008	0.074	0.127	0.576	4.525
LC10	164	1.440	1.574	0.060	0.481	0.785	1.983	10.166
Size	193	16.962	1.194	14.184	16.128	16.887	17.718	20.095
Loan	193	0.541	0.081	0.189	0.492	0.553	0.597	0.787
Boardsize	193	11.772	3.161	5.000	9.000	12.000	14.000	18.000
Indratio	193	0.149	0.121	0.000	0.000	0.143	0.222	0.500

5.4　主要结果分析

5.4.1　股权结构与经营绩效

表 5-4 列示了第一大股东控股能力、股权性质与不良贷款率的回归结果，在第(1)列和第(3)列中，First 的回归系数为正但不显著。在第(2)列和第(4)列中，HC 的回归系数显著为正，说明第一大股东与第二大股东持股比例之差越大，银行不良贷款率越高。这表明第一大股东控股能力强的银行有更高的不良贷款率，从而支持大股东的“掏空”假说。

那么，股权结构的另一个维度——股权性质是否会影响不良贷款率呢？

State 的回归系数在表 5-4 的第(1)列和第(2)列中均不显著,即第一大股东为国有与非国有的城市商业银行在不良贷款率上不存在显著差异。但是,我们将国有城市商业银行区分为地方政府控制的城市商业银行(Gov)和地方国有企业控制的城市商业银行(SOE),则发现 Gov 的回归系数显著为正[表 5-4 第(3)列],而 SOE 的回归系数不显著。上述结果表明,第一大股东性质为地方政府的城市商业银行会有更高的不良贷款率,上述结论与假设 2 的预期是一致的,支持了 La Porta et al. (2002)提出的政治观点。

在表 5-4 中,Market 的回归系数显著为负,说明位于市场化程度高的地区的城市商业银行不良贷款率低,这也表明制度环境对于城市商业银行发展的重要性。

表 5-4　第一大股东控股能力、股权性质与不良贷款率

变量	NPR			
	(1)	(2)	(3)	(4)
First	0.013		0.015	
	(0.165)		(0.108)	
HC		0.019*		0.019**
		(0.062)		(0.050)
State	0.003	0.002		
	(0.241)	(0.339)		
Gov			0.005*	0.005
			(0.086)	(0.134)
SOE			0.000	0.000
			(0.874)	(0.949)
Loan	0.037**	0.038**	0.039**	0.040**
	(0.044)	(0.034)	(0.031)	0.026)
Size	0.002*	0.002*	0.003**	0.003**
	(0.056)	(0.061)	(0.033)	(0.041)
Indratio	−0.005	−0.005	−0.005	−0.005
	(0.576)	(0.542)	(0.569)	(0.546)
Market	−0.004***	−0.004***	−0.004***	−0.004***
	(0.000)	(0.000)	(0.000)	(0.000)
Constant	−0.017	−0.015	−0.031	−0.028
	(0.423)	(0.465)	(0.196)	(0.248)
Year	控制	控制	控制	控制
N	193	193	193	193
Adj. R^2	0.385	0.398	0.392	0.403

注:括号内是 P 值;***、**、* 分别表示在 1%、5%和 10%的统计水平上显著。

表 5-5 展示了第一大股东控股能力、股权性质与银行经营绩效的回归结果。由表 5-5 可知，First 和 HC 的回归系数显著为负，说明第一大股东持股比例越高，第一大股东与第二大股东持股比例之差越大，银行经营绩效越差。这表明第一大股东的持股比例越高、控股能力越强，会导致大股东越强的“掏空”动机，进而损害银行的经营绩效。总之，表 5-4 和表 5-5 的结论验证了本章的假设 1：第一大股东持股比例与城市商业银行经营绩效呈负相关关系。

表 5-5 第一大股东控股能力、股权性质与银行经营绩效

变量	ROA			
	(1)	(2)	(3)	(4)
First	−0.007***		−0.007***	
	(0.000)		(0.000)	
HC		−0.007***		−0.007***
		(0.001)		(0.001)
State	0.000	0.000		
	(0.801)	(0.780)		
Gov			0.000	0.000
			(0.870)	(0.757)
SOE			0.000	0.000
			(0.762)	(0.830)
Loan	0.001	0.001	0.001	0.001
	(0.847)	(0.832)	(0.856)	(0.827)
Size	−0.000	−0.000	−0.000	−0.000
	(0.863)	(0.888)	(0.826)	(0.959)
Indratio	0.001	0.001	0.001	0.001
	(0.693)	(0.741)	(0.693)	(0.742)
Market	0.000**	0.000**	0.000**	0.000**
	(0.036)	(0.030)	(0.037)	(0.032)
Constant	0.006	0.005	0.007	0.005
	(0.185)	(0.272)	(0.223)	(0.366)
Year	控制	控制	控制	控制
N	193	193	193	193
Adj. R^2	0.203	0.202	0.199	0.198

注：括号内是 P 值；***、**、* 分别表示在 1%、5%和 10%的统计水平上显著。

在表 5-5 中，State、Gov、SOE 三个变量的回归系数均不显著，说明第一大股东为国有与非国有的城市商业银行在经营绩效方面不存在显著差异。李维安和曹廷求(2004)发现，商业银行股东的国有性质并没有对银行经营绩效产生影响，本章的回归结果也进一步验证了他们的结论。但是，李维安和曹廷求(2004)并未解释其中的原因。本章发现，政府控制的城市商业银行存在更高的不良贷款率，但是经营绩效并未显著下降，我们推测政府可能会采用政府补贴等方式来补偿其控制的银行在信贷方面的损失。我们采用“营业外收入/总资产”来测度城市商业银行可能获得的政府补贴(根据当时会计准则的规定，政府补贴计入营业外收入)，我们发现国有城市商业银行和非国有城市商业银行“营业外收入/总资产”的均值分别为 0.059%和 0.023%，两者的均值差异在 10%的统计水平上显著(T 值为 1.84)。如果将“营业外收入/总资产”作为被解释变量，银行产权性质(State) 作为解释变量，则在控制银行资产规模、贷款规模、所处地区和年份的情况下，State 的回归系数显著为正，并在 10%的统计水平上显著。上述结果表明，国有城市商业银行的确获得了更多的政府补贴。

5.4.2　独立董事比例与银行经营绩效

已有的文献表明，独立董事能够抑制大股东对上市公司的“掏空”行为(叶康涛等，2011)。那么，城市商业银行的独立董事能否对大股东的“掏空”行为产生制衡作用呢？在表 5-4 和表 5-5 中，Indratio 的回归系数并不显著，说明整体而言，独立董事比例并不会对银行经营绩效产生显著影响。在表 5-6 中，我们设置了交互项 First×Indratio、HC×Indratio、Gov×Indratio 和 SOE×Indratio。回归结果表明，HC×Indratio 的回归系数显著为负，这说明第一大股东的控股能力越强，提高独立董事比例对大股东“掏空”行为的抑制作用越明显。表 5-6 说明了本章的假设 3，独立董事能够降低不良贷款率，但是这种效应主要体现在第一大股东的控股能力较强的情形中。我们发现，2004—2009 年城市商业银行的不良贷款率经历了比较大的下降，不良贷款率的下降可能是外部因素(政府主导的银行业改革)和内部因素(银行自身公司治理水平提升)共同作用的结果。在本章的样本中，2004—2009 年的独立董事比例分别为 16.31%、11.57%、14.05%、11.60%、17.00%、17.31%，呈现较大幅度的上升趋势。因此，我们发现，独立董事比例提高能够降低不良贷款率的结果很可能是偶然的，不良贷款率降低是由政府主导的银行业改革推动的。为了解决该问题，我们以 2008 年和

2009 年的数据为子样本进行稳健性检验。利用 2008 年和 2009 年的子样本主要基于两点考虑：第一，2008 年和 2009 年的独立董事比例基本保持稳定；第二，政府主导的银行业改革在该阶段已经基本完成。因此，如果以 2008 年和 2009 年的数据为子样本得出的结论依然成立，那么本章发现独立董事比例提高能够降低不良贷款率的关系是相对可靠的。我们以 2008 年和 2009 年的数据为子样本，发现本章的主要研究结论依然成立。

表 5-7 展示了独立董事比例和股权结构的交互作用对银行经营绩效的影响(设置了交互项 First × Indratio、HC × Indratio、Gov × Indratio 和 SOE × Indratio)。我们发现，Indratio 的回归系数均不显著，而四个交互项的回归系数也不显著，但这并不意味着独立董事未在城市商业银行的公司治理中发挥作用。首先，独立董事的风险规避行为导致独立董事仅关注不良贷款等高风险事项，而对其他影响银行经营绩效的低风险项目监督较少；其次，政府可能对国有城市商业银行进行补贴。这些因素都能造成独立董事比例与银行经营绩效不相关。

表 5-6 独立董事比例、股权结构与不良贷款率

变量	NPR			
	(1)	(2)	(3)	(4)
First	0.031**		0.014	
	(0.029)		(0.125)	
HC		0.050***		0.019*
		(0.001)		(0.056)
Indratio	0.015	0.008	0.003	−0.009
	(0.312)	(0.436)	(0.780)	(0.360)
First×Indratio	−0.100			
	(0.127)			
HC×Indratio		−0.152**		
		(0.020)		
State	0.002	0.001		
	(0.337)	(0.558)		
Gov			0.008**	0.005
			(0.047)	(0.146)
SOE			0.000	−0.002
			(0.923)	(0.692)
Gov×Indratio			−0.019	
			(0.269)	

（续表）

变量	NPR			
	(1)	(2)	(3)	(4)
SOE×Indratio				0.011
				(0.515)
Loan	0.039**	0.041**	0.039**	0.040**
	(0.035)	(0.021)	(0.031)	(0.025)
Size	0.002*	0.002*	0.003**	0.003**
	(0.059)	(0.056)	(0.047)	(0.039)
Market	−0.004***	−0.004***	−0.004***	−0.004***
	(0.000)	(0.000)	(0.000)	(0.000)
Constant	−0.021	−0.021	−0.030	−0.028
	(0.319)	(0.322)	(0.222)	(0.251)
Year	控制	控制	控制	控制
N	193	193	193	193
Adj. R^2	0.390	0.412	0.391	0.400

注：括号内是 *P* 值；***、**、* 分别表示在1%、5%和10%的统计水平上显著。

表 5-7 独立董事比例、股权结构与银行经营绩效

变量	ROA			
	(1)	(2)	(3)	(4)
First	−0.012***		−0.007***	
	(0.008)		(0.000)	
HC		−0.012**		−0.007***
		(0.022)		(0.000)
Indratio	−0.004	−0.001	0.001	−0.002
	(0.349)	(0.675)	(0.824)	(0.581)
First×Indratio	0.025			
	(0.160)			
HC×Indratio		0.025		
		(0.216)		
State	0.000	0.000		
	(0.698)	(0.661)		
Gov			0.000	0.000
			(0.931)	(0.801)

（续表）

变量	ROA			
	(1)	(2)	(3)	(4)
SOE			0.000	−0.001
			(0.757)	(0.477)
Gov×Indratio			0.000	
			(0.930)	
SOE×Indratio				0.008
				(0.141)
Loan	0.000	0.000	0.001	0.001
	(0.929)	(0.928)	(0.859)	(0.767)
Size	−0.000	−0.000	−0.000	0.000
	(0.880)	(0.851)	(0.834)	(0.972)
Market	0.000**	0.000**	0.000**	0.000**
	(0.038)	(0.032)	(0.039)	(0.040)
Constant	0.007	0.006	0.007	0.005
	(0.133)	(0.206)	(0.224)	(0.356)
Year	控制	控制	控制	控制
N	193	193	193	193
Adj. R^2	0.207	0.206	0.194	0.202

注：括号内是 P 值；***、**、* 分别表示在 1%、5%和 10%的统计水平上显著。

5.5 进一步讨论

5.5.1 不良贷款率高的原因

1. 股权结构与贷款集中度

我们发现，第一大股东的控股能力和第一大股东的股权性质会显著影响银行的不良贷款率，那么影响途径是怎样的呢？已有文献更多的是直接研究股权性质与银行经营绩效之间的关系，还没有关注股权结构影响银行经营绩效的途径，我们在这一部分予以进一步讨论。

La Porta et al.(2003)的研究表明，关联贷款是银行股东“掏空”银行的一种手段，而且关联贷款的违约率更高。因此，关联贷款可能是引起不良贷款率高的重要原因。但是由于银监会对关联贷款的限制[①]，银行可能将贷款贷给形式上的“非关联方”。

需要注意的是，在样本中，第一大股东性质为国有的比例高达 82.4%，其中为地方政府的比例高达 37.8%。地方政府可能出于促进地方经济发展的目的，让城市商业银行的贷款流向地方融资平台，或者土地储备中心，或者需要扶持的国有企业，而这些贷款很少表现为关联贷款。但是，无论是关联贷款，还是非关联贷款，如果第一大股东存在“掏空”动机，那么城市商业银行的贷款必然会向某些客户集中。因此，我们将分析第一大股东的控股能力和股权性质对贷款集中度（LC1 和 LC10）的影响。

表 5-8 探讨了股权结构与贷款集中度的关系。[②] 我们预期第一大股东控股能力越强，贷款集中度越高；第一大股东的性质为地方政府的，贷款集中度高。在表 5-8 中，First 和 HC 的回归系数显著为正，说明第一大股东的控股能力越强，最大十家客户贷款集中度越高。Gov 的回归系数不显著，但 SOE 的回归系数在第(1)列和第(2)列中显著为负，说明在控制其他因素的情形下，城市商业银行的政府股权性质不影响贷款集中度，但城市商业银行的国有企业股权性质能够降低贷款集中度。在第(1)和第(3)列中，Indratio 的回归系数显著为负，说明独立董事比例越高，最大十家客户贷款集中度越低。First × Indratio 和 HC × Indratio 的回归系数均显著为负，说明对于第一大股东持股比例高的银行和第一大股东持股比例与第二大股东持股比例之差高的银行而言，提高独立董事比例能够显著降低最大十家客户贷款集中度。但 Gov × Indratio 和 SOE × Indratio 的回归系数均不显著，说明对于不同股权性质的城市商业银行而言，独立董事对贷款集中度的抑制作用并无显著差异。

---

① 银监会对商业银行与关联法人之间发生的授信等关联交易有着严格的规定，主要内容包括：第一，制定关联交易管理制度，设立关联交易控制委员会，负责关联交易的管理，及时审查和批准关联交易，控制关联交易风险。第二，贷款类型的限制。商业银行不得向关联方发放无担保贷款。第三，关联交易金额的限制。商业银行对一个关联方的授信余额不得超过商业银行资本净额的 10%，商业银行对一个关联法人或其他组织所在集团客户的授信余额不得超过商业银行资本净额的 15%，商业银行对全部关联方的授信余额不得超过商业银行资本净额的 50%。第四，信息披露要求。在会计报表附注中披露关联方和关联交易（资料来源：中国银监会 2004 年公布的《商业银行与内部人和股东关联交易管理办法》）。

② 限于篇幅，我们仅分析股权结构与最大十家客户贷款集中度（LC10）之间的关系。对于股权结构与最大单一客户贷款集中度（LC1）之间的关系我们也进行了分析，与 LC10 的回归结果基本一致。

表 5-8　第一大股东的控股能力与最大十家客户贷款集中度

变量	LC10			
	(1)	(2)	(3)	(4)
First	3.515***	8.911***		
	(0.003)	(0.000)		
HC			3.184**	9.561***
			(0.011)	(0.000)
Gov	0.085	−0.152	0.005	−0.332
	(0.736)	(0.684)	(0.984)	(0.383)
SOE	−0.385*	−0.794*	−0.305	−0.394
	(0.086)	(0.076)	(0.175)	(0.374)
Indratio	−1.079*	4.570***	−0.950*	1.575
	(0.064)	(0.003)	(0.093)	(0.207)
First×Indratio		−31.522***		
		(0.000)		
HC×Indratio				−32.571***
				(0.000)
Gov×Indratio		0.242		0.643
		(0.867)		(0.653)
SOE×Indratio		1.756		−0.032
		(0.267)		(0.985)
Loan	2.163	2.928**	2.028	2.848**
	(0.108)	(0.021)	(0.131)	(0.019)
Size	−0.134*	−0.125)	−0.170**	−0.159**
	(0.075)	(0.109	(0.020)	(0.031)
Market	−0.322***	−0.296***	−0.334***	−0.299***
	(0.000)	(0.000)	(0.000)	(0.000)
Constant	4.563***	2.816*	5.783***	4.367***
	(0.006)	(0.072)	(0.000)	(0.002)
Year	控制	控制	控制	控制
N	164	164	164	164
Adj. R^2	0.448	0.567	0.432	0.566

注：括号内是 P 值；***、**、* 分别表示在 1%、5%和 10%的统计水平上显著。

总之，上述结果表明，独立董事对贷款集中度有一定的抑制作用，而且独立董事的监督效应对第一大股东控股能力较强的银行更为明显。

2. 贷款集中度与贷款客户性质

表 5-9 列示了样本银行的贷款集中度。为了分析贷款的流向，我们详细区分了贷款客户的性质，将贷款客户主要归为地方政府、地方国有资产管理公司(简称"国资公司")、地方各种类型的经济开发公司或投资有限公司(简称"开发公司")、地方土地储备中心(简称"土地中心")、事业单位、国有企业、民营企业、外资企业和中央部委。其中，开发公司就是典型的"地方融资平台"。我们首先考虑第一大贷款客户的贷款集中度：如果第一大贷款客户为开发公司(占总样本的 25.33%)，其贷款余额占商业银行贷款总额的平均比率为 4.77%；相应地，如果第一大贷款客户分别是地方政府(占总样本的 8.00%)、国资公司(占总样本的 6.67%)、土地中心(占总样本的 12.67%)，其贷款余额占商业银行贷款总额的平均比率分别为 2.99%、4.23%和 4.31%。对于第一——十大贷款客户的贷款集中度：第一——十大贷款客户中的地方政府、国资公司、开发公司和土地中心的贷款余额占商业银行贷款总额的平均比率分别为 17.16%、18.55%、15.36%和 15.69%。

表 5-9　贷款集中度分析

贷款客户性质	第一大贷款客户		第一——五大贷款客户		第六——十大贷款客户		第一——十大贷款客户	
	贷款比率	观测	贷款比率	观测	贷款比率	观测	贷款比率	观测
地方政府	2.99%	12	7.98%	35	6.19%	34	17.16%	81
国资公司	4.23%	10	9.04%	34	5.28%	44	18.55%	88
开发公司	4.77%	38	6.37%	132	4.22%	117	15.36%	287
土地中心	4.31%	19	5.99%	41	5.38%	36	15.69%	96
事业单位	2.28%	8	7.12%	22	5.58%	36	14.98%	66
国有企业	2.73%	17	6.51%	143	5.14%	200	14.38%	360
民营企业	4.04%	42	5.76%	190	4.70%	276	14.50%	508
外资企业	1.43%	2	1.09%	2	3.64%	7	6.16%	11
中央部委	1.69%	2	0.85%	1	0.00%	0	2.55%	3

注：贷款比率＝客户贷款余额/银行贷款总额。

因此，表 5-9 的结果表明，城市商业银行的信贷资源投向与地方政府存在密切关系，这些信贷资源最大的流向就是地方融资平台，流向土地中心、国资公司的信贷资源比例也较大，还有的信贷资源直接流向地方政府和事业单位。在中国目前的分税制体制下，许多地方政府的债务偿还能力存在一定的不确定性，大量城市商业银行信贷资源流向地方政府或地方政府控制的企业容易造成较高的不良贷款率。2010年，国务院发布的《关于加强地方政府融资平台公司管理有关问题的通知》(国发〔2010〕19号)指出，“部分银行业金融机构风险意识薄弱，对融资平台公司信贷管理缺失”。①

5.5.2　股权结构对银行经营绩效的综合影响

表5-8的结果表明，第一大股东的控股能力越强，贷款的集中度越高，而表5-9的结果显示，贷款的主要客户包括地方融资平台、国资公司、土地中心等。因此我们将在控制贷款集中度的情况下，分析股权结构对银行不良贷款率和经营绩效的影响。由表5-10的第(1)列和第(2)列可知，LC10与不良贷款率显著正相关，说明随着贷款集中度的提高，银行不良贷款率也会提高。由表5-10的第(3)列和第(4)列可知，LC10与经营绩效显著负相关，说明贷款集中度越高，银行未来的经营绩效越差。②

表5-10　股权集中度与不良贷款率

变量	NPR		ROA	
	(1)	(2)	(3)	(4)
First	0.006		−0.003	
	(0.577)		(0.157)	
HC		0.015		−0.003
		(0.156)		(0.155)
LC10	0.004***	0.004**	−0.001***	−0.001***
	(0.008)	(0.013)	(0.001)	(0.001)
Gov	0.007**	0.006*	−0.001	−0.001
	(0.037)	(0.058)	(0.551)	(0.603)
SOE	0.003	0.002	−0.001	−0.001
	(0.339)	(0.472)	(0.463)	(0.432)

① 地方融资平台的信贷风险已经引起中央政府的高度重视。2010年5月26日，原国务院总理温家宝主持召开国务院常务会议，部署加强地方政府融资平台公司管理。会议指出，多年来，地方政府及其部门和机构等设立的融资平台公司，为地方经济和社会发展筹集资金，在加强基础设施建设以及应对国际金融危机冲击中发挥了积极作用。但同时也出现了规模增长过快、运作不够规范等问题。为了有效防范财政金融风险，保持经济持续健康发展和社会稳定，必须加强对融资平台公司的管理。

② 在表5-10中，如果我们将LC10换为LC1，则主要回归结果依然成立。

（续表）

变量	NPR		ROA	
	(1)	(2)	(3)	(4)
Indratio	0.003	0.003	0.002	0.002
	(0.737)	(0.736)	(0.528)	(0.560)
Loan	0.021	0.024	0.008*	0.008**
	(0.283)	(0.225)	(0.054)	(0.050)
Size	0.003**	0.003**	−0.000	−0.000
	(0.028)	(0.043)	(0.369)	(0.423)
Market	−0.003***	−0.003***	0.000	0.000
	(0.006)	(0.004)	(0.984)	(0.968)
Constant	−0.039	−0.035	0.012**	0.011*
	(0.157)	(0.215)	(0.036)	(0.052)
Year	控制	控制	控制	控制
N	164	164	164	164
Adj. R^2	0.472	0.481	0.279	0.279

注：括号内是 P 值；***、**、* 分别表示在 1%、5%和 10%的统计水平上显著。

在控制贷款集中度(LC10)后，我们发现 First 的回归系数在表 5-10 的第(1)列和第(3)列中不显著；HC 的回归系数在表 5-10 的第(2)列和第(4)列中不显著。这说明表 5-4 和表 5-5 中发现的第一大股东的控股能力与不良贷款率的正相关关系以及与银行经营绩效的负相关关系，主要是通过贷款集中度这一途径实现的，这也说明了我们分析股权结构影响银行经营绩效作用途径的重要性。

5.6 结论与启示

良好的银行公司治理是提高金融资源配置效率的基础，也是充分发挥银行在企业中公司治理作用的制度保证。本章基于 2004—2009 年的中国城市商业银行数据，分析了中国城市商业银行的公司治理结构对其信贷行为、不良贷款率和银行经营绩效的综合影响，我们发现股权结构是影响中国城市商业银行信贷行为和经营绩效的重要因素。第一大股东的控股能力越强，银行的不良贷款率越高、贷款集中度越高、经营绩效越差；第一大股东的股权性质为地方政府，则银行的不良贷款率高。上述结论表明，与非金融企业相似，银行的大股东同样存在

"掏空"动机。而银行中的独立董事对大股东的"掏空"行为有着显著的抑制作用,这说明良好的公司治理会缓解大股东与中小股东之间的代理问题。我们还发现,股权结构会通过影响城市商业银行的贷款集中度和贷款流向影响银行经营绩效,从而揭示了股权结构影响银行经营绩效的作用机制和具体途径。

总体而言,本章的研究结论为转型经济体的银行公司治理与经营绩效之间的关系提供了新的证据。此外,本章的研究也具有重要的现实意义。首先,金融发展对经济增长的引导作用有赖于银行乃至整个金融体系的健康运转,因此我们需要加强对银行的行业监管;其次,尽管城市商业银行资产规模要小于四大国有商业银行,但鉴于城市商业银行在地方经济发展中的重要作用,以及城市商业银行与地方融资平台千丝万缕的联系,银行监管部门和地方政府需要密切关注城市商业银行的信贷风险;最后,厘清银行的产权关系是提高银行经营绩效的前提,而建立健全合理的公司治理体系是提高银行经营绩效、更好地发挥银行对金融资源配置基础性作用的制度保证。

参考文献

樊纲,王小鲁,朱恒鹏,2011.中国市场化指数:各地区市场化相对进程2011年报告[M].北京:经济科学出版社.

李维安,曹廷求,2003.商业银行公司治理:理论模式与我国的选择[J].南开学报(1):42—50.

李维安,曹廷求,2004.股权结构,治理机制与城市银行绩效:来自山东、河南两省的调查证据[J].经济研究(12):4—15.

潘敏,2006.商业银行公司治理:一个基于银行业特征的理论分析[J].金融研究(3):37—47.

钱先航,曹廷求,李维安,2011.晋升压力,官员任期与城市商业银行的贷款行为[J].经济研究,(12):72—85.

谭兴民,宋增基,杨天赋,2010.中国上市银行股权结构与经营绩效的实证分析[J].金融研究(11):144—154.

徐忠,沈艳,王小康,等,2009.市场结构与我国银行业绩效:假说与检验[J].经济研究(10):75—86.

叶康涛,祝继高,陆正飞,等,2011.独立董事的独立性:基于董事会投票的证据[J].经济研究(1):126—139.

张健华,王鹏,2012.银行风险、贷款规模与法律保护水平[J].经济研究(5):18—30.

朱红军,李路,曹胜,等,2010.金融法治环境、股权制衡与银行关联贷款风险:来自中国城市商业银行的经验证据[R]. 工作论文.
祝继高,王春飞,2012,大股东能有效控制管理层吗:基于国美电器控制权争夺的案例研究[J]. 管理世界(4):138—152.
ANDRES P, VALLELADO E, 2008. Corporate governance in banking: the role of the board of directors [J]. Journal of banking and finance, 32(12):2570-2580.
ARUN T G, TURNER J D, 2004. Corporate governance of banks in developing economies: concepts and issues [R]. Working paper.
BARRY T A, LEPETIT L, TARAZI A, 2011. Ownership structure and risk in publicly held and privately owned banks [J]. Journal of banking and finance, 35(5):1327-1340.
BERGER A N, CLARKE G R G, CULL R, et al., 2005. Corporate governance and bank performance: a joint analysis of the static, selection, and dynamic effects of domestic, foreign, and state ownership [J]. Journal of banking and finance, 29(8/9):2179-2221.
CAPRIO G, LAEVEN G L, LEVINE R, 2007. Governance and bank valuation [J]. Journal of financial intermediation, 16(4):584-617.
CHANG P, JIA C, WANG Z, 2010. Band fund reallocation and economic growth: evidence from China [J]. Journal of banking and finance, 34(11):2753-2766.
FERRI G, 2009. Are new tigers supplanting old mammoths in China's banking system? evidence from a sample of city commercial banks [J]. Journal of banking and finance, 33(1):131-140.
JIANG G, LEE C M C, YUE H, 2010. Tunneling through intercorporate loans: the China experience [J]. Journal of financial economics, 98(1):1-20.
HAW I, HO S S M, HU B, et al., 2010. Concentrated control, institutions, and banking sector: an international study [J]. Journal of banking and finance, 34(3):485-497.
IANNOTTA G, NOCERA G, SIRONI A, 2007. Ownership structure, risk and performance in the European banking industry [J]. Journal of banking and finance, 31(7):2127-2149.
LA PORTA R, LOPEZ-DE-SILANES R F, SHLEIFER A, 2002. Government ownership of banks [J]. Journal of finance, 57(1):265-301.
LA PORTA R, LOPEZ-DE-SILANES R F, SHLEIFER A, 2003. Related lending [J]. Quarterly journal of economics, 118(1):231-268.
LAEVEN L, LEVINE R, 2009. Bank governance, regulation and risk taking [J]. Journal of financial economics, 93(2):259-275.
LEVINE R, 2003. The corporate governance of banks: a concise discussion of concepts and evidence [R]. Working paper.
LEVINE R, ZERVOS S, 1998. Stock markets, banks and economic growth [J]. American

economic review, 88(3):537-558.

LI H, ZHOU L, 2005. Political turnover and economic performance: the incentive role of personnel control in China [J]. Journal of public economics, 89(9/10):1743-1762.

LI L, SONG F M, 2009. Do bank regulations affect board independence? a cross-country analysis [R]. Working paper.

LI L, SONG F M, 2010. Corporate governance, regulation and bank performance: a cross-country analysis [R]. Working paper.

MACEY J R, HARA M O, 2003. The corporate governance of banks [J]. Economic policy review: 91-107.

MICCO A, PANIZZA U, YANEZ M, 2007. Bank ownership and performance: does politics matter? [J]. Journal of banking and finance, 31(1):219-241.

SHLEIFER A, VISHNY R, 1997. A survey of corporate governance [J]. Journal of finance, 52(2):737-783.

WORLD BANK, 2001. Finance for growth: policy choices in a volatile world [M]. New York: Oxford University Press.

第6章 商业银行从事影子银行业务的影响因素与经济后果[①]

6.1 问题提出

影子银行是学术界与政府监管部门关心的重要理论和现实问题。特别是在2007年次贷危机之后，人们逐渐意识到通过金融创新所形成的影子银行体系存在巨大的风险漏洞，围绕着影子银行的发展、风险和影响等问题，学者们开始了大量研究（Gorton and Metrick，2010；Gorton and Metrick，2012；Gennaioli et al.，2013）。2011年，金融稳定理事会（FSB）将影子银行界定为：银行监管体系之外，可能引发系统风险和监管套利等问题的信用中介体系（包括各类金融机构和金融业务）。在西方国家，影子银行兴起于20世纪70年代，从20世纪90年代开始迅速发展，如今影子银行业务对银行利润的贡献已经超过传统银行借贷业务（DeYoung and Roland，2001；Gorton and Metrick，2010）。根据2014年10月国际货币基金组织发布的《全球金融稳定报告》，2014年美国影子银行价值约15万亿到25万亿美元，欧元区约13.5万亿到22.5万亿美元。欧美影子银行体系主要包括货币市场共同基金、债券回购协议和资产证券化等，其中资产证券化是欧美影子银行体系的核心，自1998年以来发展最为迅速（Coval et al.，2009；Pozsar，2013；Shin，2009）。

不同于西方发达资本市场国家，中国的影子银行体系的形成和发展有其自身特点。根据《中华人民共和国商业银行法》的规定，商业银行的贷款利率与存贷比等受到严格限制和监督，再加上监管层对贷款总量和贷款结构的宏观调控，使得银行通过传统贷款渠道无法满足如地方融资平台和房地产企业等融资主体

① 本章主体内容发表于《金融研究》2016年第1期。题目："商业银行从事影子银行业务的影响因素与经济后果——基于影子银行体系资金融出方的实证研究"，作者：祝继高、胡诗阳、陆正飞。

的贷款需求①,从而催生了银信合作、银证合作等银行同业业务的急剧增长。在此过程中,商业银行通过同业市场绕开信贷规模管制,腾挪信贷指标,向影子银行体系提供资金。因此,中国的影子银行体系中商业银行占主导地位(裘翔和周强龙,2014),是影子银行体系流动性的提供者。近年来,中国影子银行业务发展十分迅速,据统计,2014 年中国银行理财产品和信托公司信托产品资金规模达到 25.69 万亿元;银行同业资产规模达到 39.19 万亿元,占全年 GDP 的 60%以上。

西方发达资本市场国家的影子银行体系增加了商业银行的系统性风险(Gorton,2010;Gorton and Metrick,2012)。那么,中国以商业银行为主导的影子银行体系是否也会增加商业银行风险?目前关于中国影子银行的研究主要基于宏观视角,分析有关影子银行的系统稳定、地区金融稳定和货币政策传导等问题(易宪容和王国刚,2010;李波和伍戈,2011;毛泽盛和万亚兰,2012;吴晓灵,2013;裘翔和周强龙,2014),缺乏对商业银行从事影子银行业务影响因素以及经济后果的具体分析。

同业业务是中国商业银行参与影子银行业务的重要方式之一。银行同业业务是指商业银行之间及其与其他金融中介之间的资金融通业务(肖崎和阮健浓,2014),它具有不占用银行贷款额度、不用缴纳存款准备金,也不影响银行存贷比指标等特点,因此商业银行可以通过同业业务规避金融监管和行政管制。② 近年来,商业银行将部分受监管政策限制的信贷业务转移到同业业务,导致同业业务规模不断扩大。③ 在商业银行会计核算和财务报告中,银行同业业务规模一般通过“买入返售金融资产”和“卖出回购金融负债”两个科目进行披露,这为我

① 参见《国务院关于加强地方政府融资平台公司管理有关问题的通知》(国发〔2010〕19 号);财政部、发展改革委、中国人民银行和银监会 2010 年 7 月 30 日下发的《关于贯彻国务院关于加强地方政府融资平台公司管理有关问题的通知相关事项的通知》(财预〔2010〕412 号);《中国银监会关于加强当前重点风险防范工作的通知》(银监发〔2010〕98 号)。

② 2014 年 4 月,中国人民银行、银监会、证监会、保监会、外汇局联合发布《关于规范金融机构同业业务的通知》(银发〔2014〕127 号),对同业类型的非标业务进行规范,涉及银信合作等的影子银行业务将因此受限。

③ 例如,2007—2011 年,兴业银行的存贷比一直高于 70%。为了突破存贷比约束对银行经营绩效的影响,兴业银行大力发展同业业务。2012 年年末,兴业银行同业资产规模达到 1.17 万亿元,占总资产的 36%,相较于 2008 年增长了 5 倍。其中,同业资产中买入返售金融资产占比达到 67%。兴业银行资产规模和盈利水平的快速提升得益于同业业务,特别是买入返售金融资产业务的快速增长。

们从微观视角研究商业银行的影子银行业务提供了有利条件。

本章采用 2006—2012 年中国商业银行数据,以买入返售金融资产为衡量商业银行向影子银行体系提供资金的代理变量,分析了商业银行从事影子银行业务的影响因素和经济后果。本章通过实证研究发现,是否为四大国有商业银行、银行业绩、贷款比率、存款比率和地区金融发展水平与买入返售金融资产业务规模显著负相关,银行总资产规模与买入返售金融资产业务规模显著正相关,这说明银行业绩压力以及外部金融发展水平是影响商业银行开展同业业务的重要因素。进一步研究发现,买入返售金融资产业务规模与衡量商业银行风险水平的 Z 值显著负相关,具体表现为买入返售金融资产业务的低收益率降低了商业银行的总资产收益率,但是这种负效应在存贷比高的商业银行并不显著,说明商业银行向影子银行体系融出资金的一个重要动机就是规避贷款能力因存贷比受限而对业绩造成的负面影响。

相比已有的研究,本章的研究贡献主要体现在以下几个方面:第一,本章首次从影子银行体系资金融出方的视角,阐释了中国商业银行如何通过同业业务参与影子银行运作。有别于已有的文献主要从宏观视角分析影子银行业务和关注西方影子银行的运作模式(Gorton and Metrick,2010;Stein,2012;裘翔和周强龙,2014),本章利用手工收集的中国商业银行数据,从商业银行的经营业务出发,对中国商业银行开展影子银行业务的路径进行了分析,弥补了现有研究文献的不足。第二,本章考察了商业银行从事影子银行业务的影响因素和对商业银行风险的影响,为研究影子银行的机理提供了新的证据。Pozsar(2013)和 Gennaioli et al. (2013)认为,影子银行的快速发展是因为投资者对低风险、高流动性资产的需求远远超过政府短期债等安全投资品种的供给,所以催生了影子银行体系所创造的低风险资产以满足需求缺口。本章的研究发现,商业银行自身的盈利状况、公司治理及外部金融管制是中国商业银行从事影子银行业务的重要因素,但商业银行过度参与影子银行业务会增加银行的经营风险。第三,本章的研究丰富了商业银行风险控制与公司治理的文献,同时也为中国商业银行体制改革提供了一定的参考。

本章后续安排如下:第二部分是文献回顾,第三部分是制度背景,第四部分是研究设计与描述性统计,第五部分是主要结果分析,第六部分是结论与启示。

6.2　文献回顾

6.2.1　影子银行的形成与运作机制研究

Gorton and Metrick(2010)提到,较高的回报率使得大量社会小额存款(Retail Deposits)从传统银行转而流向资产证券化市场,资产证券化给银行提供了同时将资产和贷款进行表外操作的机会,银行通过特殊目的机构(SPVs)对贷款进行打包评级,再通过抵押债券回购协议等方式将贷款出售给货币市场共同基金等投资者,从而获得资金,同时也将部分信贷风险转移给市场(如图 6-1 所示)。影子银行体系和传统吸纳存款的商业银行体系分属间接融资与直接融资两条平行链条(Verona et al.,2011)。

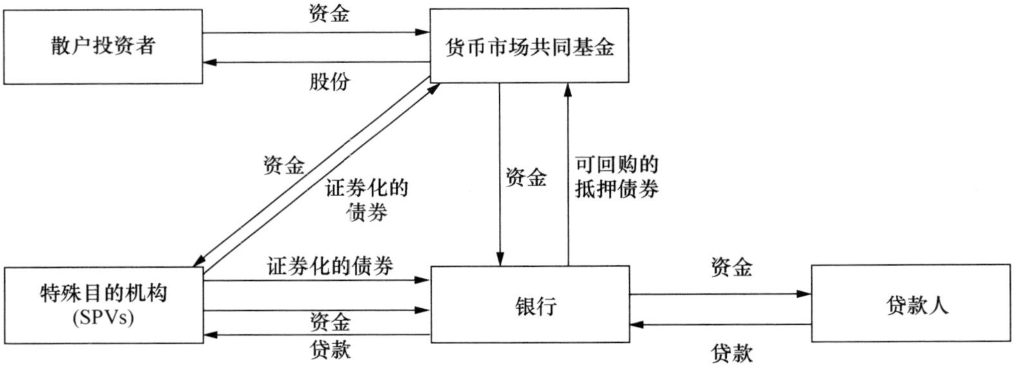

图 6-1　美国的商业银行参与影子银行业务的典型模式

资料来源:参考 Gorton and Metrick(2010)中的图 6-2。

相较于西方影子银行,中国的金融创新还处于发展阶段,因此影子银行体系比较简单,主要指以类信贷业务为主与商业银行密切关联的信用中介(颜永嘉,2014)。周莉萍(2012)认为,中国影子银行中,非银行金融机构围绕商业银行核心业务开展活动,是对银行贷款业务的转移,是一种银行信贷的替代品,并不涉及复杂的衍生品,其中制度创新多于产品创新。陆晓明(2014)指出,不同于美国影子银行拓展了资金来源、降低了融资成本,中国影子银行使得信贷资金在金融机构间反复流转,抬高了企业融资成本,最终导致企业盈利水平下降,风险增加。

6.2.2 影子银行的影响因素

Gennaioli et al. (2013)从资金需求方出发，假设普通投资者完全风险厌恶，只进行无风险投资。那么，当普通投资者拥有的财富大于金融机构无风险项目所需资金时，金融机构需要对具有风险的投资进行资产证券化，消除投资个体风险，从而创造出更多的无风险产品以满足投资者的需求。从资金供给方出发，商业银行对流动性的需求是导致影子银行业务快速发展的重要原因之一(Agostino and Mazzuca，2008)。同时，影子银行业务可以降低商业银行自身的信贷风险(Gorton and Souleles，2006)。Pennacchi(1988)、Maddaloni and Peydró(2011)认为，影子银行产生的原因之一是银行需要进行监管套利，规避《巴塞尔协议》对银行资本充足率等的要求。但是，影子银行业务快速发展的原因仍然需要进一步探索。例如，Cardone-Riportella et al. (2010)研究了西班牙的商业银行，发现信贷风险转移和监管套利都不能解释影子银行的增长。

现有的很多研究尝试解释中国影子银行业务的快速发展。例如，龙海明等(2011)发现，中国信贷资金存在区域配置失衡的现象，在经济欠发达地区，存款总额和贷款总额都明显低于发达地区，欠发达地区可能更依赖影子银行进行融资。张明(2013)、裘翔和周强龙(2014)认为，影子银行产生于中国金融管制和“定向式”行政管制的大背景下。陆晓明(2014)、周莉萍(2012)认为，监管部门通过行政干预限制市场机制，而非通过宏观层面的立法来完成金融制度创新，导致了市场自发从事自己不擅长的金融体系和机构形式创新，从而形成了影子银行体系。

6.2.3 影子银行的经济后果

现有关于影子银行经济后果的研究主要关注影子银行对银行风险的影响，但是目前学术界在该问题上并没有达成一致意见。Bannier and Hänsel(2008)、Gorton and Souleles(2006)、Minton et al. (2004)认为，影子银行能够降低银行风险。因为银行通过资产证券化不仅可以将部分银行信贷风险转移给外部投资者，进而使得风险被整个资本市场分担；还可以同时提高银行资产的流动性，达到经济学上的帕累托最优(Ross，1976；Allen and Gale，1994)。但是，2007 年的次贷危机使得学者们对影子银行导致的银行风险进行重新思考。银行在通过资产证券化等表外业务分散风险时，一方面隐性地降低了银行资本充足率的要求，另一方面增加了市场系统风险(Iori et al.,2006;Gennaioli et al.,2012; Acharya et al.,2013),这就急剧增加了风险评估中的尾部风险(Tail Risk)。在这种情况下,银行和金融中介对金融衍生产品的非系统风险(Idiosyncratic Risk)提供担保进一步加大了整个银行体系的风险(Brown,2010;Gennaioli et al.,2013)。DeYoung and Roland(2001)发现,银行非利息收入的增长会加大银行利润的波动,同时提高银行负债水平。Instefjord(2005)认为,市场竞争使得银行追求更大的边际利润,因而银行在通过金融衍生工具分散风险的同时进一步从事风险更大的项目,最终导致银行风险提升。Aktan et al.(2013)利用新兴市场的数据发现,银行表外资产会增加银行个体风险和汇兑风险。

不同于西方国家,中国影子银行的实质仍然是商业银行信贷业务(裘翔和周强龙,2014),是传统信贷业务的线性延伸,银信合作的基础是银行为了规避金融监管和行政管制,因此并不存在西方资产证券化市场面临的系统风险(巴曙松,2013)。陆晓明(2014)通过对比中美影子银行体系风险发现,中国的影子银行体系风险主要来自信贷类产品本身,并且风险比较独立。Li(2014)的研究发现,影子银行在一定程度上缓解了中国信贷资金在大企业和小企业间分配不均衡的问题。但是,由于中国影子银行体系实际上扩大了商业银行的贷款规模,同时抬高了企业的融资成本和还款付息压力,再加上商业银行需对理财产品提供刚性兑付的隐性担保(张磊,2008),因此商业银行需承担高贷款规模和高贷款利率带来的坏账风险以及期限错配的流动性风险,最终体现为银行经营业绩(孙浦阳等,2011)和偿付能力的波动。

6.3 制度背景

6.3.1 中国影子银行的发展和运作机制

中国影子银行包括的范围还存在一定争议。巴曙松(2013)、张明(2013)认为,影子银行主要包括商业银行理财产品和信托公司信托资产。黄益平等(2012)指出,中国的影子银行主要包括银行理财产品、信托计划和金融机构间委托融资。根据中国人民银行在2013年5月公布的《中国金融稳定报告(2013)》,中国的影子银行可以概括为,正规银行体系之外,由具有流动性和信用转换功能,可能引发系统性风险或存在监管套利可能的机构和业务构成的信用中介体系。

社会资金可以通过银行表外业务(包括涉及表外业务的银行理财产品)、银行同业业务和信托公司等金融中介发行的产品进入影子银行体系,其中银行同业业务是向影子银行体系提供资金的最主要途径之一。银行同业业务最初多为商业银行间短期拆借和中间业务,以满足银行间短期流动性的需求。近年来伴随着中国金融行业的不断创新,同业业务得到快速发展,目前银行同业业务泛指所有金融机构之间的资金融通业务。从商业银行报表科目来看(肖崎和阮健浓,2014),同业科目在资产方有三个科目:“存放同业和其他金融机构款项”“拆出资金”和“买入返售金融资产”;在负债方有三个科目:“同业和其他金融机构存放”“拆入资金”和“卖出回购金融资产”。近年来,商业银行的同业业务特别是买入返售金融资产业务快速增长。据统计,2012 年中国 16 家上市商业银行同业资产余额为 10.5 万亿元,同业资产增速较同期贷款增速高逾 19 个百分点,其中买入返售金融资产在同业资产结构中占比超过 45%。

事实上,商业银行在同业业务上的不断创新,已经使得同业业务演变成为“类贷款业务”。以银信合作为例,如图 6-2 所示,商业银行通过同业业务向信托公司等金融中介融出资金,转而间接向企业发放贷款。在图 6-2 的影子银行体系中,资金融出方银行 A 是本章的研究对象,银行 A 通过通道银行 B 向信托公司等金融中介融出资金,信托公司等金融中介拿到资金后再将资金贷给如房地产企业、地方融资平台等特定融资需求方。根据监管规定,通道银行 B 不能直

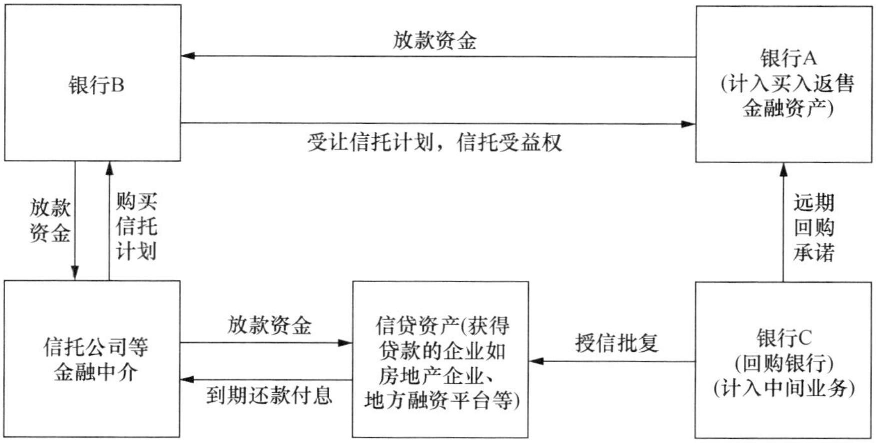

图 6-2　中国商业银行参与影子银行业务的典型模式之一

资料来源:参考《中国信托业发展报告(2012)》、肖崎和阮健浓(2014)、Li(2014)等资料总结所绘。

接对出售给银行 A 的信托计划或信托受益权提供担保回购，而需由另外一家银行 C 提供远期回购承诺。在这个影子银行体系中，银行 A 获得的信托受益权属于同业业务，在银行 A 的资产负债表中体现为买入返售金融资产，不属于贷款，因此不影响银行贷款额度和存贷比，也不受国家宏观调控对贷款的限制，同时银行 A 不直接承担贷款风险，而由提供担保的回购银行 C 直接承担贷款风险。贷款风险的主要承担方银行 C，从事该项业务的收入计入中间业务收入，但是由于可得数据的限制，我们目前无法具体衡量银行 C 的收入和风险大小。

中国影子银行体系不存在信贷资产的公开交易市场，即不能利用标的信贷资产进行再融资。作为影子银行体系资金融出方的各商业银行风险相对独立，因此对商业银行来讲不存在如西方影子银行体系的系统风险。已有的研究（巴曙松，2013；李波和伍戈，2011；肖崎和阮健浓，2014）发现，中国影子银行体系给商业银行带来的风险主要有两类：一是期限错配造成的流动性风险。出于商业银行间激烈竞争和监管机构对银行进行考核等原因，银行理财产品呈现短期化趋势，同时商业银行大量使用同业业务筹措短期资金，缓解临时性资金紧张，而为了获得高收益，影子银行资金主要投向城投债、基础建设和房地产等长周期项目。二是坏账风险。在中国影子银行体系中，为了规避监管，资金在金融机构间反复流转，导致末端企业实际贷款利率很高。因此，一旦投资项目出现经营问题，影子银行资金可能就会产生坏账。因此，中国影子银行体系形成的本质是商业银行受到金融监管，被迫从事其不擅长的制度创新（裘翔和周强龙，2014），开展同业业务等“类贷款业务”。然而，商业银行从事同业业务会摊薄总资产收益率，增加商业银行潜在风险。

6.3.2　中国影子银行的监管规定

中国金融监管和宏观经济调控使得传统银行贷款与融资需求之间存在缺口，再加上中国企业融资渠道单一，各类融资主体需要借助影子银行体系进行融资，从而催生了近年来影子银行的迅速扩张。《中华人民共和国商业银行法》（2003 年修订）第三十九条规定，“贷款余额与存款余额的比例不得超过百分之七十五”。[①] 中

---

① 2015 年 8 月 29 日，第十二届全国人民代表大会常务委员会第十六次会议表决通过《关于修改〈中华人民共和国商业银行法〉的决定》，删除 75% 存贷比监管指标，决定自 2015 年 10 月 1 日起施行。存贷比由法定监管指标转为流动性监测指标。

国银监会 2012 年颁布的《商业银行资本管理办法(试行)》(2012 年第 1 号)要求对商业银行债权风险、存贷比和存款准备金进行定期考察,严格限制商业银行的贷款额度和贷款风险。以上法规立足于降低商业银行风险,但同时限制了商业银行提供贷款的能力。2009 年"四万亿"刺激之后,政府加强了对贷款总量和贷款结构的宏观调控,使得如房地产企业和地方融资平台等特定融资主体更难通过正常贷款渠道获得资金。裘翔和周强龙(2014)指出,房地产企业和地方融资平台等受调控主体的融资总量和直接从商业银行贷款的融资总量之间可能存在巨大缺口,而从其他渠道获得的资金也大都出自商业银行。这就说明大量资金需要通过影子银行的渠道流入这些存在融资缺口的融资主体。银行同业业务不属于贷款业务,不受债权风险和存贷比的限制,也无须缴纳存款准备金,因此商业银行实际运用同业业务规避监管。事实上,这就形成了中国影子银行体系以商业银行为主体,通过同业业务开展类贷款业务,其他金融中介围绕银行资金链,充当银行与贷款企业中间人角色的独特模式。

关于商业银行的同业业务,监管部门也相继颁布法律法规,对其进行规范和管理。2009 年银监会发布《关于进一步规范商业银行个人理财业务投资管理有关问题的通知》(银监发〔2009〕65 号),加大了对表外业务的监管力度,逐步将银行自营的理财产品转为表内管理,但是银行代理的其他渠道或公司的产品仍属于表外业务。① 2013 年 3 月 25 日,银监会下发《关于规范商业银行理财业务投资运作有关问题的通知》(银监发〔2013〕8 号,以下简称"8 号文"),把信托、券商、基金、产权类交易所挂牌的所有产品纳入管理。但 8 号文对非债券性资产定义存在操纵空间,银行间市场仍然可以通过买入返售类票据规避监管。2014 年 4 月 24 日,中国人民银行、银监会、证监会、保监会和外汇局联合印发《关于规范金融机构同业业务的通知》(银发〔2014〕127 号,以下简称"127 号令"),对同业类型的非标业务进行规范,涉及银信合作等的影子银行业务因此受限。127 号令提到,同业业务不缴存存款准备金、节约资本和拨备、不受存贷比约束等特征致使部分银行机构通过同业业务规避宏观调控和监管要求。127 号令第五条规定:"三方或以上交易对手之间的类似交易不得纳入买入返售或卖出回购业务管理和核算。"按照此规定,信托受益权等非标标的不得纳入买入返售等科目,而应该纳入贷款科目。

---

① 2009 年银监发 69 号文规范了银行自营自销的理财类产品,并对理财产品的风险进行了规范管理,但对银行代理的理财产品、银行同业业务等方面未做要求。

6.4　研究设计与描述性统计

6.4.1　研究样本

本章的研究对象包括5家国有大型商业银行、12家股份制商业银行和144家城市商业银行。本章的样本研究期间为2006—2012年。商业银行的财务数据和公司治理数据根据《金融时报》和商业银行官方网站披露的商业银行年报手工整理。由表6-1可知,本章的样本占商业银行总数的25.51%。样本的缺失主要是因为大部分城市商业银行为非上市银行,其年报或公司治理数据存在披露缺失。本章的样本比率与祝继高等(2012)、Rao et al.(2015)的比率类似。①

表6-1　样本年度分布统计

项目	2006年	2007年	2008年	2009年	2010年	2011年	2012年	合计
商业银行总数(家)	130	141	153	160	164	161	161	1 070
本章样本量(家)	8	19	41	49	51	53	52	273
比率(%)	6.15	13.48	26.80	30.63	31.10	32.92	32.30	25.51

资料来源:商业银行(包括国有大型商业银行、股份制商业银行和城市商业银行)总数根据中国银监会年报统计。

6.4.2　模型设定与变量定义

本章主要研究商业银行通过买入返售金融资产从事影子银行业务的影响因素和经济后果。因此,本章采用两个模型进行分析。②

① 需要说明的是,尽管本章的银行样本观测数不多,但是由于5家国有大型商业银行和12家股份制商业银行的年报信息披露较为完整,因此2012年样本中52家商业银行的总资产已经占到2012年161家商业银行总资产的94.4%。

② 在本章的模型(1)和模型(2)中,我们对商业银行的财务变量(包括ROA、Size、CAR、Loan、Deposit)采用了滞后一期,对商业银行的公司治理变量(包括First、State、Bigfour)和市场化指数(Finmarket)则采用了当期。采用这样的研究设计,主要考虑是商业银行的财务变量与买入返售金融资产比率(SFR)和商业银行风险(Risk)可能存在一定的内生性,所以采用了滞后一期的财务变量,以缓解内生性问题。在本章中,商业银行的第一大股东持股比例、产权性质和市场化指数较为稳定,而且从理论文献和商业银行实践来看,我们很难推断商业银行买入返售金融资产比率和商业银行风险会显著影响该银行的第一大股东持股比例、产权性质和外部的市场化程度。

1. 商业银行通过买入返售金融资产从事影子银行业务的影响因素

我们借鉴钱先航等(2011)、祝继高等(2012)和 Rao et al. (2015)的研究设计，采用模型(1)进行分析。模型被解释变量是买入返售金融资产的规模，解释变量包括商业银行的股权特征、财务特征和地区金融发展水平。

$$\begin{aligned}\mathrm{SFR}_t = {} & \alpha_0 + \alpha_1 \mathrm{First}_t + \alpha_2 \mathrm{State}_t + \alpha_3 \mathrm{Bigfour}_t + \alpha_4 \mathrm{ROA}_{t-1} + \alpha_5 \mathrm{Size}_{t-1} + \\ & \alpha_6 \mathrm{CAR}_{t-1} + \alpha_7 \mathrm{Loan}_{t-1} + \alpha_8 \mathrm{Deposit}_{t-1} + \alpha_9 \mathrm{Finmarket}_t + \\ & \text{Year Fixed Effect} + \varepsilon \end{aligned} \tag{1}$$

模型中涉及主要变量的定义如下：

被解释变量是买入返售金融资产比率(SFR)。买入返售金融资产比率＝买入返售金融资产/期末总资产，该指标反映了商业银行通过同业业务参与影子银行业务的规模。

解释变量包括商业银行第一大股东持股比例(First)、第一大股东股权性质(State)、是否为四大国有商业银行(Bigfour)、总资产收益率(ROA)、银行总资产规模(Size)、资本充足率(CAR)、贷款比率(Loan)、存款比率(Deposit)和金融业市场化指数(Finmarket)。这些变量的定义请参见表 6-2。

2. 商业银行通过买入返售金融资产从事影子银行业务的经济后果

我们参考 Houston et al. (2010)、张健华和王鹏(2012)的研究设计，采用 Z 值来测度商业银行风险。我们采用模型(2)来检验买入返售金融资产对商业银行风险的影响。

$$\begin{aligned}\mathrm{Risk}_t = {} & \alpha_0 + \alpha_1 \mathrm{SFR}_t + \alpha_2 \mathrm{First}_t + \alpha_3 \mathrm{State}_t + \alpha_4 \mathrm{Bigfour}_t + \alpha_5 \mathrm{ROA}_{t-1} + \alpha_6 \mathrm{Size}_{t-1} + \\ & \alpha_7 \mathrm{CAR}_{t-1} + \alpha_8 \mathrm{Loan}_{t-1} + \alpha_9 \mathrm{Deposit}_{t-1} + \alpha_{10} \mathrm{Finmarket}_t + \\ & \text{Year Fixed Effect} + \varepsilon \end{aligned} \tag{2}$$

模型中涉及主要变量的定义如下：

被解释变量是商业银行风险(Risk)。Houston et al. (2010)、张健华和王鹏(2012)指出，在银行破产概率较低的情况下，Z 值反映了银行经营情况的波动，从而体现银行经营风险的大小。Z 值的具体计算公式见公式(3)，其中 AROA 为三年内的平均总资产收益率，ACAR 为三年内的平均银行资本充足率，σ(ROA)为按三年移动平均法计算的总资产收益率的标准差。Z 值越大，表明银行经营风险越小。与张健华和王鹏(2012)的方法一致，我们在回归分析中对 Z 值取自然对数，即 $\mathrm{Risk}=\ln(Z)$。

$$Z = \frac{AROA + ACAR}{\sigma(ROA)} \tag{3}$$

模型(2)中我们最为关注的解释变量是买入返售金融资产比率(SFR),其他控制变量与模型(1)一致,变量定义请参见表 6-2。

表 6-2 变量定义

变量符号	变量名称	具体定义
Risk	商业银行风险	Risk=ln(Z)。Z=(AROA+ACAR)/σ(ROA),其中 AROA 为三年内的平均总资产收益率,ACAR 为三年内的平均银行资本充足率,σ(ROA)为按三年移动平均法计算的总资产收益率的标准差。Z 值越大,表明银行经营风险越小
SFR	买入返售金融资产比率	买入返售金融资产/期末总资产
Finmarket	金融业市场化指数	金融业的市场化指数(樊纲等,2011)[①]
First	第一大股东持股比例	第一大股东持股数/总股数
State	第一大股东股权性质	如果商业银行第一大股东为国有,则取值为 1,否则为 0
Bigfour	是否为四大国有商业银行	如果商业银行为四大国有商业银行,则取值为 1,否则为 0。四大国有商业银行为中国工商银行、中国建设银行、中国银行和中国农业银行
ROA	总资产收益率	净利润/总资产
Size	银行资产规模	银行总资产的自然对数
CAR	资本充足率	银行资本总额/加权风险资产总额
Loan	贷款比率	贷款总额/总资产
Deposit	存款比率	存款总额/总资产
Loandepratio	存贷比	贷款总额/存款总额

6.4.3 描述性统计

表 6-3 是主要变量的描述性统计。其中,Risk 的均值为 4.457,最小值为 2.451,最大值为 8.682。SFR 的均值为 0.071,说明平均而言商业银行买入返售金融资产占商业银行总资产的比率为 7.1%;最小值为 0,最大值为 0.345,说明不同商业银行通过买入返售金融资产从事同业业务的规模差异较大,在本章的

① 由于樊纲等(2011)编制的市场化指数更新到 2009 年,因此 2010 年及以后年份的市场化指数我们采用 2009 年的市场化指数来替代。

样本中，买入返售金融资产比率的最大值为 34.5%。First 的均值为 0.248，说明平均而言商业银行第一大股东持股比例为 24.8%。State 的均值为 0.791，说明在本章的样本中，有 79.1%的商业银行第一大股东的性质为国有。Bigfour 的均值为 0.073，说明在本章的样本中，有 7.3%的样本银行为四大国有商业银行。样本银行 $t-1$ 年的平均 ROA 为 0.9%，平均资本充足率为 12.7%，平均贷款总额占总资产的比重为 51.3%，平均存款总额占总资产的比重为 78.4%。

表 6-3　描述性统计

变量	样本	均值	标准差	最小值	第一四分位数	中位数	第三四分位数	最大值
SFR_t	273	0.071	0.072	0.000	0.017	0.049	0.102	0.345
$First_t$	273	0.248	0.179	0.029	0.137	0.195	0.265	0.908
$State_t$	273	0.791	0.407	0.000	1.000	1.000	1.000	1.000
$Bigfour_t$	273	0.073	0.261	0.000	0.000	0.000	0.000	1.000
ROA_{t-1}	273	0.009	0.004	−0.014	0.007	0.009	0.011	0.029
$Size_{t-1}$	273	18.728	1.996	15.509	17.194	18.169	20.192	23.463
CAR_{t-1}	273	0.127	0.057	−0.015	0.106	0.121	0.135	0.626
$Loan_{t-1}$	273	0.513	0.097	0.145	0.463	0.521	0.581	0.787
$Deposit_{t-1}$	273	0.784	0.090	0.346	0.738	0.798	0.844	0.935
$Finmarket_t$	273	10.797	1.190	7.060	10.280	10.650	11.400	12.840
$Risk_t$	181	4.457	0.906	2.451	3.840	4.410	5.122	8.682

图 6-3 对商业银行买入返售金融资产比率分年度做了描述性统计。从中可知，商业银行买入返售金融资产比率(SFR)均值在 2008—2010 年有较大幅度的提升，从 2008 年的不到 5%提升至 2010 年的超过 9%。2011—2012 年两年间，SFR 中值有所回落，SFR 均值仍保持在较高水平，说明在 2011—2012 年两年间买入返售金融资产比率在商业银行间差异较大[①]，部分商业银行 SFR 保持在较高水平。

① 2011 年 6 月 19 日，银监会颁布了《关于切实加强票据业务监管的通知》(银监办发〔2011〕197 号)，要求立即停办违规机构票据业务，全面开展票据业务检查，加强票据业务合规监管，抓好票据业务风险防控工作。2012 年 10 月 8 日，银监会颁布了《关于加强银行承兑汇票业务监管的通知》(银监办发〔2012〕286 号)，进一步加强了银行承兑汇票业务监管。受此影响，商业银行买入返售金融资产业务中的票据业务受到限制，2011 年和 2012 年的 SFR 值出现回落。

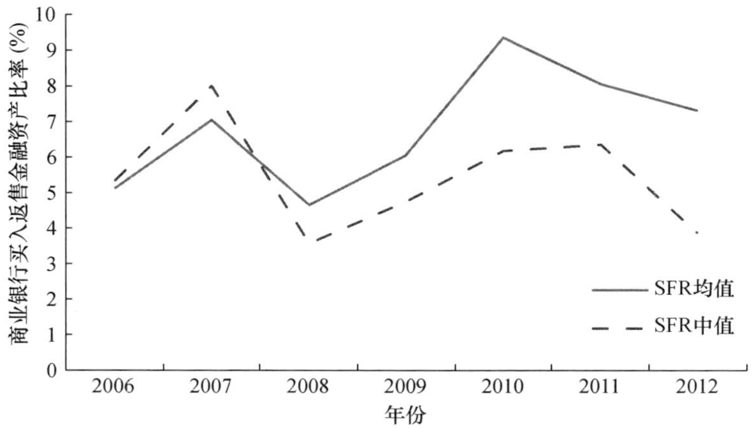

图 6-3　商业银行买入返售金融资产比率(SFR)

表 6-4 是主要变量的相关系数表。从中可知,SFR 与 ROA、Loan、Deposit、Finmarket 显著负相关,说明盈利能力好的商业银行、贷款总额大的商业银行、存款总额高的商业银行买入返售金融资产比率更低,金融市场化程度高的省份,所在地银行买入返售金融资产比率更低。Risk 与 State、Size、CAR 显著正相关,与 Loan、Deposit 显著负相关,说明国有商业银行、规模大的商业银行和资本充足率高的商业银行经营风险更低,贷款总额大的商业银行和存款总额高的商业银行经营风险更高。上述分析只是单变量分析,需要多元线性回归分析的进一步研究。

6.5　主要结果分析

6.5.1　商业银行通过买入返售金融资产从事影子银行业务的影响因素

表 6-5 主要分析了商业银行通过买入返售金融资产从事影子银行业务的影响因素。就商业银行的规模而言,四大国有商业银行要显著大于非四大国有商业银行(在本章的研究样本中包括股份制商业银行和城市商业银行)。为了控制银行类型对规模效应的影响,在表 6-5 的第(1)列和第(2)列中我们控制了银行是否为四大国有商业银行,在第(3)列和第(4)列中我们剔除了四大国有商业银

表 6-4　主要变量相关系数表(Pearson)

变量	SFR_t	$First_t$	$State_t$	$Bigfour_t$	ROA_{t-1}	$Size_{t-1}$	CAR_{t-1}	$Loan_{t-1}$	$Deposit_{t-1}$	$Finmarket_t$	$Risk_t$
SFR_t	1.000										
$First_t$	0.013	1.000									
$State_t$	0.057	0.252***	1.000								
$Bigfour_t$	0.090	0.066	−0.137*	1.000							
ROA_{t-1}	−0.241***	−0.108*	0.031	0.050	1.000						
$Size_{t-1}$	0.044	0.348***	−0.053	0.507***	−0.036	1.000					
CAR_{t-1}	0.052	−0.099	0.054	0.017	−0.003	−0.168***	1.000				
$Loan_{t-1}$	−0.255***	−0.146**	−0.195***	−0.209***	−0.013	−0.081	−0.340***	1.000			
$Deposit_{t-1}$	−0.302***	−0.05	−0.071	−0.196***	0.116*	−0.251***	−0.244***	0.477***	1.000		
$Finmarket_t$	−0.133**	−0.245***	−0.201***	−0.036	0.239***	−0.111*	−0.051	0.255***	0.025	1.000	
$Risk_t$	−0.080	0.052	0.141*	0.141	0.079	0.345***	0.185**	−0.313***	−0.159**	0.084	1.000

注：***、**、*分别表示在1%、5%和10%的统计水平上显著。

行的样本。由第(1)列可知,Bigfour 的回归系数为－0.077,且在1%的统计水平上显著,说明相较于非四大国有商业银行,四大国有商业银行的买入返售金融资产比率要低7.7%。ROA 的回归系数为－2.756,且在5%的统计水平上显著,说明商业银行 $t-1$ 期盈利水平越高,t 期的买入返售金融资产比率越小。通常而言,前期盈利水平较低的商业银行面临更大的业绩压力,因此商业银行前期盈利水平较低的情况可能迫使其通过买入返售金融资产从事同业业务,以改善银行的盈利情况。Size 的回归系数为0.005,且在10%的统计水平上显著,说明 $t-1$ 期资产规模越大的商业银行,t 期的买入返售金融资产比率越大。Loan 的回归系数为－0.116,且在5%的统计水平上显著,说明 $t-1$ 期贷款比率越大的商业银行,t 期的买入返售金融资产比率越小。这表明贷款业务和买入返售金融资产业务存在一定的替代关系,当贷款业务规模较大时,买入返售金融资产业务规模较小,即如果商业银行能够通过贷款业务获得盈利,则其通过同业业务改善业绩的动机会降低。Deposit 的回归系数为－0.138,且在10%的统计水平上显著,说明商业银行 $t-1$ 期存款比率越高,t 期的买入返售金融资产规模越小。这是因为商业银行贷款受到存贷比不超过75%等金融监管指标的限制,获得存款少的商业银行更有动机通过同业业务增加业务量和提高盈利水平。Finmarket 的回归系数为－0.007,且在10%的统计水平上显著,说明金融市场化程度越高的地区,商业银行的买入返售金融资产比率越低,从事买入返售金融资产业务越少。金融市场化程度越高的地区,资源配置效率也越高(樊纲等,2011),这些地区的企业融资渠道更加丰富,对于通过影子银行渠道获得较高成本资金的需求可能更低,因此体现为这些地区商业银行买入返售金融资产比率较低。

2015年10月之前,商业银行从事信贷业务的一个重要监管指标是存贷比不能超过75%。在表6-5的第(2)列和第(4)列中,我们用商业银行的存贷比增量指标($\Delta Loandepratio_t$)代替商业银行的存款和贷款指标。存贷比增量反映了商业银行当期贷款业务增长的情况,同时反映了商业银行当期面临的存贷比限制,存贷比增量越大说明当期存贷比受到的限制越小,商业银行从事买入返售金融资产业务的动机越小。在第(2)列和第(4)列中,ΔLoandepratio 的回归系数分别为－0.040和－0.034,且在5%的统计水平上显著,说明商业银行本期存贷比提高得越多,买入返售金融资产比率越小。

表 6-5　买入返售金融资产从事影子银行业务的影响因素

变量	SFR			
	全样本 (1)	全样本 (2)	非四大国有商业银行 (3)	非四大国有商业银行 (4)
$First_t$	−0.008	0.002	−0.005	0.003
	(−0.31)	(0.08)	(−0.20)	(0.14)
$State_t$	0.010	0.015	0.009	0.015
	(1.02)	(1.56)	(0.98)	(1.54)
$Bigfour_t$	−0.077***	−0.096***		
	(−4.87)	(−6.70)		
ROA_{t-1}	−2.756**	−3.243***	−2.679**	−3.196***
	(−2.55)	(−2.86)	(−2.46)	(−2.80)
$Size_{t-1}$	0.005*	0.008***	0.005*	0.008***
	(1.77)	(3.13)	(1.68)	(3.11)
CAR_{t-1}	−0.074	0.021	−0.075	0.021
	(−0.95)	(0.36)	(−0.95)	(0.36)
$Loan_{t-1}$	−0.116**		−0.116**	
	(−2.10)		(−2.00)	
$Deposit_{t-1}$	−0.138*		−0.146*	
	(−1.85)		(−1.87)	
$\Delta Loandepratio_t$		−0.040**		−0.039**
		(−2.19)		(−2.14)
$Finmarket_t$	−0.007*	−0.009***	−0.007*	−0.010***
	(−1.79)	(−2.77)	(−1.87)	(−2.81)
Constant	0.238**	0.039	0.248**	0.040
	(2.13)	(0.55)	(2.16)	(0.57)
Year Fixed Effect	控制	控制	控制	控制
N	273	273	253	253
Adj. R^2	0.2021	0.2110	0.1830	0.1462

注:括号内是 T 值，标准误差经异方差调整；***、**、* 分别表示在 1%、5%和 10%的统计水平上显著。

6.5.2　商业银行通过买入返售金融资产从事影子银行业务的经济后果

表 6-5 主要分析了商业银行通过买入返售金融资产从事影子银行业务的影响因素。那么,买入返售金融资产是否会影响银行的经营风险呢？在表 6-6 的第(1)列中,我们主要分析商业银行通过买入返售金融资产从事影子银行业务对经营风险的影响。由回归结果可知,在控制了商业银行特征变量之后,SFR 的

回归系数为－2.075，且在5％的统计水平上显著，说明买入返售金融资产比率越高的商业银行，其经营风险也越高。上述结果表明，商业银行通过买入返售金融资产从事影子银行业务会增加银行的经营风险，这与已有的研究结论是一致的（Iori et al.，2006；Maddaloni and Peydró，2011；肖崎和阮健浓，2014）。在控制变量中，First 的回归系数显著为负，说明第一大股东持股比例越高，商业银行的经营风险越高。Rao et al.（2015）发现，商业银行第一大股东的持股比例越高，第一大股东越有可能"掏空"商业银行，最终表现为更高的不良贷款率和更低的ROA。我们的发现与 Rao et al.（2015）的发现相一致。State 的回归系数显著为正，说明政府控制的商业银行经营风险更小。La Porta et al.（2002）的研究支持了政府持股银行的政治观点，即政府利用商业银行向政府的支持者提供就业机会、补贴和其他福利。我们的研究表明，政府的"担保"作用能够降低政府持股银行的经营风险。Size 的回归系数显著为正，说明商业银行 $t-1$ 期资产规模越大，其经营风险越小。Loan 的回归系数为－2.044，且在5％的统计水平上显著，说明商业银行 $t-1$ 期贷款比率越大，其经营风险越大，这与张健华和王鹏（2012）的发现相一致。

那么，通过买入返售金融资产从事影子银行业务影响商业银行经营风险的具体机制是什么呢？参考 Houston et al.（2010）的方法，我们对被解释变量进行分拆，采用 Z 值的三个构成因素，即 $t-1$ 年至 $t+1$ 年三年平均总资产收益率 AROA、平均资本充足率 ACAR 和总资产收益率波动 σ(ROA)来考察通过买入返售金融资产从事影子银行业务影响风险指标 Z 值的具体路径。在表6-6的第（2）列中，SFR 的回归系数为－0.006，且在1％的统计水平上显著，说明商业银行买入返售金融资产比率越高，商业银行的三年平均总资产收益率越低。以2009年为例①，上市商业银行信贷业务的平均收益率为5.07％，同业业务（包括买入返售金融资产业务）的平均收益率仅为1.52％，而所有生息资产的平均收益率为3.85％。可见，相较于信贷业务，同业业务的收益率低逾3个百分点。在表6-6的第（3）列中，SFR 的回归系数为0.062，不显著，说明商业银行买入返

---

① 选择2009年进行统计，是因为2009年为本章研究样本期间的中值，具有代表性。各项生息资产收益率在商业银行年报附注"净利息收入"（或"利息净收入"）部分披露。16家上市商业银行披露了生息资产收益率的有9家，分别为平安银行、工商银行、中国银行、农业银行、建设银行、招商银行、民生银行、交通银行和中信银行。统计过程中，如果银行未单独披露买入返售金融资产的收益率，则采用存放同业收益率替代。

售金融资产不会降低平均资本充足率。在表 6-6 的第(4)列中，SFR 的回归系数为 0.003，不显著，说明商业银行买入返售金融资产不会加大总资产收益率波动幅度。因此，商业银行买入返售金融资产并不影响商业银行资本充足率和总资产收益率。

表 6-6　买入返售金融资产从事影子银行业务对风险的影响

变量	Risk (1)	AROA (2)	ACAR (3)	σ(ROA) (4)
SFR_t	−2.075**	−0.006***	0.062	0.003
	(−2.42)	(−2.70)	(0.53)	(1.17)
$First_t$	−0.695**	−0.001	−0.162	0.001
	(−2.03)	(−1.14)	(−1.03)	(1.58)
$State_t$	0.383**	0.000	0.035	−0.000
	(2.38)	(0.52)	(1.03)	(−1.55)
$Bigfour_t$	0.041	0.001***	0.311	0.001*
	(0.13)	(2.77)	(1.06)	(1.70)
ROA_{t-1}	−12.911	0.629***	1.455	0.074
	(−0.70)	(9.59)	(1.11)	(1.00)
$Size_{t-1}$	0.179***	−0.000**	0.003	−0.000***
	(4.78)	(−2.56)	(0.41)	(−5.66)
CAR_{t-1}	2.160	0.000	0.530***	0.004
	(1.45)	(0.15)	(4.53)	(0.96)
$Loan_{t-1}$	−2.044**	0.002	0.205	0.005***
	(−2.43)	(0.86)	(0.83)	(2.87)
$Deposit_{t-1}$	0.898	−0.001	0.153	−0.005**
	(1.03)	(−0.33)	(0.70)	(−2.20)
$Finmarket_t$	0.075	−0.000	−0.002	−0.000
	(1.15)	(−0.38)	(−0.37)	(−1.50)
Constant	−0.073	0.010**	−0.239	0.015***
	(−0.06)	(2.22)	(−0.54)	(4.43)
Year Fixed Effect	控制	控制	控制	控制
N	181	181	181	181
Adj. R^2	0.2829	0.7730	0.0933	0.3156

注：括号内是 T 值，标准误差经异方差调整；***、**、* 分别表示在 1%、5%和 10%的统计水平上显著。

表 6-6 结果表明，商业银行通过买入返售金融资产向影子银行体系提供资金会摊薄商业银行的三年平均总资产收益率，那么，为什么还有很多商业银行会积极地扮演影子银行资金融出方的角色呢？我们预期这可能是商业银行的贷款能力受到了一定的限制，因此需要通过其他业务来弥补贷款业务的不足。中国

商业银行的贷款能力会受到多方面的影响：第一，存贷比的限制，即商业银行的存贷比不能超过75%（该监管规定于2015年10月1日废止）；第二，监管部门对商业银行贷款直接进行窗口指导；第三，商业银行自身开展贷款业务的能力受到信贷政策、产业政策等诸多因素的限制。第二点和第三点对商业银行贷款的限制很难观察到，因此我们选择对比分析存贷比高的商业银行和存贷比低的商业银行开展同业业务对业绩影响的差异。

在表6-7的第(1)列中，如果不考虑存贷比对买入返售金融资产的影响，SFR的回归系数为－0.017，且在1%的统计水平上显著，说明总体而言，商业银行将更多资金配置在买入返售金融资产上会降低总资产收益率。也就是说，如果商业银行还有放贷能力或者其他高收益资产配置渠道，商业银行应该将买入返售金融资产的资源配置到收益率更高的资产上。

在表6-7的第(2)列中，我们将买入返售金融资产比率(SFR)与存贷比(Loandepratio)设置交互项，$SFR_t \times Loandepratio_t$的回归系数为0.032，且在5%的统计水平上显著，说明买入返售金融资产摊薄总资产收益率的效应在存贷比较高的商业银行中并不显著，也就是说当商业银行的贷款能力因存贷比而受到限制时，从事买入返售金融资产业务可以提高银行资产的配置效率，避免总资产收益率下滑。总之，表6-7的结果说明，商业银行通过买入返售金融资产向影子银行体系融出资金是在金融监管条件下的一种被迫选择。

表6-7　存贷比限制、买入返售金融资产与银行业绩

变量	ROA_t (1)	ROA_t (2)
SFR_t	－0.017***	－0.036***
	(－5.35)	(－4.44)
$Loandepratio_t$	－0.001	－0.002***
	(－1.01)	(－2.71)
$SFR_t \times Loandepratio_t$		0.032**
		(2.37)
$First_t$	－0.003**	－0.003**
	(－2.56)	(－2.40)
$State_t$	0.001	0.001
	(1.47)	(1.51)
$Bigfour_t$	0.003***	0.003***
	(4.01)	(4.36)

（续表）

变量	ROA_t (1)	ROA_t (2)
$Size_{t-1}$	−0.000***	−0.000***
	(−2.94)	(−3.35)
CAR_{t-1}	−0.002	−0.002
	(−0.30)	(−0.30)
$Finmarket_t$	0.000	0.000
	(0.97)	(0.85)
Constant	0.019***	0.021***
	(5.13)	(5.64)
Year Fixed Effect	控制	控制
N	272	272
Adj. R^2	0.2645	0.2730

注：括号内是 T 值，标准误差经异方差调整；***、**、* 分别表示在1%、5%和10%的统计水平上显著。

6.6　结论与启示

本章从影子银行体系资金融出方的视角出发，采用2006—2012年中国商业银行通过同业业务参与影子银行业务的数据，分析了商业银行从事影子银行业务的影响因素和经济后果。我们发现，四大国有商业银行、业绩好的商业银行、资产规模小的商业银行、贷款比率高的商业银行、存款比率高的商业银行（不容易受到存贷比的影响）、处于金融发展水平高的省份的商业银行买入返售金融资产比率较低，说明这些商业银行更不可能通过同业业务参与影子银行业务。商业银行通过买入返售金融资产从事影子银行业务会增加银行经营风险，主要表现为从事买入返售金融资产业务会降低银行总资产收益率。但是，从事买入返售金融资产业务降低银行总资产收益率是相较于贷款业务而言的，如果商业银行的贷款能力受到存贷比限制，那么商业银行通过买入返售金融资产向影子银行体系融出资金，能够避免因贷款业务受限而带来的业绩下滑。

中国的影子银行体系与美国有很大区别，更多是对传统商业银行信贷业务的补充（裘翔和周强龙，2014）。本章的研究表明，中国的影子银行体系会增加商业银行的运营风险，为监管部门近年来出台的一系列加强银行监管和规范银行同业业务的法律法规提供了实证支持。本章的研究对未来金融发展的启示是：一方面，监管部门需要进一步提高对影子银行风险的监控和防范，特别是需要对金融业同业业务进行规范，防止金融机构通过业务创新来规避监管；另一方面，我们也应认识到，影子银行的快速发展与中国的金融监管和利率市场化程度较低有直接关系，未来的金融改革应考虑影子银行形成的根本原因，进一步建立完善的利率市场化机制。

本章主要有两方面的局限：一是商业银行从事影子银行业务并不仅仅局限于同业业务的形式，本章仅从影子银行体系资金融出方的视角，即以买入返售金融资产来衡量商业银行从事影子银行业务规模的指标可能存在一定的偏差。二是商业银行通过买入返售金融资产进行的常规金融融通业务也可能影响本章对影子银行业务的衡量。未来的研究可以进一步从其他途径考察影子银行业务对商业银行的影响。

参考文献

巴曙松，2013. 应从金融结构演进角度客观评估影子银行[J]. 经济纵横(4)：27—30.

樊纲，王小鲁，朱恒鹏，2011. 中国市场化指数：各地区市场化相对进程 2011 年报告[M]. 北京：经济科学出版社.

黄益平，常健，杨灵修，2012. 中国的影子银行会成为另一个次债？[J]. 国际经济评论(2)：42—51.

李波，伍戈，2011. 影子银行的信用创造功能及其对货币政策的挑战[J]. 金融研究(12)：77—84.

龙海明，唐怡，凤伟俊，2011. 我国信贷资金区域配置失衡研究[J]. 金融研究(9)：54—64.

陆晓明，2014. 中美影子银行系统比较分析和启示[J]. 国际金融研究(1)：55—63.

毛泽盛，万亚兰，2012. 中国影子银行与银行体系稳定性阈值效应研究[J]. 国际金融研究(11)：65—73.

钱先航，曹廷求，李维安，2011. 晋升压力，官员任期与城市商业银行的贷款行为[J]. 经济研究(12)：72—85.

裘翔，周强龙，2014. 影子银行与货币政策传导[J]. 经济研究(5)：91—105.

孙浦阳，靳一，张亮，2011. 金融服务多样化是否能真正改善银行业绩？[J]. 金融研究(11)：112—124.

吴晓灵，2013. 金融市场化改革中的商业银行资产负债管理[J]. 金融研究(12)：1—15.

肖崎，阮健浓，2014. 我国银行同业业务发展对货币政策和金融稳定的影响[J]. 国际金融研究(3):65—73.

颜永嘉，2014.影子银行体系的微观机理和宏观效应：一个文献综述[J].国际金融研究(7):46—53.

易宪容，王国刚，2010.美国次贷危机的流动性传导机制的金融分析[J].金融研究(5):41—57.

张健华，王鹏，2012.银行风险、贷款规模与法律保护水平[J].经济研究(5):18—30.

张磊，2008.中国转轨时期的货币非超中性和通货膨胀：兼论中国货币政策双重目标的体制根源[J].金融研究(12):47—62.

张明，2013.中国影子银行：界定，成因，风险与对策[J].国际经济评论(3):82—92.

周莉萍，2012.论影子银行体系国际监管的进展、不足、出路[J].国际金融研究(1):44—53.

祝继高，饶品贵，鲍明明，2012.股权结构、信贷行为与银行绩效：基于我国城市商业银行数据的实证研究[J].金融研究(7):31—47.

ACHARYA V, SCHNABL V P, SUAREZ G, 2013. Securitization without risk transfer [J]. Journal of financial economics, 107(3):515-536.

AGOSTINO M, MAZZUCCA M, 2008. Why do banks securitize? the case of Italy [R]. Working paper.

AKTAN B, CHAN S G, ŽIKOVIĆ S, et al., 2013. Off-balance sheet activities impact on commercial banks performance: an emerging market perspective [J]. Ekonomskaistrazivanja-economic research, 26(3):117-132.

ALLEN F, GALE D, 1994. Limited market participation and volatility of asset prices [J]. American economic review, 84(4):933-955.

BANNIER C E, HÄNSEL D N, 2008. Determinants of European banks' engagement in loan securitization [R]. Working paper.

BROWN G, 2010. Beyond the crash: overcoming the first crisis of globalization[M]. New York: Free Press, Simon & Schuste.

CARDONE-RIPORTELLA C, SAMANIEGO-MEDINA R, TRUJILLO-PONCE A, 2010. What drives bank securitization: the Spanish experience [J]. Journal of banking & finance, 34(11):2639-2651.

COVAL J, JUREK J, STAFFORD E, 2009. The economics of structured finance [J]. Journal of economic perspectives, 23(1):3-26.

DEYOUNG R, ROLAND K P, 2001. Product mix and earnings volatility at commercial banks: evidence from a degree of total leverage model [J]. Journal of financial intermediation, 10(1):54-84.

GENNAIOLI N, SHLEIFER A, VISHNY R, 2012. Neglected risks, financial innovation, and financial fragility [J]. Journal of financial economics, 104(3):452-468.

GENNAIOLI N, SHLEIFER A, VISHNY R, 2013. A model of shadow banking [J]. Journal of finance, 68(4):1331-1363.

GORTON G, METRICK A, 2010. Regulating the shadow banking system [J]. Brookings papers on economic activity:261-321.

GORTON G, METRICK A, 2012. Securitized banking and the run on repo [J]. Journal of financial economics, 104(3):425-451.

GORTON G B, SOULELES N S, 2006. Special purpose vehicles and securitization, the risks of financial institutions[M]. Chicago: University of Chicago Press.

GORTON G. B, 2010. Slapped by the invisible hand: the panic of 2007[M]. Oxford: Oxford University Press.

HOUSTON J F, LIN C, LIN P, et al., 2010. Creditor rights, information sharing, and bank risk taking [J]. Journal of financial economics, 96(3):485-512.

INSTEFJORD N, 2005. Risk and hedging: do credit derivatives increase bank risk? [J]. Journal of banking & finance, 29(2):333-345.

IORI G, JAFAREY S, PADILLA F G, 2006. Systemic risk on the interbank market [J]. Journal of economic behavior & organization, 61(4):525-542.

LA PORTA R, LOPEZ-DE-SILANES F, SHLEIFER A, 2002. Government ownership of banks [J]. Journal of finance, 57(1):265-301.

LI T, 2014. Shadow banking in China: expanding scale, evolving structure [J]. Journal of financial economic policy, 6(3):198-211.

MADDALONI A, PEYDRÓ J L, 2011. Bank risk-taking, securitization, supervision, and low interest rates: evidence from the Euro-area and the US lending standards [J]. Review of financial studies, 24(6):2121-2165.

MINTON B A, SANDERS A, STRAHAN P, 2004. Securitization by banks and finance companies: efficient financial contracting or regulatory arbitrage? [R]. Working paper.

PENNACCHI G G, 1988. Loan sales and the cost of bank capital [J]. Journal of finance, 43(2):375-396.

POZSAR Z, 2013. Institutional cash pools and the Triffin dilemma of the US banking system [J]. Financial markets, institutions & instruments, 22(5):283-318.

RAO P, YUE H, ZHU J, 2015. An investigation of credit borrower concentration [J]. Journal of banking & finance, 54(may):208-221.

ROSS S A, 1976. Options and efficiency [J]. The quarterly journal of economics, 90(1):75-89.

SHIN S H, 2009. Reflections on Northern Rock: the bank run that heralded the global financial crisis [J]. Journal of economic perspectives, 23(1):101-120.

STEIN J C, 2012. Monetary policy as financial-stability regulation [J]. The quarterly journal of economics, 127(1):57-95.

VERONA F, MARTINS M M F, DRUMOND I, 2011. Monetary policy shocks in a DSGE model with a shadow banking system [R]. Working paper.

第7章　审计师特征与商业银行贷款损失准备①

7.1　问题提出

贷款损失准备是商业银行为抵御贷款风险而计提的用于补偿银行到期不能收回贷款的准备金,它是银行应对坏账损失的重要防线,也是商业银行风险管理的重要手段。在实务界,贷款损失准备历来都是重要的监管指标。与工业企业的会计应计由诸多项目组成不同,商业银行会计应计的最重要组成部分是贷款损失准备本期计提。正是由于贷款损失准备监管意义和经济意义的重要性,学术界将贷款损失准备本期计提作为商业银行会计信息质量研究的核心问题,并从贷款损失准备计提的影响因素和经济后果等角度进行了多方面分析(Elliot et al.,1991;Grffin et al.,1991;Beatty et al.,2002;Beatty and Liao,2014)。

监管部门一直十分重视商业银行的风险控制与监管,并对商业银行贷款损失准备计提制定了相应的监管政策。但是由于商业银行数据的限制,已有的研究主要以中国上市银行为研究对象。相较于非上市银行,上市银行的数量较少,而且面临来自资本市场的监管压力,因此,以非上市银行为主体的城市商业银行的贷款损失准备计提行为可能会显著区别于上市银行。还有部分研究采用 BANKSCOPE 数据库中的数据分析了中国上市银行和非上市银行会计信息质量问题(陈雯靓和吴溪,2014),但是 BANKSCOPE 数据库只提供财务数据,缺少商业银行公司治理数据和相关会计师事务所数据,从而限制了相关研究的深度和广度。审计师(会计师事务所)是财务报表的鉴证者,通过独立审计可以提高会计信息质量,降低信息不对称程度。那么,不同特征的会计师事务所对城市商业银行计提贷款损失准备存在哪些不同的影响?此外,不同于四大国有商业银行,城市商业银行具有很强的

---

① 本章主体内容发表于《审计研究》2015 年第 4 期。题目:“审计师特征与商业银行贷款损失准备——基于中国城市商业银行的实证研究”,作者:祝继高、王春飞、尤可畅。

地域性特征，这有利于检验会计师事务所地域性的信息观假说。而且，城市商业银行多被地方政府控制，其公司治理结构具有很强的独特性，影响其会计信息质量深层次的治理因素是什么？这些是学术界和实务界共同关心的重要话题。

本章以 2006—2012 年中国城市商业银行为研究对象发现，相较于小所审计的城市商业银行，"四大"所审计的城市商业银行其贷款拨备率高 0.7%；相较于异地所审计的城市商业银行，本地所审计的城市商业银行其贷款拨备率高0.3%，说明本地所可能更具备信息优势，支持了会计师事务所地域性的信息观假说。但是，本地所的信息效应主要体现在本地"四大"所审计的城市商业银行中。进一步的研究发现，第一大股东持股比例高的城市商业银行更有可能聘请"四大"所进行审计，且更倾向于选择异地"四大"所进行审计。相较于非国有城市商业银行，国有城市商业银行更不可能聘请"四大"所，且更不可能聘请异地"四大"所进行审计。

本章的贡献主要体现在以下三个方面：第一，由于数据的限制，已有的研究较少以非上市银行占主体的城市商业银行为研究对象。现有的上市银行主要是全国性的商业银行，而城市商业银行则是区域性的商业银行，地方政府对其拥有重要的影响力(祝继高等，2012)。本章利用手工收集的城市商业银行审计、公司治理和财务数据，探讨了审计师特征对银行贷款损失准备计提的影响，丰富了转型经济国家商业银行审计与会计信息质量的文献。第二，现有的研究主要分析上市银行的会计师事务所选择问题，而本章主要分析城市商业银行的会计师事务所选择问题。相较于上市银行，非上市银行的盈余管理动机较小(陈雯靓和吴溪，2014)，其会计师事务所的选择行为可能存在较大的差异。因此，本章对非上市银行会计师事务所选择的研究是一个有益的补充。第三，本章的研究对于加强对城市商业银行计提贷款损失准备的监管、防范城市商业银行经营风险具有积极的意义。

本章后续安排如下：第二部分是文献回顾与研究假设，第三部分是研究设计，第四部分是主要结果分析，第五部分是进一步讨论，第六部分是结论与启示。

7.2　文献回顾与研究假设

7.2.1　文献回顾

1. 商业银行贷款损失准备研究

Beatty and Liao (2014)指出，贷款损失准备是衡量银行经营绩效和贷款损失风险最根本也是最重要的指标,它是银行业相关文献研究的核心指标,也是实务界监管的核心指标。Beatty and Liao (2014)以1993—2012年美国商业银行为样本发现,有12.7%的银行重述计提贷款损失准备的原因,35.3%的银行因计提不恰当的贷款损失准备金额而收到美国证监会(SEC)的问询函。现有文献主要从贷款损失准备的资本管理动机和贷款损失准备公告的信号释放功能两个角度研究贷款损失准备的计提。

第一,贷款损失准备的资本管理动机。计提贷款损失准备会减少商业银行利润,进而降低商业银行的股东权益。而且,在《巴塞尔协议》的监管体系中,贷款损失准备不能计入核心资本,只能按照风险权重资产的1.25%计入附属资本。因此,商业银行在计提贷款损失准备时会十分关注其对利润和资本充足率的影响。例如,Beatty et al. (2002)发现,商业银行会通过少计提贷款损失准备来防止利润下滑。Huizinga and Laeven(2012)以2001—2008年美国商业银行为样本发现,银行在金融危机期间会通过少计提贷款损失准备等手段来延缓银行资产价值过快下降。

第二,贷款损失准备公告的信号释放功能。已有的研究指出,充分的贷款损失准备的计提可以消除信息不对称,给市场带来积极的信号,提升银行的股价。Beaver et al. (1989)研究发现,管理者通过计提贷款损失准备向公众传递银行的盈利能力足以支撑增加的贷款损失准备金对利润的负面影响。Elliot et al. (1991)和Grffin et al. (1991)发现,当商业银行向市场公布增加计提贷款损失准备时,市场会产生积极的反应;而当把贷款损失准备注销时,则会给市场带来消极的影响。他们认为当银行增加计提贷款损失准备时,市场会将其解读为这是公司有意愿和有能力积极处理贷款引发问题的信号。Bushman and Williams (2012)则发现,出于平滑利润目的而计提的未来导向的贷款损失准备会损害对商业银行风险行为的监管;出于及时估计未来贷款损失目的而计提的未来导向的贷款损失准备会加强对商业银行风险行为的监管。

2. 商业银行审计研究

会计师事务所是财务报表的鉴证者,通过独立审计可以降低财务报表的信息不对称程度。刘继红和周仁俊(2007)以2001—2006年中国上市商业银行为样本发现,国家控制的上市商业银行的审计费用较高。他们还发现,单一客户集中度高、资产敏感性缺口大、资本利润高、资本充足率低的商业银行,审计费用更高;需要维持较高水平核心资本充足率的商业银行,审计费用更高。高雷和张杰

(2010)采用2003—2008年中国A股上市商业银行的数据作为样本,发现国有控股银行和不良贷款率高的商业银行,审计费用较高。张雯等(2013)以2005—2009年中国商业银行(172个)为样本,发现商业银行向大股东发放的关联贷款规模越大,越倾向于聘请小所进行审计,并且民营商业银行会计师事务所的选择受关联贷款影响更显著。

总结上述文献,我们发现,如果商业银行计提的贷款损失准备较为充分,则商业银行的会计信息质量较高,并能够向市场传递积极的信息。但是,上述文献主要以美国的商业银行为研究对象,很少关注中国商业银行尤其是以非上市银行为主体的城市商业银行。上述文献还发现,高质量的会计师事务所能够对商业银行进行监督,而商业银行的公司治理会影响会计师事务所的选择。但是,这些文献缺乏对中国城市商业银行会计师事务所特征与贷款损失准备的探讨。

7.2.2 研究假设

现有的文献发现,相较于非"四大"所(或者小所),"四大"所(或者大所)的审计质量更高(Nichols and Smith,1983)。"深口袋"理论认为,"四大"所除自发维护高质量审计外,也会迫于法律风险保证高质量审计(Dye,1993)。漆江娜等(2004)的研究表明,经"四大"所审计的财务报表每单位资产操纵性应计利润略低于本土所审计的公司,说明"四大"所在中国的审计市场上保持了较高的审计质量。于鹏(2007)指出,"四大"所对经营绩效差和财务风险高的上市公司出具"非标意见"的概率大于非"四大"所,这说明"四大"所的审计质量更高。

贷款损失准备是衡量贷款损失风险的重要指标,对商业银行业绩有重大的影响,也是影响商业银行会计信息质量的重要因素,因此会计师事务所会十分关注商业银行的贷款损失准备计提(Beatty and Liao,2014)。例如,Krishnan and Zhang(2014)以美国的商业银行为研究对象,发现当商业银行在金融危机期间降低审计费用时,相较于小所,"四大"所能够抑制商业银行通过贷款损失准备本期计提操纵利润。基于上述分析,我们认为当城市商业银行聘请"四大"所对其财务报表进行审计时,其计提的贷款损失准备更多。因此,我们提出假设1:

假设1 相较于小所审计的城市商业银行,"四大"所审计的城市商业银行会计提更多的贷款损失准备。

现有文献对会计师事务所的地域性是否影响审计质量存在两种竞争性假说:信息观与冲突观。信息观认为,如果会计师事务所与客户处于同一地区,则本地所将获得信息优势，降低会计师事务所与客户之间的信息不对称程度，从而提高审计质量(Francis et al.,1999)。Choi et al.(2012)研究发现，本地所相较于异地所能够提供更高质量的审计服务，因为本地所具有拥有客户特殊信息的信息优势，使得会计师事务所能够更好地约束管理层有偏见的盈余报告。冲突观则认为，会计师事务所与客户的地理邻近度使得会计师事务所与客户领导层之间的关系密切，会降低审计独立性，从而降低审计质量。Chan et al.(2006)发现，本地所对地方国有企业较仁慈(Lenient)，相较于那些异地所更有可能受到当地政府的政治影响。而且，相较于被出具无保留审计意见的公司，被出具保留审计意见的公司更有可能将异地所变更为本地所。李奇凤和宋琰纹(2007)指出，中国的会计师事务所产生于政府挂靠体制，因而受到较多的政府干预，其独立审计也具有很强的"地域"色彩。

结合会计师事务所规模特征，我们认为，基于声誉和法律风险考虑的"四大"所独立性较高，当"四大"所与被审计的城市商业银行同处一地时，"四大"所将获得信息优势，从而降低会计师事务所与城市商业银行之间的信息不对称程度，进而有效监督城市商业银行计提贷款损失准备的行为。基于上述分析，我们预期"四大"所与城市商业银行计提贷款损失准备的正相关关系在会计师事务所与城市商业银行的注册地一致时更为显著。因此，我们提出假设2：

假设2　相较于异地"四大"所审计的城市商业银行，本地"四大"所审计的城市商业银行会计提更多的贷款损失准备。

7.3　研究设计

7.3.1　样本选取和数据来源

本章选取了2006—2012年中国城市商业银行作为研究样本。由于多数的城市商业银行为非上市银行，我们手工收集了《金融时报》和城市商业银行官方网站披露的城市商业银行年报，并从中整理了财务信息、公司治理信息和审计信息，最终获得251个观测值，占城市商业银行总数的26.39%(见表7-1)。

表 7-1　样本年度分布统计

项目	2006 年	2007 年	2008 年	2009 年	2010 年	2011 年	2012 年	合计
城市商业银行总数(家)	113	124	136	143	147	144	144	951
本章样本量(家)	27	38	32	40	46	33	35	251
比率(%)	23.89	30.65	23.53	27.97	31.29	22.92	24.31	26.39

注:城市商业银行总数根据中国银监会年报统计。

7.3.2　模型设定和变量说明

我们使用 OLS 模型来分析会计师事务所特征对商业银行贷款损失准备计提的影响,具体模型如下:

$$\text{Provision} = \delta_0 + \delta_1 \text{Big4} + \delta_2 \text{Same} + \delta_3 \text{Big4} \times \text{Same} + \text{Controls} + \varepsilon \quad (1)$$

我们主要关注会计师事务所是否为“四大”所(Big4)和会计师事务所与城市商业银行的注册地是否在同一省份,即会计师事务所是否为本地所(Same)对银行贷款损失准备计提的影响。与祝继高等(2020)的方法一致,我们采用贷款拨备率(Provision)来度量商业银行计提贷款损失准备的情况。参考陈雯靓和吴溪(2014)、祝继高等(2020)的做法,我们在模型(1)中控制了第一大股东持股比例(First)、第一大股东股权性质(State)、银行是否上市(List)、贷款比率(Loan)、银行资产规模(Size)、总资产收益率(ROA)变量,此外,我们在模型(1)中控制了年度哑变量。① 具体变量定义见表 7-2。

表 7-2　主要变量定义

变量符号	变量名称	变量定义
Big4	是否为“四大”所	如果审计城市商业银行的会计师事务所是“四大”所,则取值为 1,否则为 0
Same	是否为本地所	如果会计师事务所与城市商业银行的注册地在同一省份,则取值为 1,否则为 0
Provision	贷款拨备率	贷款损失准备余额/贷款余额
First	第一大股东持股比例	第一大股东持股数/总股数
State	第一大股东股权性质	如果第一大股东的背景为国有,则取值为 1,否则为 0
List	银行是否上市	如果城市商业银行为上市银行,则取值为 1,否则为 0

① 如果在模型(1)中控制各个省份 GDP 增长率,本章的主要结论依然成立。

（续表）

变量符号	变量名称	变量定义
Loan	贷款比率	贷款总额/总资产
Size	银行资产规模	银行总资产的自然对数
ROA	总资产收益率	净利润/总资产

7.4 主要结果分析

7.4.1 描述性分析

表 7-3 为主要变量的描述性统计。由表 7-3 可知，Big4 的均值为 0.251，说明有 25.1%的城市商业银行选择了“四大”所进行审计；Same 的均值为 0.558，说明有 55.8%的城市商业银行选择了本地所进行审计。Provision 的均值为 0.024，中位数为 0.024。2011 年 7 月，银监会发布《商业银行贷款损失准备管理办法》，对商业银行的贷款拨备率进行考核，2.5%为基本标准，这说明样本中至少有 50%的城市商业银行的贷款拨备率未达到银监会的标准。First 的均值为 0.200，说明城市商业银行的第一大股东持股比例平均为 20%；State 的均值为 0.797，说明有 79.7%的城市商业银行的第一大股东的股权性质为国有。

表 7-3 描述性统计

变量	样本	均值	标准差	最小值	第一四分位数	中位数	第三四分位数	最大值
Big4	251	0.251	0.434	0.000	0.000	0.000	1.000	1.000
Same	251	0.558	0.498	0.000	0.000	1.000	1.000	1.000
Provision	251	0.024	0.010	0.000	0.018	0.024	0.029	0.075
First	251	0.200	0.143	0.029	0.100	0.167	0.210	0.900
State	251	0.797	0.403	0.000	1.000	1.000	1.000	1.000
List	251	0.048	0.214	0.000	0.000	0.000	0.000	1.000
Loan	251	0.511	0.096	0.191	0.453	0.517	0.588	0.787
Size	251	17.432	1.260	14.377	16.462	17.319	18.213	20.837
ROA	251	0.011	0.006	−0.001	0.008	0.010	0.013	0.071

表 7-4 为主要变量的相关系数表。表 7-4 显示，Big4 与 Provision 显著正相关，说明如果城市商业银行聘请的会计师事务所是“四大”所，则其贷款拨备率更高。

Big4 与 State 显著负相关,与 List 显著正相关,与 Loan 显著负相关,与 Size 显著正相关,说明非国有城市商业银行、上市城市商业银行、贷款总额占总资产比重小的城市商业银行和规模大的城市商业银行更有可能聘请“四大”所进行审计。Same 与 State 显著正相关,与 List 显著负相关,与 Loan 显著正相关,与 Size 显著负相关,说明国有城市商业银行、非上市城市商业银行、贷款总额占总资产比重大的城市商业银行和规模小的城市商业银行更有可能选择本地所进行审计。

表 7-4 主要变量相关系数表(Pearson)

变量	Big4	Same	Provision	First	State	List	Loan	Size	ROA
Big4	1.000								
Same	−0.502***	1.000							
Provision	0.128**	0.085	1.000						
First	0.061	−0.008	0.169***	1.000					
State	−0.187***	0.168***	0.117*	0.182***	1.000				
List	0.258***	−0.176***	−0.012	−0.087	−0.165***	1.000			
Loan	−0.118*	0.205***	−0.002	−0.145**	0.013	−0.188***	1.000		
Size	0.553***	−0.494***	−0.060	−0.043	−0.141**	0.346***	−0.342***	1.000	
ROA	0.077	−0.063	0.115*	−0.234***	−0.084	0.016	0.021	0.048	1.000

注:***、**、*分别表示在 1%、5%和 10%的统计水平上显著。

7.4.2 会计师事务所特征与银行贷款损失准备

表 7-5 为会计师事务所特征对城市商业银行贷款损失准备的影响。在表 7-5 的第(1)列中,Big4 的回归系数为 0.007,且在 1%的统计水平上显著,说明相较于未聘请“四大”所进行审计的城市商业银行,聘请“四大”所进行审计的城市商业银行的贷款拨备率高 0.7%,而本章样本城市商业银行平均的贷款拨备率为 2.4%。这说明上述差异不但在统计意义上显著,在经济意义上也是显著的。上述结论支持了本章的假设 1。Same 的回归系数为 0.003,且在 5%的统计水平上显著,说明相较于异地所审计的城市商业银行,本地“四大”所审计的城市商业银行的贷款拨备率高 0.3%。这说明本地“四大”所可能更具备信息优势,更了解本地的城市商业银行,能较好地发挥监督职能。因此,回归结果支持了会计师事务所地域性的信息观假说。First 的回归系数显著为正,说明第一大股东持股比例高的城市商业银行的贷款拨备率更高,这表明股权集中有利于第一大股东有效监督管理层,使得城市商业银行计提的贷款损失准备更充足,从而

降低城市商业银行的经营风险，符合“利益协调假说”（Laeven and Levine，2009）。State 的回归系数为 0.003，且在 10%的统计水平上显著，说明相较于非国有城市商业银行，国有城市商业银行的贷款拨备率要高 0.3%。Size 的回归系数显著为负，说明规模小的城市商业银行的贷款拨备率更高。

在表 7-5 的第(2)列中，我们将 Big4 与 Same 做交互项，检验会计师事务所是否为“四大”所和是否为本地所的交互作用。我们发现，Same 的回归系数不显著，Big4×Same 的回归系数为 0.010，且在 5%的统计水平上显著，说明本地所的信息效应主要体现在“四大”所审计的城市商业银行中。第(2)列中的结论支持了本章的假设 2。

表 7-5　会计师事务所特征与银行贷款损失准备

变量	Provision	
	(1)	(2)
Big4	0.007***	0.005***
	(3.99)	(2.74)
Same	0.003**	0.002
	(2.34)	(0.97)
Big4×Same		0.010**
		(2.48)
First	0.013***	0.014***
	(2.90)	(3.12)
State	0.003*	0.002
	(1.81)	(1.45)
List	0.005	0.007**
	(1.50)	(2.04)
Loan	0.009	0.011
	(1.23)	(1.47)
Size	−0.002***	−0.003***
	(−3.37)	(−4.02)
ROA	0.114	0.129
	(1.05)	(1.20)
Constant	0.056***	0.067***
	(3.98)	(4.60)
Year Fixed Effect	控制	控制
N	251	251
R^2	0.2135	0.2335

注：括号内是 T 值；***、**、*分别表示在 1%、5%和 50%的统计水平上显著。

7.5　进一步讨论

7.5.1　会计师事务所选择的决定因素

在表7-5中,我们发现会计师事务所特征对于城市商业银行计提贷款损失准备具有重要的影响。那么,对于影响城市商业银行聘请“四大”所作为会计师事务所的因素在本部分采用模型(2)进行分析。

$$\text{Logit(Big4)} = \delta_0 + \delta_1 \text{First} + \delta_2 \text{State} + \delta_3 \text{List} + \delta_4 \text{Loan} + \delta_5 \text{Size} + \delta_6 \text{ROA} + \text{Year Fixed Effect} + \varepsilon \quad (2)$$

其中,被解释变量是城市商业银行聘请的会计师事务所是否为“四大”所(Big4)。我们主要关注城市商业银行的公司治理特征(First,State,List)和财务特征(Loan,Size,ROA)对城市商业银行聘请会计师事务所的影响。模型(2)中的变量定义参见表7-2。

由表7-6 Logit模型结果可知,First的回归系数显著为正,说明第一大股东持股比例高的城市商业银行更有可能聘请“四大”所进行审计;State的回归系数显著为负,说明相较于非国有城市商业银行,国有城市商业银行更不可能聘请“四大”所进行审计;Size和ROA的回归系数均显著为正,说明规模大和业绩好的城市商业银行更有可能聘请“四大”所进行审计。

此外,我们还将会计师事务所是否为“四大”所与是否为本地所进行交互(将该变量定义为Auditor),进而将会计师事务所区分为四类,即本地小所(Auditor=0)、异地小所(Auditor=1)、本地“四大”所(Auditor=2)、异地“四大”所(Auditor=3)。使用MLogit模型对会计师事务所的选择进行分析,具体模型如下:

$$\text{MLogit(Auditor)} = \delta_0 + \delta_1 \text{First} + \delta_2 \text{State} + \delta_3 \text{List} + \delta_4 \text{Loan} + \delta_5 \text{Size} + \delta_6 \text{ROA} + \text{Year Fixed Effect} + \varepsilon \quad (3)$$

对于模型(3),我们采用多元非定序回归。在多元非定序回归中,以本地小所(Auditor=0)的观测值为参照组。表7-6中MLogit模型的结果表明,当被解释变量Auditor =3时,First的回归系数为3.225,且在10%的统计水平上显著,说明第一大股东持股比例越高的城市商业银行,越倾向于选择异地“四大”所进行审计;State的回归系数为-1.278,且在5%的统计水平上显著,说明相较于非国有城市商业银行，国有城市商业银行更不可能聘请异地“四大”所进行审计。

表 7-6　城市商业银行会计师事务所选择

变量	Logit 模型	MLogit 模型		
	Big4 (1)	Auditor=1 (2)	Auditor=2 (3)	Auditor=3 (4)
First	2.330***	−1.016	1.556	3.225*
	(2.60)	(−0.65)	(0.51)	(1.80)
State	−0.578**	−0.193	21.925	−1.278**
	(−2.10)	(−0.39)	(1.34)	(−2.30)
List	0.447	−1.903	−33.003	0.052
	(0.82)	(−1.40)	(−0.00)	(0.05)
Loan	1.513	−2.733	−8.619	1.818
	(1.08)	(−1.30)	(−1.26)	(0.65)
Size	0.907***	1.204***	4.032***	2.055***
	(7.14)	(4.87)	(4.57)	(6.72)
ROA	41.269**	−35.111	−196.403	69.536**
	(2.52)	(−0.83)	(−1.12)	(2.25)
Constant	−17.972***	−19.741***	−94.354	−38.271***
	(−6.74)	(−4.13)	(0.00)	(−6.29)
Year Fixed Effect	控制	控制	控制	控制
N	251		251	
Pseudo R^2	0.3819		0.3184	

注：括号内是 Z 值；***、**、* 分别表示在 1%、5%和 50%的统计水平上显著。

7.5.2　稳健性检验

表 7-6 发现，城市商业银行聘请何种特征的会计师事务所会受到城市商业银行公司治理变量和财务变量的影响，说明表 7-5 中的结果可能受到内生性的影响。为了缓解内生性问题，我们采用了 Heckman 两阶段进行回归分析。Heckman 第一阶段是分析哪些因素影响商业银行聘请“四大”所进行审计。除了表 7-6 第(1)列中的相关解释变量，我们还在回归模型中控制了各个商业银行的从业人数(取自然对数)和各个省份的 GDP 增长率。通常而言，从业人数越

多、银行规模越大,商业银行可能更需要规模大的会计师事务所进行审计,也有可能出于控制审计成本的考虑选择小所进行审计。现有的实证研究也表明,地区经济发展和制度环境会影响会计师事务所的选择,因此商业银行所在省份 GDP 增长率也会影响会计师事务所的选择。而且,商业银行的从业人数和各个省份的 GDP 增长率并不会显著影响商业银行贷款损失准备的计提。Heckman 第二阶段是分析在控制了第一阶段的选择性偏差后,会计师事务所特征对于商业银行贷款损失准备计提的影响。我们发现,在控制了选择性偏差后,表 7-5 中的结论均依然成立,即 Big4 的回归系数显著为正,Big4×Same 的回归系数显著为正。上述发现进一步支持了本章的假设 1 和假设 2。

陈雯靓和吴溪(2014)认为,不同类型的商业银行存在不同的盈余管理动机。例如,相较于非上市银行,上市银行的盈余管理动机会更强。因此,我们参照陈雯靓和吴溪(2014)的方法,删除了上市银行的样本,论文中的主要结论依然成立。

7.6　结论与启示

本章以 2006—2012 年中国城市商业银行为样本,分析了会计师事务所特征对商业银行贷款损失准备计提的影响。本章发现,“四大”所审计的城市商业银行计提的贷款损失准备更多,说明“四大”所发挥了较好的监督作用,降低了信息不对称程度,控制了城市商业银行的风险。本章还发现,本地所在城市商业银行审计中发挥了信息效应,但是这种效应主要体现在本地“四大”所审计的城市商业银行中。进一步的研究发现,城市商业银行的第一大股东持股比例越高,越倾向于选择“四大”所进行审计。相较于非国有城市商业银行,国有城市商业银行更倾向选择小所进行审计。如果同时考虑会计师事务所是否为“四大”所和本地所,则城市商业银行的第一大股东持股比例越高,越倾向于选择异地“四大”所进行审计。相较于非国有城市商业银行,国有城市商业银行更不可能聘请异地“四大”所进行审计。

参考文献

陈雯靓,吴溪, 2014. 我国商业银行的贷款损失准备计提与利润平滑:新会计准则的影响[J]. 审计研究(1):105—112.

高雷,张杰, 2010. 产权性质、不良贷款率与审计费用:来自上市商业银行的经验证据[J]. 审计研究(2):77—82.

李奇凤,宋琰纹, 2007. 事务所地域与其对盈余管理的抑制能力[J]. 中国会计评论(1):83—94.

刘继红,周仁俊, 2007. 中国上市商业银行监管风险与审计定价[J]. 审计研究(5):56—62.

漆江娜,陈慧霖,张阳, 2004. 事务所规模·品牌·价格与审计质量:国际"四大"中国审计市场收费与质量研究[J]. 审计研究(3):59—65.

于鹏, 2007. 公司特征,国际"四大"与审计意见[J]. 审计研究(2):53—60.

张雯,谢露,张敏, 2013. 关联贷款与商业银行的审计师选择:基于我国商业银行的经验证据[J]. 审计研究(1):87—94.

祝继高,饶品贵,鲍明明, 2012. 股权结构、信贷行为与银行绩效[J]. 金融研究(7):31—47.

祝继高,岳衡,饶品贵, 2020. 地方政府财政压力与银行信贷资源配置效率:基于我国城市商业银行的研究证据[J]. 金融研究(1):88—109.

BEATTY A L, KE B, PETRONI K R, 2002. Earnings management to avoid earnings declines across publicly and privately held banks [J]. The accounting review, 77(3):547-570.

BEATTY A, LIAO S, 2014. Financial accounting in the banking industry: a review of the empirical literature [J]. Journal of accounting and economics, 58(2/3):339-383.

BEAVER W, EGER C, RYAN S, et al., 1989. Financial reporting, supplemental disclosures, and bank share prices [J]. Journal of accounting research, 27(2):157-178.

BUSHMAN R, WILLIAMS C, 2012. Accounting discretion, loan loss provisioning, and discipline of banks' risk-taking [J]. Journal of accounting and economics, 54(1):1-18.

CHAN K H, LIN K Z, MO P L, 2006. A political-economic analysis of auditor reporting and auditor switches [J]. Review of accounting studies, 11(1):21-48.

CHOI J, KIM J, QIU A A, et al., 2012. Geographic proximity between auditor and client: how does it impact audit quality? [J]. Auditing: a journal of practice & theory, 31(2):43-72.

DYE R, 1993. Auditing standards, legal liability and auditor wealth [J]. Journal of political economy, 101:887-914.

ELLIOT J, HANNA D, SHAW W, 1991. The evaluation by the financial markets of changes in bank loan loss reserve levels [J]. The accounting review, 66:847-861.

FRANCIS J R, STOKES D J, ANDERSON D, 1999. City markets as a unit of analysis in audit research and the re-examination of big 6 market shares [J]. Abacus, 35(2):185-206.

GRFFIN P, WALLCH A, SAMOA J, 1991. Latin American lending by major U. S. banks:

the effects of disclosures about non-accrual: loans and loan loss provisions [J]. The accounting review, 66(4):830-846.

HUIZINGA H, LAEVEN L, 2012. Bank valuation and accounting discretion during a financial crisis [J]. Journal of financial economics, 106(3):614-634.

KRISHNAN G V, ZHANG Y, 2014. Is there a relation between audit fee cuts during the global financial crisis and banks' financial reporting quality? [J]. Journal of accounting and public policy, 33(3):279-300.

LAEVEN L, LEVINE R, 2009. Bank governance, regulation and risk taking [J]. Journal of financial economics, 93(2):259-275.

NICHOLS D R, SMITH D B, 1983. Auditor credibility and auditor changes [J]. Journal of accounting research, 21(2):534-544.

第 8 章 银行结构性竞争与企业投资效率[①]

8.1 问题提出

银行贷款是中国企业的主要外部融资渠道(Bailey et al.,2011)。因此,银行市场结构变化引起的信贷供给变动对微观企业行为具有重要影响。在中国,大型商业银行在市场中长期占主导地位。根据中国银监会发布的数据统计,截至 2018 年年末,中国银行业金融机构共有 4 588 家,其中 6 家国有大型商业银行[②]的总资产占银行业金融机构总资产的比例为 36.67%。相比垄断性信贷市场,竞争性信贷市场更能缓解中小企业的融资难问题(Rice and Strahan,2010;田厚平和刘长贤,2010),因此中国持续推进金融领域的供给侧结构性改革。市场准入管制是政府监管银行的重要方式之一(蔡卫星,2016)。逐步放松银行管制,促进以股份制商业银行和城市商业银行为代表的中小商业银行发展,是优化金融市场结构、提高地方银行结构性竞争程度的重要途径。对此,银监会颁布了一系列银行管制放松政策,例如《中资商业银行行政许可事项实施办法》(中国银监会令 2006 年第 2 号)、《城市商业银行异地分支机构管理办法》(银监发〔2006〕12 号)、《关于中小商业银行分支机构市场准入政策的调整意见(试行)》(银监办发〔2009〕143 号),为股份制商业银行和城市商业银行的快速发展提供了机会。企业所处经济环境是影响企业财务行为的重要因素(姜国华和饶品贵,2011)。银行作为中国企业外部融资的主要来源,其结构性竞争程度的变化会对企业的投融资行为产生重要影响。

垄断性信贷市场和竞争性信贷市场对中小企业贷款的抵押物要求具有差异(田厚平和刘长贤,2010)。根据担保类型,中国商业银行贷款分为抵押贷款、质

---

① 本章主体内容发表于《财经研究》2020 年第 3 期。题目:"银行结构性竞争与企业投资效率——基于中国工业企业数据的实证研究",作者:祝继高、李天时、赵浩彤。

② 《银行业金融机构法人名单(截至 2018 年 12 月 31 日)》首次将中国邮政储蓄银行列为国有大型商业银行。

押贷款、保证贷款和信用贷款四种，其中抵押贷款占比较高。[①] 企业的固定资产是银行贷款的重要抵押物，银行可以通过抵押物来评估企业的贷款风险(Whette，1983；王霄和张捷，2003)，从而决定是否发放贷款并制定贷款条款，而银行的资金供给会影响企业的投资行为。现有研究发现，银行竞争能够扩大资金供给，缓解企业融资约束(Rice and Strahan，2010；Ryan et al.，2014；刘星和蒋水全，2015)。但银行竞争如何影响企业的投资效率在目前的研究中鲜有涉及。在中国转型经济背景下的金融市场环境中，放松银行管制带来的银行结构性竞争程度的提升能否促进银行贷款对企业投资行为的治理效应尚不明确。因此，检验银行竞争对企业投资效率的影响以及固定资产在中间发挥的传导作用，对于提高金融资源配置效率、增强金融服务实体经济的能力具有重要意义。

在此背景下，本章利用中国银监会公布的金融许可证机构持有数据，构建了衡量省级银行结构性竞争程度的 HHI 指数，并得到省级 HHI 指数变化程度，将其与中国工业企业数据进行匹配，检验了银行结构性竞争程度的提高对企业投资效率的影响。根据《人民币银行结算账户管理办法》[②]，企业应在注册地开立银行结算账户，或者在设立异地经营机构的地区开立银行结算账户。本章以中国工业企业数据为研究样本，正是因为工业企业的整体规模较小，更不容易跨省设立分支机构，因此企业贷款存在地区限制，省级银行结构性竞争变化更有可能对省内注册企业的投资效率产生影响。由于上市公司规模较大，在各省均有可能设立分支机构，并且可以通过股权融资代替债务融资，因此受到公司注册地所在省份的银行竞争程度的影响较弱。虽然上市公司可能受到国内整体的银行竞争程度的影响，但国内整体的银行竞争程度变化为时间序列数据，而非面板数据，在模型中会受到更多因素的干扰，因此我们选择中国工业企业数据和省级银行结构性竞争程度进行匹配。本章研究发现，加强银行结构性竞争能够提高企

---

① 例如，根据各商业银行发布的 2018 年年报统计，工商银行发放的抵押贷款在总担保贷款中占比 45.8%，中信银行发放的抵押贷款在总担保贷款中占比 45.96%，北京银行发放的抵押贷款在总担保贷款中占比 39%。

② 《人民币银行结算账户管理办法》(《中国人民银行令》〔2003〕第 5 号)指出，存款人[在中国境内开立银行结算账户的机关、团体、部队、企业、事业单位、其他组织(以下统称单位)、个体工商户和自然人]应在注册地或住所地开立银行结算账户。符合本办法规定可以在异地(跨省、市、县)开立银行结算账户的除外。存款人有下列情形之一的，可以在异地开立有关银行结算账户：第一，营业执照注册地与经营地不在同一行政区域(跨省、市、县)需要开立基本存款账户的；第二，办理异地借款和其他结算需要开立一般存款账户的；第三，存款人因附属的非独立核算单位或派出机构发生的收入汇缴或业务支出需要开立专用存款账户的；第四，异地临时经营活动需要开立临时存款账户的；第五，自然人根据需要在异地开立个人银行结算账户的。

业投资效率,并且对企业的投资不足和投资过度均具有改善作用。按固定资产占比大小对样本进行分组后,检验结果表明,对于固定资产占比较低的企业,银行竞争更能改善其投资不足;而对于固定资产占比较高的企业,银行竞争则对其投资过度的治理作用更加显著。在对本章关键指标进行一系列稳健性检验后,本章的主要研究结论依然成立。在进一步检验中,本章以 2007 年《中华人民共和国物权法》(以下简称《物权法》)的实施为外生冲击,检验了其对银行竞争治理作用的影响。在《物权法》实施之后,银行竞争的加强对固定资产占比较低的企业具有更强的改善投资不足的作用,对固定资产占比较高的企业具有更强的缓解投资过度的作用。本章还检验了企业特征和企业所属地区特征的调节作用。本章研究表明,随着银行竞争的加强,银行能够有效评价企业的固定资产,并通过资金供给渠道提高企业投资效率。

相比已有文献,本章的研究贡献主要体现在以下方面:第一,现有文献主要从融资角度研究银行市场结构对企业行为的影响(Petersen and Rajan,1995;林毅夫和李永军,2001;Cetorelli and Strahan,2006;Paravisini,2008;鲁丹和肖华荣,2008;Rice and Strahan,2010;马君潞等,2013;刘星和蒋水全,2015),但企业获得融资后,资源配置的有效性可能不足。为此,本章研究了银行结构性竞争程度对企业投资效率的影响,能够进一步检验外部金融环境对企业资源配置效率的影响。第二,本章发现,作为抵押物,固定资产在银行结构性竞争与企业投资效率之间发挥了传导作用,进一步体现出金融供给侧结构性改革影响实体经济发展的路径。对工业企业而言,固定资产是申请银行贷款的重要抵押物,也是扩大投资的主要对象,因此银行在发放贷款时对企业固定资产的有效评价会产生治理效应。当银行结构性竞争程度提高时,企业投资效率更高,并且资源配置效率更高。因此,放松银行管制,提高地方银行结构性竞争程度,能够对企业的固定资产投资产生良好的治理效应。第三,本章研究表明,金融市场结构优化能够对实体经济产生良好的治理效应,提高金融资源配置效率。随着中国金融供给侧结构性改革的不断深化,探究金融市场改革对实体经济的影响以及对金融资源配置效率的改善机制,能够为进一步提升金融服务实体经济能力和防范系统性金融风险提供政策建议。

本章后续安排如下:第二部分是文献回顾,第三部分是研究假设,第四部分是研究设计,第五部分是主要结果分析,第六部分是进一步讨论,第七部分是结论与启示。

8.2　文献回顾

8.2.1　银行结构性竞争对银行信贷行为的影响

关于银行竞争程度对银行信贷成本的影响，现有研究尚未取得一致结论。市场力量假说（Market Power Hypothesis）认为，较强的银行竞争能够缓解企业融资约束（Love and Martínez Pería，2014；刘星和蒋水全，2015），降低贷款利率（Carbo-Valverde et al.，2009；Ryan et al.，2014）。该假说与主流经济理论相符，即提高市场竞争程度能够降低产品价格。信息假说（Information Hypothesis）则认为，当银行竞争较弱时，银行建立关系型贷款的动机较强，从而信息不对称水平较低，而较高的银行竞争程度则会减弱这一动机，从而降低企业的贷款可得性（Petersen and Rajan，1995；Dell'Ariccia and Marquez，2006；Fungacova et al.，2017）。对于银行竞争如何影响银行的信贷行为，国外研究主要以美国 20 世纪 70 年代后各州放松银行地域管制为研究背景，因为各州管制放松程度不同，所以可以作为准自然实验研究银行竞争程度变化的经济后果。Chen（2007）通过理论分析和实证检验指出，取消准入限制增加了银行在贷款利率被压低的情况下筛选贷款申请人的动机，从而提高贷款质量，降低信贷风险。Dick and Lehnert（2010）发现，伴随着银行管制放松，银行竞争加剧促使银行采用更先进的信用评级技术，从而识别风险的能力增强。Rice and Strahan（2010）利用美国各州银行分支机构准入难易程度来衡量商业银行竞争程度，发现在银行分支机构容易进入的地区，中小企业的贷款利率更低，更易获得贷款。

从 20 世纪 90 年代开始，中国逐步放松对银行业的管制。2009 年 4 月，中国银监会印发《关于中小商业银行分支机构市场准入政策的调整意见（试行）》（银监办发〔2009〕143 号），放宽了中小商业银行跨区域经营的限制。彭欢和雷震（2010）通过实证研究指出，放松管制使得中国银行业在存款和贷款上的竞争程度均有所提高，且行业竞争程度的提高会引起银行利润的普遍下降。马君潞等（2013）采用金融业竞争指数衡量中国各省银行竞争程度，发现银行竞争对上市公司的贷款期限具有双重作用，既激励银行通过延长贷款期限来争夺优质客户，又因代理成本增加而使银行缩短贷款期限。李梦雨和魏熙晔（2016）发现，跨区域经营会导致城市商业银行的不良贷款率升高，但对原先存在大量同业业务的城市商业银行会起到分散风险的作用。

8.2.2　银行信贷对企业经营行为的影响

债务不仅是企业融资的重要来源,还是公司治理的重要手段(Williamson,1988)。Jensen(1986)指出,债务能够促使管理层遵守对未来支付现金流量的承诺,从而约束管理层的过度投资行为,降低股东与管理层之间的代理成本,提高企业投资效率。出于维护自身利益的目的,银行有动机对贷款企业发挥监督和治理作用,并且可以利用其信息优势监督企业的经营活动和财务状况,制定合理的贷款利率(胡奕明和谢诗蕾,2005;胡奕明等,2008)。徐昕和沈红波(2010)发现,上市公司银行贷款比例越高,盈余稳健性越高。李胜楠(2011)发现,银行贷款在总体上能够抑制上市公司的过度投资,且短期贷款的约束作用更强。江伟(2011)按产权性质对上市公司进行区分,发现银行贷款对民营上市公司的过度投资行为更具控制效应。何熙琼等(2016)检验了银行贷款在产业政策影响企业投资效率中的中介作用,发现受产业政策支持的企业在获得更多的银行贷款后,其投资效率会提高。

关于银行管制放松如何通过银行信贷行为影响微观企业行为,现有研究主要关注了银行结构性竞争对企业创新活动的影响。Amore et al.(2013)发现,银行的跨州扩张会分散其风险,使其更有能力贷款给高风险企业,从而促进企业的研发创新活动。Chava et al.(2013)区分了州内银行管制放松和跨州银行管制放松对企业创新活动的影响:州内银行管制放松增强了本地银行的市场势力,对非上市年轻企业的创新活动具有抑制作用;跨州银行管制放松削弱了本地银行的市场势力,反而能够提高非上市年轻企业的创新投入。与上市公司相比,非上市企业更依赖外部融资且更难获得本地银行贷款,银行管制放松带来的信贷供给增加对其研发创新活动具有更强的促进作用(Cornaggia et al.,2015)。银行管制放松能够增加市场中的信贷供给,为企业带来更多的贷款融资,对企业创新活动产生正向激励作用。但是,在中国的特殊制度背景下,二者之间的关系可能更为复杂。张杰等(2017)基于中国银行异地市场准入管制放松政策的背景,研究了银行管制放松引起的银行结构性竞争对企业创新活动的影响,发现二者存在显著的U形关系:在银行结构性竞争程度超过临界值之前,竞争的加强对企业创新具有抑制效应;在银行结构性竞争程度超过临界值之后,竞争的加强对企业创新具有促进效应。中国银行结构性竞争程度与企业创新活动之间的U形关系是国有大型商业银行、股份制商业银行和城市商业银行在银行市场结构性变化中发挥的不同作用所导致的(张杰等,2017)。方芳和蔡卫星(2016)发现,银行结构性竞争能显著降低企业的融资约束,促进企业成长。严楷等(2019)发现,通过降低企业的融资约束,银行结构性竞争会显著提高企业的风险承担水平。

8.3　研究假设

8.3.1　银行结构性竞争与企业投资效率

银行对于借款人主要有两种作用:融资作用和监督作用(胡奕明等,2008),而银行结构性竞争程度的提高可能使银行的融资作用和监督作用同时得到加强。对于投资不足的企业而言,银行结构性竞争程度的提高主要通过增加信贷供给来影响企业投资效率。由于金融体制较为集中,中国中小企业往往面临“融资难”问题(林毅夫和李永军,2001)。银行市场集中度的降低能够增加信贷供给,降低企业特别是中小企业的融资成本(Guzman,2000;王擎等,2012)。当银行的利润最大化动机导致在一般利率条件下和其他附加条件下信贷市场不能出清时,中小企业更容易因银行的选择性信贷配给而存在信贷缺口(Chakraborty,2012)。与垄断性信贷市场相比,在竞争性信贷市场下,出于利润最大化动机,银行与企业制定贷款合约的抵押门槛会更低(田厚平和刘长贤,2010)、贷款价格会更低(Chong et al.,2013)。因此,随着银行结构性竞争程度的提高,信贷市场交易概率会更大,市场未出清程度会更低,流出的信贷资源更有利于缓解中小企业融资难问题。当企业的融本成本降低后,企业的投资支出能够得到大幅提升(Frank and Shen,2016)。相比融资约束低的企业,融资约束高的企业具有较低的投资效率(喻坤等,2014)。银行贷款是中国企业的主要融资渠道,因此信贷供给的增加能够降低企业的融资成本,进一步满足融资难企业的投资发展需要,改善企业投资不足的状况,提高企业的投资效率。

对于投资过度的企业而言,银行结构性竞争程度的提高可能使其获得更多的信贷资源,但是银行竞争也可能促使银行提升对该类企业的治理效应以促进企业有效配置资源,从而提高企业的投资效率。在增加信贷供给的同时,加强银行结构性竞争也会加剧银行信贷风险(Dell'Ariccia et al.,2012;郭晔和赵静,2017)。过度投资可能导致企业未来的经营业绩下降,财务风险增大(詹雷和王瑶瑶,2013)。因此,银行会具有更强的动机对企业的投资机会进行识别,并通过贷款合约的签订防范信贷风险,对企业的投资活动发挥监督作用。银行竞争会导致企业融资成本下降,即贷款利率的降低会促使银行加强对企业的监督作用(Chen,2007;Dick and Lehnert,2010;Rice and Strahan,2010)。王天赐(2012)发现,银行在贷款定价中较为关注企业的经营现金流量。银行有专业的信贷决策团队,能够掌握企业的经营信息。为了控制企业贷款的违约风险,银行通过签订贷款合约来约束贷款企业行为,并在发放贷款后对企业进行有效监控(Diamond,1984;Fama,1985;Berger and Udell,1992;Chen and Wei,1993;胡奕明和谢诗蕾,2005;胡奕明等,2008;严楷等,2019),抑制管理层的过度投资等非效率投资行为。因此,随着银行结构性竞争程度的提高,为了降低企业违约风险,银行会在发放贷款后对企业的经营行为进行更有效的监督,缓解企业的投资过度行为。基于上述分析,我们提出假设 1:

假设 1 银行管制放松后,银行结构性竞争程度的增幅越大,企业的投资效率越高。

8.3.2 银行结构性竞争、固定资产占比与企业投资效率

固定资产是企业向银行申请抵押贷款时的主要抵押物,但是固定资产占比较高的企业可能具有更高的流动性风险,因此对于固定资产占比不同的企业,银行结构性竞争的加强对提高企业投资效率可能具有不同的影响路径。一方面,初创企业等固定资产占比较低的企业,更容易存在融资不足的状况。相比垄断性信贷市场,竞争性信贷市场会挤压银行的利润空间,因此为了获取利润,银行可能会降低贷款标准,选择向一些抵押资产不足的企业发放贷款。根据田厚平和刘长贤(2010)的理论模型推导,在仅考虑银行市场结构和企业抵押资产规模的情况下,银行竞争的加强能够降低企业贷款的抵押门槛。随着银行竞争程度的提高,在信贷供给扩张的同时,进一步降低企业贷款抵押门槛可以使原先因固定资产占比较低而无法有效融资的企业更容易获得银行贷款(李志赟,2002)。因此,对于固定资产占比较低的企业,银行结构性竞争程度的提高更能缓解其融资约束,改善企业的投资不足。

另一方面,固定资产占比较高的企业,具有更高的流动性风险。已有研究表明,银行对企业的监督包括企业的财务状况(Zimmer,1980;Chen and Wei,1993)和经营状况(Abdel-Khalik,1973;Chung et al.,1993)。银行可以在制定贷款合约时通过对贷款用途、贷款利率、贷款期限等条款的约束达到对企业的治理

效应(胡奕明等,2008)。当企业的固定资产占比较高时,过高的经营杠杆会放大企业的经营风险和系统风险(吴武清等,2012)。因此,对于原先固定资产占比较高的企业而言,银行竞争程度提高导致的信贷供给增加会加剧该类企业的贷款违约风险,从而促使银行在发放贷款的同时进一步加强对该类企业的监督,在制定和续新贷款合约时更加关注企业的资金用途与使用状况,从而有效制约企业的过度投资行为。基于上述分析,本章进一步提出假设 2a 和假设 2b:

假设 2a　银行结构性竞争程度的增幅越大,越能够改善固定资产占比较低企业的投资不足。

假设 2b　银行结构性竞争程度的增幅越大,越能够缓解固定资产占比较高企业的投资过度。

图 8-1 刻画了本章研究假设的逻辑路线图。

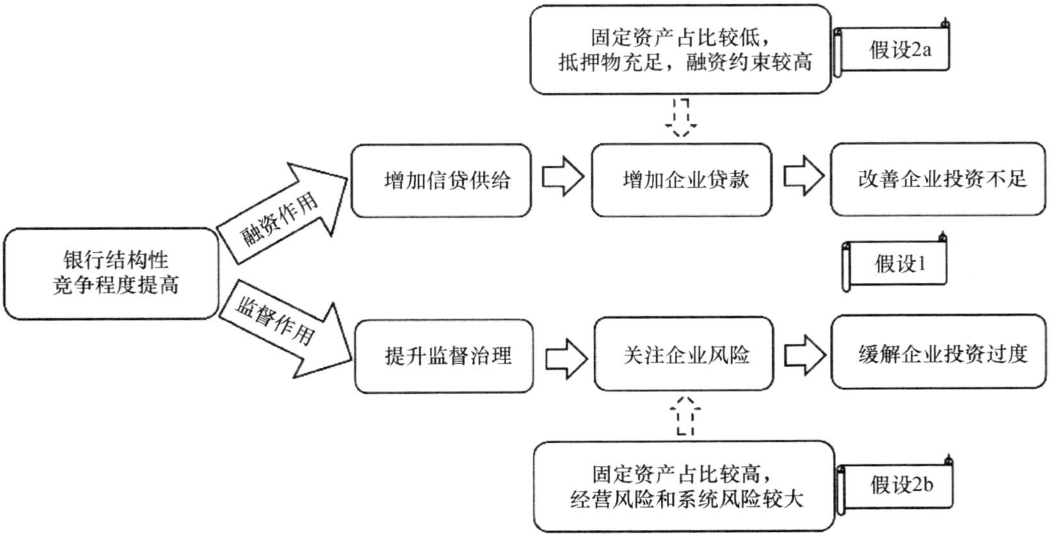

图 8-1　研究假设逻辑路线图

8.4　研究设计

8.4.1　样本选取与数据来源

本章选取 2005—2013 年中国工业企业数据作为样本来衡量企业的投资效率:第一,与上市公司相比,工业企业的外部融资更依赖于银行贷款;第二,工业企业更容易受到地方银行市场环境变化的影响。① 本章涉及的工业企业财务、经营等数据来源于中国微观经济数据查询系统(原中国工业企业数据查询系统),该数据库包含中国全部规模以上即企业每年主营业务收入(销售额)在500万元以上,2011年起为2 000万元以上工业企业数据。由于中国工业企业数据库存在部分企业年度错配问题(聂辉华等,2012),因此本章首先依据企业唯一匹配标识码、组织机构代码和企业名称,将原始数据整理为非平衡面板数据。然后,本章在剔除部分数据缺失观测值后,为了避免非正常营业状态企业的影响,删除了资产负债率大于1的企业样本;为了避免数据库统计口径带来的误差,删除了2005—2010年主营业务收入(销售额)低于2 000万元的企业样本;由于工业企业数据统计可能存在一定偏误,为了避免极端值的影响,本章对所有企业特征连续变量小于1%和大于99%的极端值进行了缩尾处理。表8-1为本章的样本选择过程。

表8-1　样本选择过程

剔除标准	异常值个数	观测值总数
总体样本	—	2 995 373
指标缺失	1 171 749	1 823 624
资产负债率大于1	89 423	1 734 201
每年主营业务收入(销售额)低于2 000万元	845 843	888 358
仅出现一次的企业样本	170 316	778 622

本章以各个省份商业银行分支机构数量衡量商业银行结构性竞争程度。本章从银监会公布的金融许可证机构持有列表②中提取出各家商业银行各分支机构成立的时间和地址,进一步整理出每个省份在每一年度拥有的各家商业银行的分支机构数量,然后根据每家商业银行在各个省份商业银行市场中分支机构数量的占比,计算各个省份的银行结构性竞争程度。

① 为了检验上市公司投资效率是否受到省级银行结构性竞争程度变化的影响,本章使用省级银行结构性竞争数据与2006—2015年A股上市公司数据进行匹配,并根据Richardson(2006)计算公司投资效率后按本章的模型(4)进行回归。回归结果显示,省级银行结构性竞争程度的提高对上市公司投资效率影响不显著,该结果表明,相较于上市公司,工业企业等中小企业的确存在更高的融资约束和地域限制。

② 参见https://www.cnopendata.com/data/bank-branch/financial-license-hold(访问日期:2021年8月4日)。

8.4.2 变量说明和模型设定

1. 投资效率

本章参考 Richardson(2006)提出的对企业投资效率的评价方法。Richardson(2006)将企业的新增投资支出分为两部分:预期投资支出与非效率投资。预期投资支出由企业的规模、成长性和资产负债率等因素决定;非效率投资为投资过度或投资不足的部分,投资过度是指企业的新增投资支出高于预期投资支出的部分,投资不足是指企业的预期投资支出高于新增投资支出的部分。由于工业企业数据不包含账面市值比、股票收益率等信息,因此为了控制潜在变量的影响,本章在模型中控制了企业固定效应。[①] 模型(1)回归所得的残差 ε 即表示企业的实际投资水平与最优投资水平之间的差额。

$$\text{Invest}_t = \beta_0 + \beta_1 \text{Size}_{t-1} + \beta_2 \text{Grow}_{t-1} + \beta_3 \text{Lev}_{t-1} + \beta_4 \text{EBIT}_{t-1} + \beta_5 \text{Invest}_{t-1} + \beta_6 \text{Age}_t + \text{Year Fixed Effect} + \text{Firm Fixed Effect} + \varepsilon \quad (1)$$

本章对回归所得残差做如下处理:

(1) 根据模型(1)所得的残差数值,剔除残差数值大于 25%分位数和小于 75%分位数的样本。

(2) 对剩余的样本残差取绝对值,记为 EI,该指标数值越大,表示企业投资效率越低。

(3) 若剩余的样本残差小于 0,则说明企业存在投资不足,用此值的绝对值表示企业投资不足的程度,记为 UI,该指标数值越大,表示企业的投资不足越严重。

(4) 若剩余的样本残差大于 0,则说明企业存在过度投资,用此值表示企业过度投资的程度,记为 OI,该指标数值越大,表示企业的投资过度越严重。

2. 银行结构性竞争程度

在衡量银行结构性竞争程度时,本章首先以每年各省省内的商业银行分支机构数量来构建商业银行市场集中度的赫芬达尔指数(HHI),然后采用 1－HHI 衡量各省每年的银行结构性竞争程度,最后采用 1－HHI 的变化值(1－

---

① 由于已在模型中控制了企业固定效应,而企业固定效应与行业固定效应存在完全共线性,因此未控制行业固定效应。

HHI_t)−(1−HHI_{t-1})衡量各省银行结构性竞争程度的增幅，记为 ΔHHI，并根据工业企业注册地址所属省份将 ΔHHI 与工业企业数据进行匹配。ΔHHI 越大，表明地方银行结构性竞争程度的增幅越大。选择银行结构性竞争程度的增幅作为解释变量，可以体现地方银行竞争结构的变化情况，有效控制可能存在的样本选择偏差和序列相关问题。构建 ΔHHI 的公式如下：

$$\mathrm{HHI}_t = \sum_{i=1}^{n}(X_{it})/X_t)^2 \tag{2}$$

$$\Delta\mathrm{HHI}_t = (1-\mathrm{HHI}_t)-(1-\mathrm{HHI}_{t-1}) \tag{3}$$

其中，n 表示 t 年某省的商业银行家数，X_{it} 表示 t 年第 i 家商业银行在该省的分支机构数量，X_t 表示 t 年所有商业银行在该省的分支机构数量。

本章采用"年度—企业"的数据结构研究省级银行结构性竞争程度对工业企业投资效率的影响，回归模型如下：

$$\mathrm{EI/UI/OI}_t = \beta_0 + \beta_1\Delta\mathrm{HHI}_t + \mathrm{Controls}_t + \mathrm{Year\ Fixed\ Effect} + \mathrm{Firm\ Fixed\ Effect} + \varepsilon \tag{4}$$

本章在回归模型中还控制了企业的资产规模(Size)、资产负债率(Lev)、成长性(Grow)、标准化营业收入(Sale)、息税前利润率(Ebit)、管理费用率(Adfare)、成立年限(Age)、产权性质(State)，以及地区特征变量市场化指数(Market)(樊纲等，2011)、GDP 增长率(GDPgrowth)。为了控制其他潜在变量的影响，本章还在模型中控制了年度固定效应(Year Fixed Effect)和企业固定效应(Firm Fixed Effect)，且模型经异方差调整，并按企业进行聚类。各变量的定义见表 8-2。

3. 固定资产占比

为了检验银行结构性竞争对固定资产占比不同的企业投资效率的影响是否存在差异，本章构建了衡量企业固定资产占比高低的虚拟变量 $\mathrm{Low\_Fix}_t$：若企业的固定资产净额占总资产比例处于企业所属省份—行业—年度的固定资产净额占总资产比例的中位数以下，则取值为 1，否则为 0，并将 $\mathrm{Low\_Fix}_t$ 及其与 $\Delta\mathrm{HHI}_t$ 的交互项代入模型(4)中，具体回归模型如下：

$$\mathrm{EI/UI/OI}_t = \beta_0 + \beta_1\Delta\mathrm{HHI}_t + \beta_2\Delta\mathrm{HHI}_t \times \mathrm{Low\_Fix}_t + \beta_3\mathrm{Low\_Fix}_t + \mathrm{Controls}_t + \mathrm{Year\ Fixed\ Effect} + \mathrm{Firm\ Fixed\ Effect} + \varepsilon \tag{5}$$

表 8-2　变量定义

变量符号	变量名称	定义
ΔHHI	银行结构性竞争程度	$(1-HHI_t)-(1-HHI_{t-1})$：该指标数值越大，表示银行结构性竞争程度越大
EI	企业投资效率	模型(1)回归所得残差中，小于年度 25%分位数或大于年度 75%分位数的残差的绝对值：该指标数值越大，表示企业投资效率越低
UI	企业投资不足程度	小于年度 25%分位数的残差的绝对值：该指标数值越大，表示企业投资不足越严重
OI	企业过度投资程度	大于年度 75%分位数的残差：该指标数值越大，表示企业投资过度越严重
Invest	新增固定资产净额比例	$(固定资产净额_t - 固定资产净额_{t-1})$/期初总资产
Size	企业资产规模	企业总资产的自然对数
Lev	资产负债率	总负债/总资产
Grow	成长性	$(营业收入_t - 营业收入_{t-1})/营业收入_{t-1}$
Sale	标准化营业收入	营业收入/总资产
Ebit	息税前利润率	(利润总额＋利息支出)/总资产
Adfare	管理费用率	管理费用/营业收入
Age	成立年限	Ln(当年年份－企业成立年份＋1)
State	产权性质	若企业为国有控股，则取值为 1，否则为 0
Low_Fix	企业固定资产占比	若企业的固定资产净额占总资产比例处于企业所属省份—行业—年度的固定资产净额占总资产比例的中位数以下，则取值为 1，否则为 0
Market	市场化指数	各省份各年度的市场化指数
GDP growth	各省份各年度的 GDP 增长率	$(GDP_t - GDP_{t-1})/GDP_{t-1}$

注：由于本章的样本期为 2005—2013 年，而《中国市场化指数——各地区市场化相对进程 2011 年报告》所报告的 1997—2009 年各省份市场化指数与《中国分省份市场化指数报告(2018)》所报告的 2008—2016 年各省份市场化指数的计算口径有所区别；因此，在本章样本中，2008—2013 年各省份的市场化指数采用《中国分省份市场化指数报告(2018)》所报告的指数，而 2005—2007 年各省份的市场化指数通过对两份报告提供的 2008 年各省份市场化指数之比进行调节，具体调节公式如下：

$$Market_{i,t} = Market\_2011_{i,t} \times Market\_2018_{i,2008} \div Market\_2011_{i,2008}, t=2005, 2006, 2007$$

其中，$Market_{i,t}$ 为 i 省份 t 年的市场化指数，$Market\_2011_{i,t}$ 为《中国市场化指数——各地区市场化相对进程 2011 年报告》所报告的 i 省份 t 年的市场化指数，$Market\_2018_{i,2008}$ 为《中国分省份市场化指数报告(2018)》所报告的 i 省份 2008 年的市场化指数，$Market\_2011_{i,2008}$ 为《中国市场化指数——各地区市场化相对进程 2011 年报告》所报告的 i 省份 2008 年的市场化指数。经对比，调节后的 2005—2007 年的各省份市场化指数排名与未调节的《中国市场化指数——各地区市场化相对进程 2011 年报告》所报告的 2005—2007 年各省份市场化指数排名相同。因此，上述调节保证了 2005—2008 年各省市场化指数的连续性，也保证了 2005—2008 年与 2008—2013 年两段时间统计口径的一致性。

8.4.3 描述性统计

表 8-3 为本章各变量的描述性统计结果。其中,主要解释变量 ΔHHI 的均值为 0.004,最小值为−0.056,最大值为 0.067,说明各省份各年度的银行结构性竞争程度普遍提高,但仍有个别省份存在银行结构性竞争程度下降的情况。这可能是由于银行管制放松后,省内银行分支机构数量增多,导致省内银行的市场势力增强。主要被解释变量 EI 的均值为 0.285,最小值为 0.066,最大值为 1.470,说明存在投资效率较低的工业企业。State 的均值为 0.083,表明样本中仅有 8.3%的企业为国有控股。

表 8-3 描述性统计

变量	样本	均值	标准差	最小值	最大值
ΔHHI	778 622	0.004	0.012	−0.056	0.067
EI	389 314	0.285	0.261	0.066	1.470
UI	194 661	0.275	0.197	0.072	1.033
OI	194 653	0.297	0.317	0.060	1.631
Invest	778 622	0.076	0.362	−0.570	2.356
Size	778 622	11.031	1.382	8.267	15.164
Lev	778 622	0.519	0.247	0.017	0.969
Grow	778 622	0.237	0.690	−0.713	3.996
Sale	778 622	2.745	3.171	0.197	18.756
Ebit	778 622	0.162	0.230	−0.099	1.055
Adfare	778 622	0.051	0.050	0.000	0.267
Age	778 622	2.477	0.591	1.386	4.060
State	778 622	0.083	0.276	0.000	1.000
Low_Fix	778 622	0.500	0.500	0.000	1.000
Market	778 622	7.116	1.390	−0.230	9.940
GDP growth	778 622	0.156	0.050	0.006	0.323

其他控制变量中,Lev 的均值为 0.519,最小值为 0.017,最大值为 0.969,说明工业企业间的资产负债率差距较大,但总体较为适中。Grow 的均值为 0.237,最小值为−0.713,最大值为 3.996,说明工业企业基本能够实现营业收入增长,且平均增长率较高。Ebit 的均值为 0.162,说明工业企业整体上能够实现盈利。Age 的均值为 2.477,说明样本企业平均已成立 12 年,在整体样本中能够保证观测企业的持续性。

表 8-4 为主要变量相关系数表。其中,ΔHHI 与 EI 的相关系数为−0.017,且在 1%的统计水平上显著,说明地方银行结构性竞争程度的增幅与企业的非

表 8-4　主要变量相关系数表

变量	ΔHHI	EI	UI	OI	Invest	Size	Lev	Grow	Sale	Ebit	Adfare	Age	State	Low_Fix	Market	GDPgrowth
ΔHHI	1.000															
EI	−0.017***	1.000														
UI	−0.006***	0.996***	1.000													
OI	−0.024***	0.999***	.	1.000												
Invest	−0.009***	0.585***	−0.364***	0.894***	1.000											
Size	0.019***	−0.075***	−0.237***	0.020***	0.072***	1.000										
Lev	−0.001	−0.172***	−0.127***	−0.207***	−0.096***	0.092***	1.000									
Grow	0.021***	0.243***	0.027***	0.348***	0.354***	0.075***	−0.033***	1.000								
Sale	0.001	0.171***	0.308***	0.081***	0.000	−0.512***	−0.162***	0.167***	1.000							
Ebit	0.000	0.187***	0.256***	0.155***	0.079***	−0.296***	−0.291***	0.184***	0.647***	1.000						
Adfare	0.001	−0.118***	−0.136***	−0.112***	−0.054***	0.202***	0.011***	−0.121***	−0.319***	−0.252***	1.000					
Age	0.027***	−0.056***	−0.098***	−0.029***	−0.034***	0.231***	0.029***	−0.041***	−0.128***	−0.087***	0.224***	1.000				
State	0.022***	−0.058***	−0.072***	−0.052***	−0.025***	0.299***	0.050***	−0.020***	−0.144***	−0.123***	0.250***	0.270***	1.000			
Low_Fix	−0.000	−0.145***	−0.001	−0.243***	−0.221***	0.034***	0.160***	−0.018***	−0.065***	−0.079***	0.015***	0.048***	−0.003**	1.000		
Market	−0.053***	−0.102***	−0.105***	−0.105***	−0.055***	0.001	0.084***	−0.054***	−0.077***	−0.106***	0.032***	0.032***	−0.186***	0.001	1.000	
GDPgrowth	−0.041***	0.095***	0.113***	0.086***	0.053***	−0.064***	0.030***	0.126***	0.019***	0.001	−0.057***	−0.059***	0.054***	−0.000	−0.369***	1.000

注：UI 和 OI 为 EI 分组后生成的变量，因此 UI 和 OI 无相关系数；***、**、* 分别表示在 1%、5%和 10%的统计水平上显著。

效率投资呈负相关关系,初步支持了本章的假设1。ΔHHI与UI的相关系数为−0.006,且在1%的统计水平上显著,说明地方银行结构性竞争程度的增幅与企业的投资不足负相关;ΔHHI与OI的相关系数为−0.024,且在1%的统计水平上显著,说明地方银行结构性竞争程度的增幅与企业的投资过度负相关。EI与Invest的相关系数为0.585,与Grow的相关系数为0.243,与Sale的相关系数为0.171,与Ebit的相关系数为0.187,与Low_Fix的相关系数为−0.145,且均在1%的统计水平上显著,说明企业新增固定资产净额比例越大、营业收入及其成长性越高、息税前利润率越高、固定资产占比越大,企业的投资效率越低,这反映出样本中某些企业存在投资过度现象。EI与Size的相关系数为−0.075,与State的相关系数为−0.058,且均在1%的统计水平上显著,说明资产规模较小的企业、非国有控股的企业投资效率更低,这可能是由于中小型企业和民营企业无法获得充足融资造成投资不足。EI与Lev的相关系数为−0.172,且在1%的统计水平上显著,说明资产负债率高的企业的投资效率更高,体现出银行贷款的确能对企业经营发挥监督作用。

8.5 主要结果分析

8.5.1 银行结构性竞争程度与企业投资效率

表8-5报告了银行结构性竞争程度对企业投资效率的影响。在第(1)列中,ΔHHI的回归系数为−0.239,且在1%的统计水平上显著,说明银行结构性竞争程度增幅越大,企业的非效率投资水平越低。若银行结构性竞争程度的增幅扩大1%,则企业实际投资水平和最优投资水平之间的差额能够减小约23.9%。这一结果表明,银行管制放松后,随着银行结构性竞争程度的提高,企业的投资效率逐渐提高。第(2)列与第(3)列分别为投资不足和投资过度样本的回归结果,ΔHHI的回归系数均为−0.239,且均在1%的统计水平上显著,这说明银行结构性竞争程度的提高对企业的投资不足和投资过度均具有改善作用。上述结论了支持了本章的假设1。

对比部分变量在第(2)列和第(3)列中回归系数的差异可以看到,企业特征对企业的投资效率具有显著影响。例如,Size在第(2)列中的回归系数为−0.107,在第(3)列中的回归系数为0.143,且均在1%的统计水平上显著,说明企业资产规模越大,越容易出现投资过度;资产规模越小,越容易出现投资不足。

这可能是因为银行更愿意向大型企业贷款，大型企业能够以较低的融资成本获得资金，从而加大投资支出(Frank and Shen，2016)，而小型企业由于融资不足，会更容易出现投资不足的状况。Lev 在第(2)列中的回归系数为 0.031，在第(3)列中的回归系数为 −0.105，且均在 1%的统计水平上显著，说明发放企业贷款后，银行对企业的监督作用更多关注管理层的过度投资行为，但是过为严格的银行监督可能导致企业的投资不足。Adfare 在第(3)列中的回归系数为 0.196，且在 1%的统计水平上显著，说明当股东与管理层之间的代理成本较高时，管理层更有可能进行过度投资。

表 8-5　银行结构性竞争程度与企业投资效率

变量	EI (1)	UI (2)	OI (3)
ΔHHI	−0.239***	−0.239***	−0.239***
	(−6.84)	(−5.89)	(−2.88)
Size	0.042***	−0.107***	0.143***
	(32.81)	(−61.50)	(34.98)
Lev	−0.053***	0.031***	−0.105***
	(−16.35)	(7.96)	(−12.70)
Grow	0.039***	0.004***	0.063***
	(46.44)	(3.74)	(34.56)
Sale	−0.005***	0.001***	−0.013***
	(−17.02)	(2.63)	(−13.27)
Ebit	−0.047***	−0.010**	−0.092***
	(−13.39)	(−2.30)	(−9.78)
Adfare	0.147***	−0.001	0.196***
	(9.35)	(−0.05)	(5.23)
Age	−0.062***	0.006	−0.071***
	(−14.79)	(1.00)	(−7.63)
State	0.003	0.004	0.007
	(0.93)	(0.70)	(0.80)
Market	0.014***	0.018***	0.017***
	(11.63)	(10.97)	(6.19)
GDPgrowth	0.078***	−0.034	0.035
	(4.36)	(−1.54)	(0.88)
Constant	−0.093***	1.299***	−1.221***
	(−4.82)	(51.53)	(−21.98)
Firm & Year Fixed Effect	控制	控制	控制
N	369 148	142 253	133 198
Adj. Within R^2	0.0478	0.0982	0.0966

注：按投资过度和投资不足进行分组后，回归样本中会出现仅存在一个观测值的企业样本，在控制企业固定效应后，此类样本被剔除；括号内是 T 值；***、**、* 分别表示在 1%、5%和 10%的统计水平上显著。

8.5.2 银行结构性竞争程度、固定资产占比与企业投资效率

表 8-5 的结果表明，企业特征会影响企业的投资效率，那么对于具有不同特征的企业，银行结构性竞争程度也可能对企业的投资效率产生不同的影响。因此，本章进一步在回归模型中加入反映企业固定资产占比的变量，表 8-6 报告了回归结果。

在表 8-6 的第(1)列中，ΔHHI 的回归系数为－0.391，且在 1%的统计水平上显著；交互项 ΔHHI×Low_Fix 的回归系数为 0.308，且在 1%的统计水平上显著；ΔHHI 与 ΔHHI×Low_Fix 的系数之和显著异于 0。这说明，对于固定资产占比较高的企业（当 Low_Fix 取值为 0 时），银行结构性竞争的加强更能提高企业的投资效率。在第(2)列中，ΔHHI 的回归系数不显著；交互项 ΔHHI×Low_Fix 的回归系数为－0.456，且在 1%的统计水平上显著；ΔHHI 与 ΔHHI×Low_Fix 的系数之和显著异于 0。这说明，对于固定资产占比较低的企业（当 Low_Fix 取值为 1 时），银行结构性竞争的加强更能够改善企业的投资不足。在第(3)列中，ΔHHI 的回归系数为－0.487，且在 1%的统计水平上显著；交互项 ΔHHI×Low_Fix 的回归系数为 0.466，且在 1%的统计水平上显著；ΔHHI 与 ΔHHI×Low_Fix 的系数之和不显著异于 0。这说明，对于固定资产占比较高的企业（当 Low_Fix 取值为 0 时），银行结构性竞争的加强更能够缓解企业的投资过度。

表 8-6 第(2)列的结果表明，当地方银行结构性竞争加强后，对于原先因固定资产占比较低而无法通过抵押贷款获得充足融资的企业，信贷供给的增加可以有效改善企业的投资不足，支持了本章的假设 2a。第(3)列的结果表明，对于原先因固定资产占比较高而能够通过抵押贷款获得充足融资的企业，相较于融资作用，银行更能发挥有效的监督作用，制约企业管理层的过度投资行为，支持了本章的假设 2b。对于第(1)列的结果，即整体上，地方银行结构性竞争的加强更能改善固定资产占比较高企业的投资效率，这可能是由于，当企业固定资产占比较低时，虽然结构性竞争的加强会使银行降低抵押物标准（田厚平和刘长贤，2010），但是相比上市公司等大型企业，工业企业规模较小、治理结果不完善，仍然可能存在信贷配给现象（Chakraborty，2012），使得企业无法获得充足的信贷资源而导致投资不足。因此，整体上，对于固定资产占比较高的企业，银行结构性竞争的加强更能改善其投资效率。

表 8-6　银行结构性竞争程度、固定资产占比与企业投资效率

变量	EI (1)	UI (2)	OI (3)
ΔHHI	−0.391***	−0.041	−0.487***
	(−7.38)	(−0.82)	(−3.91)
ΔHHI×Low_Fix	0.308***	−0.456***	0.466***
	(5.20)	(−7.23)	(3.29)
	ΔHHI 与 ΔHHI×Low_Fix 系数之和等于 0 的 *t* 检验		
	$p=0.03$	$p=0.00$	$p=0.82$
Low_Fix	−0.046***	0.127***	−0.141***
	(−43.48)	(88.37)	(−52.67)
Size	0.040***	−0.122***	0.170***
	(31.08)	(−72.99)	(41.39)
Lev	−0.043***	0.016***	−0.084***
	(−13.36)	(4.43)	(−10.46)
Grow	0.039***	−0.001	0.066***
	(45.86)	(−0.60)	(36.62)
Sale	−0.006***	0.003***	−0.014***
	(−17.63)	(6.89)	(−14.48)
Ebit	−0.047***	−0.005	−0.086***
	(−13.38)	(−1.28)	(−9.40)
Adfare	0.133***	−0.001	0.175***
	(8.54)	(−0.07)	(4.77)
Age	−0.059***	0.010*	−0.071***
	(−14.11)	(1.77)	(−7.70)
State	0.002	0.006	0.001
	(0.58)	(1.21)	(0.08)
Market	0.014***	0.017***	0.018***
	(11.67)	(10.98)	(6.72)
GDPgrowth	0.076***	−0.011	0.038
	(4.25)	(−0.52)	(0.98)
Constant	−0.052***	1.387***	−1.477***
	(−2.70)	(57.95)	(−26.68)
Firm & Year Fixed Effect	控制	控制	控制
N	369 148	142 253	133 198
Adj. Within R^2	0.0556	0.1890	0.1310

注：括号内是 *T* 值；***、**、* 分别表示在 1%、5%和 10%的统计水平上显著。

8.5.3　稳健性检验

1. 替换银行结构性竞争程度指标

在衡量银行结构性竞争程度方面，现有研究主要以 HHI 指数和 CR 指数(CR4 或 CR5)反映市场结构。由于 HHI 指数在构建时涵盖了行业中所有个体的市场占有比例，比 CR 指标更能够反映市场结构状况，因此本章主要采用 HHI 指数衡量银行市场结构。作为稳健性检验，本章采用 CR 指数衡量银行结构性竞争程度，并对本章的主要模型进行回归。具体而言，本章以 CR 指数构建解释变量：

$$\Delta CR4_t = (1 - CR4_t) - (1 - CR4_{t-1}) \tag{6}$$

其中，$CR4_t$表示 t 年某省份前四家银行分支机构数量占该省该年份全部银行分支机构数量的比例，变量 ΔCR4 表示银行结构性竞争程度的增幅。与 ΔHHI 一致，ΔCR4 的数值越大，表示银行结构性竞争程度上升幅度越大。表 8-7 和表 8-8 是以 ΔCR4 为解释变量的回归结果。在表 8-7 中，ΔCR4 的回归系数与表 8-5 的回归结果基本一致；在表 8-8 中，ΔCR4 和 ΔCR4×Low_Fix 的回归系数与表 8-6 的回归结果基本一致。因此，本章的研究结论是稳健的。

表 8-7　银行结构性竞争程度与企业投资效率(以 ΔCR4 为解释变量)

变量	EI (1)	UI (2)	OI (3)
ΔCR4	−0.072***	−0.076***	−0.084***
	(−6.03)	(−5.41)	(−2.96)
Size	0.042***	−0.107***	0.143***
	(32.82)	(−61.50)	(34.99)
Lev	−0.053***	0.031***	−0.105***
	(−16.37)	(7.94)	(−12.70)
Grow	0.039***	0.004***	0.063***
	(46.46)	(3.77)	(34.56)
Sale	−0.005***	0.001***	−0.013***
	(−17.02)	(2.62)	(−13.27)
Ebit	−0.047***	−0.010**	−0.092***
	(−13.38)	(−2.29)	(−9.76)

（续表）

变量	EI (1)	UI (2)	OI (3)
Adfare	0.146***	−0.001	0.196***
	(9.34)	(−0.06)	(5.23)
Age	−0.062***	0.006	−0.071***
	(−14.79)	(1.00)	(−7.64)
State	0.003	0.003	0.006
	(0.91)	(0.69)	(0.79)
Market	0.014***	0.018***	0.017***
	(11.54)	(10.90)	(6.20)
GDPgrowth	0.080***	−0.033	0.037
	(4.49)	(−1.48)	(0.92)
Constant	−0.093***	1.299***	−1.222***
	(−4.81)	(51.56)	(−21.99)
Firm & Year Fixed Effect	控制	控制	控制
N	369 148	142 253	133 198
Adj. Within R^2	0.0478	0.0981	0.0966

注：括号内是 T 值；***、**、* 分别表示在 1%、5%和 10%的统计水平上显著。

表 8-8　银行结构性竞争程度、固定资产占比与企业投资效率（以 ΔCR4 为解释变量）

变量	EI (1)	UI (2)	OI (3)
ΔCR4	−0.107***	−0.027	−0.118***
	(−5.79)	(−1.55)	(−2.74)
ΔCR4×Low_Fix	0.072***	−0.113***	0.066
	(3.42)	(−4.88)	(1.34)
	ΔCR4 与 ΔCR4×Low_Fix 系数之和等于 0 的 t 检验		
	p=**0.01**	p=**0.00**	p=**0.08**
Low_Fix	−0.046***	0.127***	−0.140***
	(−42.50)	(86.93)	(−51.82)
Size	0.040***	−0.122***	0.171***
	(31.08)	(−72.94)	(41.40)
Lev	−0.043***	0.016***	−0.084***
	(−13.38)	(4.39)	(−10.47)

（续表）

变量	EI (1)	UI (2)	OI (3)
Grow	0.039***	−0.001	0.066***
	(45.88)	(−0.57)	(36.63)
Sale	−0.006***	0.003***	−0.014***
	(−17.64)	(6.86)	(−14.48)
Ebit	−0.047***	−0.005	−0.086***
	(−13.39)	(−1.27)	(−9.39)
Adfare	0.133***	−0.002	0.175***
	(8.53)	(−0.10)	(4.77)
Age	−0.059***	0.010*	−0.071***
	(−14.12)	(1.79)	(−7.73)
State	0.002	0.006	0.001
	(0.57)	(1.20)	(0.07)
Market	0.014***	0.017***	0.018***
	(11.58)	(10.91)	(6.69)
GDPgrowth	0.078***	−0.009	0.041
	(4.40)	(−0.44)	(1.04)
Constant	−0.052***	1.387***	−1.478***
	(−2.68)	(57.95)	(−26.69)
Firm & Year Fixed Effect	控制	控制	控制
N	369 148	142 253	133 198
Adj. Within R^2	0.0555	0.1890	0.1310

注：括号内是 T 值；***、**、* 分别表示在 1%、5%和 10%的统计水平上显著。

2. 替换投资效率指标

投资效率的衡量主要考虑投资水平和投资机会的一致性。本章对企业投资效率的衡量参考了 Richardson(2006)的方法，虽然本章在模型中控制了相关企业特征变量，但是 Richardson(2006)模型中涉及的账面市值比、股票收益率等因素无法适用于中国工业企业数据。因此，本章进一步借鉴 Biddle et al.(2009)的方法，采用滞后一期的营业收入增长率衡量企业的投资机会，具体模型如下：

$$\text{Invest}_t = \beta_0 + \beta_1 \text{Grow}_{t-1} + \varepsilon \tag{7}$$

模型(7)回归所得到的残差即企业的投资效率。需要说明的是，Biddle et al.(2009)的方法不是直接对所有企业样本进行回归，而是对各年度各行业的企业样本分别进行回归,然后将残差数值小于 25%分位数的企业归为投资不足企业,将残差数值大于 75%分位数的企业归为投资过度企业。表 8-9 和表 8-10 报告了以 Biddle et al. (2009)方法构建被解释变量的回归结果。在表 8-9 中,ΔHHI 的回归系数与表 8-5 的回归结果基本一致;在表 8-10 中,ΔHHI 和 ΔHHI ×Low_Fix 的回归系数与表 8-6 的回归结果基本一致。因此,本章的研究结论是稳健的。

表 8-9　银行结构性竞争程度与企业投资效率[借鉴 Biddle et al. (2009)衡量企业投资效率]

变量	EI (1)	UI (2)	OI (3)
ΔHHI	−0.247***	−0.191***	−0.310**
	(−4.15)	(−4.67)	(−2.39)
Size	0.179***	−0.029***	0.278***
	(67.25)	(−19.83)	(51.41)
Lev	−0.113***	0.008**	−0.168***
	(−21.27)	(2.46)	(−14.19)
Grow	0.071***	0.013***	0.095***
	(55.10)	(16.10)	(36.99)
Sale	−0.021***	−0.001**	−0.035***
	(−38.69)	(−2.38)	(−25.79)
Ebit	−0.090***	−0.005	−0.079***
	(−16.19)	(−1.28)	(−6.04)
Adfare	0.220***	−0.016	0.242***
	(8.80)	(−0.91)	(4.20)
Age	−0.057***	0.001	−0.116***
	(−7.53)	(0.26)	(−7.52)
State	−0.005	−0.002	−0.014
	(−0.81)	(−0.55)	(−0.89)
Market	0.014***	0.010***	0.029***
	(6.48)	(6.96)	(6.46)
GDPgrowth	0.167***	0.054**	0.405***
	(5.97)	(2.55)	(6.13)
Constant	−1.523***	0.495***	−2.547***
	(−40.27)	(21.49)	(−32.62)
Firm & Year Fixed Effect	控制	控制	控制
N	360 221	133 837	133 227
Adj. Within R^2	0.1670	0.0136	0.1910

注:括号内是 T 值;***、**、* 分别表示在 1%、5% 和 10% 的统计水平上显著。

表 8-10 银行结构性竞争程度、固定资产占比与企业投资效率

[借鉴 Biddle et al.(2009)衡量企业投资效率]

变量	EI (1)	UI (2)	OI (3)
ΔHHI	−0.509***	−0.120**	−0.703***
	(−5.88)	(−2.50)	(−3.86)
ΔHHI×Low_Fix	0.527***	−0.134**	0.657***
	(5.54)	(−2.15)	(3.16)
	ΔHHI 与 ΔHHI×Low_Fix 系数之和等于 0 的 *t* 检验		
	***p*=0.77**	***p*=0.00**	***p*=0.75**
Low_Fix	−0.100***	0.075***	−0.234***
	(−60.78)	(55.78)	(−62.77)
Size	0.177***	−0.035***	0.280***
	(67.70)	(−23.98)	(53.28)
Lev	−0.091***	−0.002	−0.116***
	(−17.49)	(−0.62)	(−10.19)
Grow	0.070***	0.012***	0.098***
	(55.03)	(14.92)	(39.04)
Sale	−0.021***	0.000	−0.036***
	(−39.38)	(0.58)	(−27.78)
Ebit	−0.088***	−0.004	−0.075***
	(−16.17)	(−0.94)	(−6.01)
Adfare	0.197***	−0.009	0.215***
	(7.98)	(−0.55)	(3.84)
Age	−0.050***	−0.008	−0.113***
	(−6.70)	(−1.64)	(−7.53)
State	−0.007	−0.001	−0.018
	(−1.18)	(−0.14)	(−1.21)
Market	0.013***	0.011***	0.031***
	(6.14)	(7.57)	(6.97)
GDPgrowth	0.177***	0.057***	0.440***
	(6.37)	(2.76)	(6.82)
Constant	−1.474***	0.540***	−2.496***
	(−39.58)	(24.03)	(−32.94)
Firm & Year Fixed Effect	控制	控制	控制
N	360 221	133 837	133 227
Adj. Within R^2	0.1810	0.0583	0.2340

注:括号内是 *T* 值;***、**、* 分别表示在 1%、5%和 10%的统计水平上显著。

3. 工具变量检验

本章发现,银行结构性竞争的加强能够改善企业的投资效率,但这可能是因为在银行管制放松后,企业投资效率更高的地区可能吸引更多的银行设立分支机构,从而提高了该地区银行结构性竞争程度,进而导致反向因果关系。为了进一步检验银行结构性竞争程度的提高与企业投资效率之间的因果关系,本章借鉴蔡竞和董艳(2016)、张健华等(2016)、严楷等(2019),使用与该省当年所在相同地域的省级银行结构性竞争程度增幅的均值作为工具变量。中国各地区商业银行的监管由银保监会及其地方分支机构自上而下统一管理,且中国地域间发展水平差异较大,而地域内经济发展差异较小。因此,同一地域内省级银行结构性竞争程度增幅的均值,与省级银行结构性竞争程度增幅存在高度的相关性,同时地域内其他省级银行结构性竞争程度增幅在一定程度上外生于省内企业的投资效率。表 8-11 为本章根据中国东—中—西部和南—北部划分的样本地区所属地域情况。

表 8-11　各省份所属地域划分

所属地域	地域包含的省、自治区、直辖市
东—北部	河北、天津、北京、辽宁、山东
中—北部	黑龙江、河南、吉林、内蒙古、山西
西—北部	宁夏、新疆、青海、陕西、甘肃
东—南部	浙江、上海、江苏、广东、福建、广西、海南
中—南部	安徽、湖北、江西、湖南
西—南部	四川、重庆、贵州、云南、西藏

表 8-12 是工具变量检验的回归结果。在第一阶段回归中,工具变量与银行结构性竞争程度增幅显著正相关,在第(1)列全样本、第(3)列投资不足样本、第(5)列投资过度样本中的回归系数分别为 1.187、1.235、1.133,且均在 1%的统计水平上显著,满足工具变量的相关性条件。同时,弱工具变量检验结果表明,本章选择的工具变量是有效的。在第二阶段回归中,ΔHHI 在第(2)列全样本、第(4)列投资不足样本、第(6)列投资过度样本中的回归系数分别为 −0.809、−0.459、−1.130,且均在 1%的统计水平上显著。表 8-12 的回归结果与本章表 8-5 的回归结果基本一致,说明银行结构性竞争程度增幅越大,企业的投资效率越高,支持了本章的假设 1,体现出本章的研究结果是稳健的。

表 8-12　银行结构性竞争程度与企业投资效率(工具变量检验)

变量	ΔHHI (1)	EI (2)	ΔHHI (3)	UI (4)	ΔHHI (5)	OI (6)
阶段	第一阶段	第二阶段	第一阶段	第二阶段	第一阶段	第二阶段
IV	1.187***		1.235***		1.133***	
	(164.23)		(105.56)		(87.44)	
ΔHHI		−0.809***		−0.459***		−1.130***
		(−9.09)		(−4.78)		(−5.09)
Size	0.000***	0.042***	0.000*	−0.107***	−0.001***	0.143***
	(−7.64)	(32.67)	(−1.88)	(−61.49)	(−5.27)	(34.79)
Lev	0.000	−0.052***	0.000	0.032***	0.000	−0.105***
	(0.51)	(−16.28)	(1.08)	(8.00)	(−0.29)	(−12.67)
Grow	0.000	0.039***	0.000	0.004***	0.000***	0.063***
	(−1.47)	(46.14)	(−0.57)	(3.63)	(2.62)	(34.49)
Sale	0.000***	−0.006***	0.000*	0.001***	0.000	−0.013***
	(−4.16)	(−17.08)	(−1.8)	(2.64)	(−0.76)	(−13.32)
Ebit	0.001***	−0.047***	0.001***	−0.009**	0.000	−0.092***
	(8.68)	(−13.22)	(6.98)	(−2.23)	(0.64)	(−9.72)
Adfare	0.002***	0.147***	0.002	−0.001	0.001	0.195***
	(3.5)	(9.37)	(1.44)	(−0.07)	(0.82)	(5.20)
Age	0.000	−0.063***	−0.001**	0.005	0.000	−0.071***
	(−1.34)	(−14.95)	(−2.17)	(0.92)	(−0.02)	(−7.65)
State	0.001**	0.004	0.000	0.003	0.001	0.007
	(2.41)	(0.99)	(0.35)	(0.69)	(1.25)	(0.88)
Market	0.000	0.015***	−0.001***	0.018***	0.001***	0.018***
	(1.58)	(12.33)	(−6.99)	(11.14)	(6.21)	(6.68)
GDPgrowth	0.001	0.073***	0.015***	−0.030	−0.012***	0.026
	(0.7)	(4.11)	(7.69)	(−1.35)	(−5.56)	(0.66)
Firm & Year Fixed Effect	控制		控制		控制	
N	369 148		142 253		133 198	
Centered R^2	0.0470		0.0980		0.0955	
弱工具变量检验 (Anderson-Rubin Wald Test)	Chi2=82.74 p=0.00		Chi2=22.84 p=0.00		Chi2=25.97 p=0.00	

注:括号内是 T 值;***、**、* 分别表示在 1%、5%和 10%的统计水平上显著。

8.6 进一步讨论

8.6.1 考虑《物权法》的实施

2007年3月16日,中华人民共和国主席令第六十二号公布,《中华人民共和国物权法》(以下简称《物权法》)自2007年10月1日起施行。《物权法》的实施进一步完善了中国的担保物权制度。《物权法》对于不动产与动产的所有权、用益物权和担保物权的有效保护能够显著提升公司价值(Berkowitz et al., 2015)。钱雪松和方胜(2017)发现,《物权法》实施后,相比固定资产占比较高的企业,固定资产占比较低企业的流动性负债和总负债增速更快。完善的担保物权制度缓解了企业的融资约束,尤其是固定资产占比较低企业的融资约束(钱雪松等,2019)。但是,张小茜和孙璐佳(2017)指出,《物权法》扩大了可移动固定资产抵押标的物的范围,在增进企业信用的同时,也有可能放大企业的破产风险。

《物权法》对企业主要信贷抵押物——固定资产的担保价值的影响,为本章研究提供了构建准自然实验的机会。本章认为,随着银行结构性竞争的加强,银行会降低抵押物标准,因此能够扩大固定资产占比较低企业的银行贷款,从而改善该类企业的投资不足;而对于固定资产占比较高的企业,相比融资作用,银行更倾向于发挥监督作用,避免不良贷款的产生。《物权法》实施后,对于固定资产占比较低的企业,其固定资产的担保价值上升(钱雪松和方胜,2017),企业更有可能通过抵押固定资产获得银行贷款,因此,本章预测,《物权法》的实施能够进一步加强银行结构性竞争对固定资产占比较小企业的投资不足的改善作用。对于固定资产占比较高的企业,《物权法》的实施有可能减弱企业的预防性动机,增加企业的贷款风险(张小茜和孙璐佳,2017),从而企业更容易受到银行的监督,因此,本章预测,《物权法》的实施能够进一步加强银行结构性竞争对固定资产占比较高企业的投资过度的缓解作用。

本章首先定义反映《物权法》实施的虚拟变量Law:若为2007年及以后,则取值为1,否则为0。由于在模型中已控制年度固定效应,Law变量与年度固定效应具有完全共线性,因此在回归时会被自动剔除,回归结果中不包含Law单独变量。由于《物权法》的实施对固定资产占比不同的企业会产生不同的影响,因此本章借鉴钱雪松和方胜(2017)的研究设计,构建以《物权法》的实施为外生冲击的准自然实验。由于《物权法》于 2007 年开始实施，因此本章根据 2006 年工业企业的固定资产占比构造对照组和实验组。对 2006 年的工业企业按固定资产占比在所属省份—行业中的大小进行排序并分组：当企业的固定资产占比处于最低 1/3 组(实验组)时，Low_Fix_Treated 取值为 1；当企业的固定资产占比处于最高 1/3 组(对照组)时，Low_Fix_Treated 取值为 0。回归样本仅包含属于实验组或对照组的工业企业的各年度观测值。由于本章的回归模型已控制企业固定效应，Low_Fix_Treated 变量与企业固定效应具有完全共线性，因此在回归时会被自动剔除，回归结果中不包含 Low_Fix_Treated 单独变量。回归模型具体如下：

$$\begin{aligned}\text{EI/UI/OI}_t = & \beta_0 + \beta_1 \Delta\text{HHI}_t \times \text{Law}_t \times \text{Low\_Fix\_Treated}_t + \beta_2 \Delta\text{HHI}_t + \\ & \beta_3 \Delta\text{HHI}_t \times \text{Law}_t + \beta_4 \Delta\text{HHI}_t \times \text{Low\_Fix\_Treated}_t + \\ & \beta_5 \text{Law}_t \times \text{Low\_Fix\_Treated}_t + \text{Controls}_t + \\ & \text{Year Fixed Effect} + \text{Firm Fixed Effect} + \varepsilon \end{aligned} \tag{8}$$

为了检验《物权法》的实施对银行结构性竞争程度增幅影响企业投资效率的调节作用，本章以《物权法》的实施为外生冲击、以银行结构性竞争程度增幅大小区分银行市场在不同省份的结构性差异、以固定资产占比高低区分实验组和对照组，构建了三重差分模型[模型(8)]，在回归模型中同时控制了交互项 ΔHHI×Law、ΔHHI×Low_Fix_Treated、Law×Low_Fix_Treated 和 ΔHHI×Law×Low_Fix_Treated，其中主要关注三变量交互项 ΔHHI×Law×Low_Fix_Treated 的回归系数。表 8-13 报告了回归结果。

在表 8-13 第(1)列中，ΔHHI×Law×Low_Fix_Treated 的回归系数不显著；在第(2)列中，ΔHHI×Law×Low_Fix_Treated 的回归系数为－0.814，且在 1%的统计水平上显著；在第(3)列中，ΔHHI×Law×Low_Fix_Treated 的回归系数为 0.883，且在 10%的统计水平上显著。表 8-13 的结果表明，相比《物权法》实施以前，《物权法》实施以后，对于固定资产占比较低的企业，银行结构性竞争的加强更能够改善企业的投资不足；对于固定资产占比较高的企业，银行结构性竞争的加强更能够缓解企业的投资过度。上述结果证实了本章的预测，进一步体现出银行结构性竞争能够提高企业投资效率，并且该改善作用对固定资产占比较低和较高的企业的影响具有显著差异。

表 8-13　银行结构性竞争程度、《物权法》的实施与不同企业投资效率

变量	EI (1)	UI (2)	OI (3)
ΔHHI×Law×Low_Fix_Treated	0.019	−0.814***	0.883*
	(0.10)	(−4.21)	(1.95)
ΔHHI	−0.115	−0.825***	−0.126
	(−1.36)	(−7.95)	(−0.76)
ΔHHI×Law	−0.522***	0.524***	−0.775**
	(−3.61)	(3.39)	(−2.28)
ΔHHI×Low_Fix_Treated	−0.188*	0.890***	−0.443*
	(−1.79)	(6.85)	(−1.71)
Law×Low_Fix_Treated	0.036***	−0.029***	0.110***
	(13.61)	(−8.26)	(19.39)
Size	0.047***	−0.101***	0.139***
	(23.09)	(−38.16)	(21.80)
Lev	−0.054***	0.028***	−0.092***
	(−10.35)	(4.89)	(−7.06)
Grow	0.046***	0.004***	0.070***
	(30.44)	(2.75)	(22.76)
Sale	−0.007***	0.001	−0.015***
	(−12.48)	(0.98)	(−9.03)
Ebit	−0.051***	−0.000	−0.096***
	(−8.27)	(−0.01)	(−5.87)
Adfare	0.182***	0.028	0.244***
	(7.62)	(0.96)	(4.32)
Age	−0.038***	0.025***	−0.077***
	(−5.93)	(3.06)	(−5.47)
State	0.004	0.005	0.013
	(0.91)	(0.72)	(1.14)
Market	0.011***	0.014***	0.015***
	(5.96)	(6.38)	(3.80)
GDPgrowth	0.057**	0.012	0.001
	(2.23)	(0.40)	(0.01)
Constant	−0.230***	1.200***	−1.230***
	(−7.54)	(31.06)	(−14.14)
Firm & Year Fixed Effect	控制	控制	控制
N	145 472	60 224	55 467
Adj. Within R^2	0.0603	0.0972	0.1020

注：由于在模型中已控制 Year Fixed Effect 和 Firm Fixed Effect，因此回归结果中不包含 Law 和 Low_Fix_Treated 单独变量；括号内是 *T* 值；***、**、* 分别表示在 1%、5%和 10%的统计水平上显著。

8.6.2 拓展性检验

为了使本章的研究结论更加充实,探究不同企业特征及不同地区特征如何影响银行结构性竞争加强所带来的经济后果,本章进一步检验了企业产权性质及各省份外地城市商业银行机构数量对银行结构性竞争程度影响企业投资效率发挥的调节作用。表 8-14 和表 8-15 分别报告了检验结果。

在表 8-14 的第(1)列中,ΔHHI 的回归系数显著为负,ΔHHI×State 的回归系数显著为正,ΔHHI 与 ΔHHI×State 的系数之和不显著异于 0;在第(2)列中,ΔHHI 的回归系数显著为负,ΔHHI×State 的回归系数不显著,ΔHHI 与 ΔHHI×State 的系数之和显著小于 0;在第(3)列中,ΔHHI 的回归系数显著为负,ΔHHI×State 的回归系数显著为正,ΔHHI 与 ΔHHI×State 的系数之和显著大于 0。表 8-14 的结果表明,对于国有控股企业和非国有控股企业,银行结构性竞争程度的提高均能够有效改善企业的投资不足;但是对于国有控股企业,银行结构性竞争程度的提高可能导致企业进一步投资过度,而对于非国有控股企业,银行结构性竞争程度的提高能够缓解企业的投资过度。这可能是因为国有控股企业存在政府隐性担保(沈红波等,2011),所以银行的监督作用会被削弱。

表 8-14 银行结构性竞争程度、企业产权性质与企业投资效率

变量	EI (1)	UI (2)	OI (3)
ΔHHI	−0.265***	−0.229***	−0.298***
	(−7.22)	(−5.43)	(−3.37)
ΔHHI×State	0.300***	−0.144	0.586***
	(3.51)	(−1.36)	(3.18)
	ΔHHI 与 ΔHHI×State 系数之和等于 0 的 *t* 检验		
	***p*=0.67**	***p*=0.00**	***p*=0.09**
Size	0.042***	−0.107***	0.143***
	(32.77)	(−61.50)	(34.95)
Lev	−0.053***	0.031***	−0.105***
	(−16.35)	(7.96)	(−12.69)
Grow	0.039***	0.004***	0.063***
	(46.43)	(3.75)	(34.57)

（续表）

变量	EI (1)	UI (2)	OI (3)
Sale	−0.005***	0.001***	−0.013***
	(−17.03)	(2.63)	(−13.28)
Ebit	−0.047***	−0.010**	−0.092***
	(−13.39)	(−2.29)	(−9.78)
Adfare	0.146***	−0.001	0.196***
	(9.34)	(−0.05)	(5.24)
Age	−0.062***	0.006	−0.072***
	(−14.87)	(1.02)	(−7.73)
State	0.002	0.004	0.003
	(0.48)	(0.83)	(0.37)
Market	0.014***	0.018***	0.017***
	(11.66)	(10.95)	(6.21)
GDPgrowth	0.079***	−0.035	0.035
	(4.41)	(−1.57)	(0.88)
Constant	−0.092***	1.298***	−1.217***
	(−4.77)	(51.52)	(−21.91)
Firm & Year Fixed Effect	控制	控制	控制
N	369 148	142 253	133 198
Adj. Within R^2	0.0479	0.0982	0.0967

注：括号内是 T 值；***、**、* 分别表示在 1%、5%和 10%的统计水平上显著。

对于银行管制放松，现有研究主要以城市商业银行为研究对象。相较于大型商业银行和股份制商业银行，城市商业银行的跨省经营需要更为严格的审批。根据《城市商业银行异地分支机构管理办法》（银监发〔2006〕12 号）和《关于中小商业银行分支机构市场准入政策的调整意见（试行）》（银监办发〔2009〕143 号），虽然城市商业银行异地新设分支机构限制逐渐放松，但是仍由银监会统一审批，因此，各省份的外地（注册地位于其他省份）城市商业银行分支机构数量具有一定的外生性。为了研究各省份外地城市商业银行机构数量的调节作用，本章构建了 OutCCB 变量：在某一年度某省份的商业银行机构中，若注册地为省外的城市商业银行分支机构数量为该年度各省份注册地为省外的城市商业银行分支机构数量的中位数以上，则取值为 1；若注册地为省外的城市商业银行分支机构数量为该年度各省份注册地为省外的城市商业银行分支机构数量的中位数以下，则取值为 0。

表 8-15 报告了 OutCCB 与 ΔHHI 交互作用的检验结果。

表 8-15　银行结构性竞争程度、外地城市商业银行机构数量与企业投资效率

变量	EI (1)	UI (2)	OI (3)
ΔHHI	−0.098*	−0.123*	−0.293**
	(−1.69)	(−1.89)	(−2.05)
ΔHHI×OutCCB	−0.161**	−0.135*	0.141
	(−2.41)	(−1.81)	(0.86)
	ΔHHI 与 ΔHHI×OutCCB 系数之和等于 0 的 t 检验		
	$p=0.00$	$p=0.00$	$p=0.13$
OutCCB	0.001	0.006**	−0.013**
	(0.25)	(1.97)	(−2.11)
Size	0.046***	−0.112***	0.146***
	(31.30)	(−58.21)	(32.15)
Lev	−0.058***	0.036***	−0.116***
	(−16.25)	(8.25)	(−12.55)
Grow	0.040***	0.003***	0.066***
	(42.96)	(2.95)	(32.51)
Sale	−0.006***	0.001***	−0.015***
	(−16.20)	(3.10)	(−12.93)
Ebit	−0.044***	−0.006	−0.102***
	(−11.27)	(−1.23)	(−9.62)
Adfare	0.160***	0.017	0.201***
	(9.24)	(0.76)	(4.90)
Age	−0.066***	0.002	−0.072***
	(−14.39)	(0.37)	(−6.96)
State	0.003	0.004	0.009
	(0.76)	(0.78)	(1.10)
Market	0.016***	0.017***	0.021***
	(12.55)	(10.00)	(7.20)
GDPgrowth	0.081***	−0.028	0.092**
	(4.19)	(−1.20)	(2.09)
Constant	−0.137***	1.350***	−1.281***
	(−6.27)	(48.89)	(−20.85)
Firm & Year Fixed Effect	控制	控制	控制
N	316 106	117 721	111 244

注：括号内是 T 值；***、**、* 分别表示在 1%、5%和 10%的统计水平上显著。

在表8-15的第(1)列中,ΔHHI的回归系数显著为负,交互项ΔHHI×OutCCB的回归系数显著为负,ΔHHI与ΔHHI×OutCCB的系数之和显著异于0。这表明,当省内外地城市商业银行分支机构数量较多时,银行结构性竞争程度的提高更能够提高企业的投资效率。在第(2)列中,ΔHHI的回归系数显著为负,交互项ΔHHI×OutCCB的回归系数显著为负,ΔHHI与ΔHHI×OutCCB的系数之和显著异于0。这表明,当省内外地城市商业银行分支机构数量较多时,银行结构性竞争程度的提高更能够改善企业的投资不足。这说明地方银行管制放松后,外地城市商业银行进入本地加强了银行结构性竞争,从而缓解了中小企业的融资难问题(Rice and Strahan,2010)。在第(3)列中,ΔHHI的回归系数显著为负,交互项ΔHHI×OutCCB的回归系数不显著,ΔHHI与ΔHHI×OutCCB的系数之和虽然小于0,但是不显著。这表明,当省内外地城市商业银行分支机构数量较少时,银行结构性竞争程度的提高更能够改善企业的投资过度。这可能是由于相较于本地银行,外地银行属于外部信息者,因此与本地企业的信息不对称程度更高,从而无法有效识别企业的过度投资。

8.7 结论与启示

本章以2005—2013年中国工业企业数据实证检验了银行管制放松后,银行结构性竞争程度的提高对企业投资效率的影响。本章利用中国银监会公布的金融许可证机构持有数据构建省级银行结构性竞争程度,发现地方银行结构性竞争程度的增幅越大,企业的投资效率越高。进一步分析发现,对于固定资产占比较低的企业,银行结构性竞争的加强能够改善其投资不足;对于固定资产占比较高的企业,银行结构性竞争的加强能够缓解其投资过度。为了检验企业的固定资产占比在银行发挥融资作用和监督作用中的影响机制,本章进一步采用《物权法》的实施作为外生冲击。检验结果表明,《物权法》的实施通过影响固定资产的担保价值而对银行的融资作用和监督作用产生影响。具体而言,《物权法》实施后,银行结构性竞争的加强对固定资产占比较低企业的投资不足和固定资产占比较高企业的投资过度,均具有显著的改善作用。另外,本章还发现,对于不同产权特征和所处地区不同的企业,银行结构性竞争的加强对企业投资效率的提高具有显著差异。

银行信贷是企业融资的重要来源,是影响企业投资效率的重要因素。本章结论表明，中国的金融供给侧结构性改革是改善银行竞争环境和优化银行市场结构的重要契机，对于提升实体企业的投资效率能够发挥重要作用。本章主要有以下四个方面的启示：

1. 监管方面

坚持优化金融市场结构，继续在有效监管的前提下推进银行管制放松政策。提高地方银行结构性竞争程度，鼓励股份制商业银行和城市商业银行等中小型商业银行的发展，能够有效提高金融服务实体经济的能力。在积极优化金融市场结构的同时，监管部门需加强政策引导，关注欠发达地区和弱势企业的金融服务覆盖，合理规划银行分支机构的地区分布和行业布局，避免无序竞争和资源浪费现象；加强金融行业风险管控，注意引导中小型商业银行的风险管理体系建设，提高银行信贷对企业的治理效应，防范系统性金融风险。加强中小型企业信用体系建设，可以帮助银行降低发放贷款过程中的信息不对称程度，缓解银行对中小型企业的信贷歧视，消除信贷配给现象，提高信贷资源的配置效率。

2. 地方政府方面

银行跨区域经营，尤其是跨省经营依赖于地方政府的支持与推动。地方政府应顺应银行业放松管制趋势，在金融业发展方面放弃地方保护主义，降低外地银行进入壁垒。地方政府在引入外地银行参与竞争的同时，需要提高外地银行与本地企业间的信息透明度，促进外地银行更好地发挥公司治理效应。同时，鼓励和引导本地银行走出去，积极参与银行竞争，推动银行信贷效率的提升，分散银行风险。地方政府应充分发挥市场在信贷资源配置中的作用，为企业特别是中小型企业创造高效的投融资环境，促进信贷资源的有效配置。

3. 银行方面

银行管制的逐渐放松使银行既面临规模效应的机遇，又面临内部治理等问题的挑战。面对日趋激烈的市场竞争，股份制商业银行和城市商业银行等中小型商业银行应及时审视并适应发展环境，积极进行业务拓展与创新，努力挖掘潜在客户和优质客户，对民营企业、中小型企业、创新型企业等可能存在“融资难”问题的企业的融资需求给予充分关注。在向无法提供大量抵押物的中小型企业投放贷款时，银行需建立一套适合的信贷管理体系，在信贷决策流程、授权授信方式、抵押担保方式等方面展开创新；此外，银行还应注意信贷风险的防控，建立与贷款企业经营特点、财务状况等相适应的风险管控机制和合理的风险定价模型，注重对贷款企业财务信息与非财务信息的全面评价。

4. 企业方面

中国中小型企业的信贷风险较高，使得银行对其要求的风险补偿往往高于大型企业，从而限制了中小型企业获得银行贷款，进而影响其投资效率的提升。银行管制放松政策的实施，对于企业的投资效率能够起到有效的提升作用，企业应把握这一外部融资环境改善的机遇。信息对于企业获得银行贷款发挥关键作用，它可以帮助银行了解企业经营状况和偿债能力、评估业务风险，也会对银行贷款利率和企业资金使用成本产生影响。因此，企业特别是中小型企业，应规范自身的会计制度和财务管理制度，健全内部治理机制，改善会计信息质量，提高信息透明度，积极降低银企间信息不对称程度，从而降低银行信贷成本，缓解企业融资约束，更好地把握投资机会，提高投资效率。

本章考察了银行管制放松对不同类型企业投资效率的影响，丰富了银行管制放松政策实施效果的研究。本章结论对于进一步深化金融供给侧结构性改革、提高金融服务实体经济能力具有借鉴意义。

参考文献

蔡竞，董艳，2016. 银行业竞争与企业创新：来自中国工业企业的经验证据[J]. 金融研究(11)：96—111.

蔡卫星，2016. 分支机构市场准入放松、跨区域经营与银行绩效[J]. 金融研究(6)：127—141.

樊纲，王小鲁，朱恒鹏，2011. 中国市场化指数：各地区市场化相对进程 2011 年报告[M]. 北京：经济科学出版社.

方芳，蔡卫星，2016. 银行业竞争与企业成长：来自工业企业的经验证据[J]. 管理世界(7)：63—75.

郭晔，赵静，2017. 存款竞争、影子银行与银行系统风险：基于中国上市银行微观数据的实证研究[J]. 金融研究(6)：81—94.

何熙琼，尹长萍，毛洪涛，2016. 产业政策对企业投资效率的影响及其作用机制研究：基于银行信贷的中介作用与市场竞争的调节作用[J]. 南开管理评论(5)：161—170.

胡奕明，林文雄，李思琦，等，2008. 大贷款人角色：我国银行具有监督作用吗？[J]. 经济研究(10)：52—64.

胡奕明，谢诗蕾，2005. 银行监督效应与贷款定价：来自上市公司的一项经验研究[J]. 管理世界(5)：27—36.

江伟，2011. 金融发展、银行贷款与公司投资[J]. 金融研究(4)：113—128.

姜国华，饶品贵，2011. 宏观经济政策与微观企业行为：拓展会计与财务研究新领域[J]. 会计研究(3):9—18.

李梦雨,魏熙晔,2016.经济下行背景下城市商业银行跨区域经营研究[J].中央财经大学学报(10):39—47.

李胜楠,2011.上市公司银行贷款与投资行为的关系研究:基于终极控制人性质调节效应的分析[J].管理学报(3):464—470.

李志赟,2002.银行结构与中小企业融资[J].经济研究(6):38—45.

林毅夫,李永军,2001.中小金融机构发展与中小企业融资[J].经济研究(1):10—18.

刘星,蒋水全,2015.银行股权关联、银行业竞争与民营企业融资约束[J].中国管理科学(12):1—10.

鲁丹,肖华荣,2008.银行市场竞争结构、信息生产和中小企业融资[J].金融研究(5):107—113.

马君潞,郭牧炫,李泽广,2013.银行竞争、代理成本与借款期限结构:来自中国上市公司的经验证据[J].金融研究(4):71—84.

聂辉华,江艇,杨汝岱,2012.中国工业企业数据库的使用现状和潜在问题[J].世界经济(5):142—158.

彭欢,雷震,2010.放松管制与我国银行业市场竞争实证研究[J].南开经济研究(2):80—97.

钱雪松,代禹斌,陈琳琳,等,2019.担保物权制度改革、融资约束与企业现金持有:基于中国《物权法》自然实验的经验证据[J].会计研究(1):72—78.

钱雪松,方胜,2017.担保物权制度改革影响了民营企业负债融资吗:来自中国《物权法》自然实验的经验证据[J].经济研究(5):146—160.

沈红波,廖冠民,曹军,2011.金融发展、产权性质与上市公司担保融资[J].中国工业经济(6):120—129.

田厚平,刘长贤,2010.企业资产规模、信贷市场结构与中小企业融资[J].管理科学学报(5):51—61.

王擎,吴玮,黄娟,2012.城市商业银行跨区域经营:信贷扩张,风险水平及银行绩效[J].金融研究(1):141—153.

王天赐,2012.我国商业银行贷款定价的理论模型与实证分析:基于近四年234家公司数据的检验[J].宏观经济研究(3):106—111.

王霄,张捷,2003.银行信贷配给与中小企业贷款:一个内生化抵押品和企业规模的理论模型[J].经济研究(7):68—75.

王小鲁,樊纲,胡李鹏,2019.中国分省份市场化指数报告(2018)[M].北京:社会科学文献出版社.

吴武清,陈暮紫,黄德龙,等,2012.系统风险的会计决定:企业财务风险、经营风险、系统风险的时变关联[J].管理科学学报(4):71—80.

徐昕，沈红波，2010. 银行贷款的监督效应与盈余稳健性：来自中国上市公司的经验证据[J]. 金融研究(2)：102—111.

严楷，杨筝，赵向芳，等，2019. 银行管制放松、地区结构性竞争与企业风险承担[J]. 南开管理评论(1)：124—138.

喻坤，李治国，张晓蓉，等，2014. 企业投资效率之谜：融资约束假说与货币政策冲击[J]. 经济研究(5)：106—120.

詹雷，王瑶瑶，2013. 管理层激励、过度投资与企业价值[J]. 南开管理评论(3)：36—46.

张健华，王鹏，冯根福，2016. 银行业结构与中国全要素生产率：基于商业银行分省数据和双向距离函数的再检验[J]. 经济研究(11)：110—124.

张杰，郑文平，新夫，2017. 中国的银行管制放松，结构性竞争和企业创新[J]. 中国工业经济(10)：118—136.

张小茜，孙璐佳，2017. 抵押品清单扩大，过度杠杆化与企业破产风险：动产抵押法律改革的“双刃剑”效应[J]. 中国工业经济(7)：175—192.

ABDEL-KHALIK A R, 1973. The effect of aggregating accounting reports on the quality of the lending decision: an empirical investigation [J]. Journal of accounting research, 11:104-138.

AMORE M D, SCHNEIDER C, ŽALDOKAS A, 2013. Credit supply and corporate innovation [J]. Journal of financial economics, 109(3):835-855.

BAILEY W, HUANG W, YANG Z, 2011. Bank loans with Chinese characteristics: some evidence on inside debt in a state-controlled banking system [J]. Journal of financial and quantitative analysis, 46(6):1795-1830.

BERGER A N, UDELL G F, 1992. Some evidence on the empirical significance of credit rationing [J]. Journal of political economy, 100(5):1047-1077.

BERKOWITZ D, LIN C, MA Y, 2015. Do property rights matter? evidence from a property law enactment [J]. Journal of financial economics, 116(3):583-593.

BIDDLE G C, HILARY G, VERDI R S, 2009. How does financial reporting quality relate to investment efficiency? [J]. Journal of accounting and economics, 48(2/3):112-131.

CARBO-VALVERDE S, RODRIGUEZ-FERNANDEZ F, UDELL G F, 2009. Bank market power and SME financing constraints [J]. Review of finance, 13(2):309-340.

CETORELLI N, STRAHAN P E, 2006. Finance as a barrier to entry: bank competition and industry structure in local US markets [J]. The journal of finance, 61(1):437-461.

CHAKRABORTY A, 2012. Credit gap in small businesses: some new evidence [J]. International journal of business, 17(1):65-80.

CHAVA S, OETTL A, SUBRAMANIAN A, et al., 2013. Banking deregulation and innovation [J]. Journal of financial economics, 109(3):759-774.

CHEN K C, WEI K J, 1993. Creditors' decisions to waive violations of accounting-based debt covenants [J]. The accounting review, 68(2):218-232.

CHEN X, 2007. Banking deregulation and credit risk: evidence from the EU [J]. Journal of financial stability, 2(4):356-390.

CHONG T T, LU L, ONGENA S, 2013. Does banking competition alleviate or worsen credit constraints faced by small-and medium-sized enterprises? evidence from China [J]. Journal of banking & finance, 37(9):3412-3424.

CHUNG K, GHICAS D, PASTENA V, 1993. Lenders' use of accounting information in the oil and gas industry [J]. The accounting review, 68(4):885-895.

CORNAGGIA J, MAO Y, TIAN X, et al., 2015. Does banking competition affect innovation? [J]. Journal of financial economics, 115(1):189-209.

DELL'ARICCIA G, IGAN D, LAEVEN L U, 2012. Credit booms and lending standards: evidence from the subprime mortgage market [J]. Journal of money, credit and banking, 44 (2/3):367-384.

DELL'ARICCIA G, MARQUEZ R, 2006. Lending booms and lending standards [J]. The journal of finance, 61(5):2511-2546.

DIAMOND D W, 1984. Financial intermediation and delegated monitoring [J]. The review of economic studies, 51(3):393-414.

DICK A A, LEHNERT V A, 2010. Personal bankruptcy and credit market competition [J]. The journal of finance, 65(2):655-686.

FAMA E F, 1985. What's different about banks? [J]. Journal of monetary economics, 15(1): 29-39.

FRANK M Z, SHEN T, 2016. Investment and the weighted average cost of capital [J]. Journal of financial economics, 119(2):300-315.

FUNGACOVA Z, SHAMSHUR A, WEILL L, 2017. Does bank competition reduce cost of credit? cross-country evidence from Europe [J]. Journal of banking & finance, 83(10):104-120.

GUZMAN M G, 2000. Bank structure, capital accumulation and growth: a simple macroeconomic model [J]. Economic theory, 16(2):421-455.

JENSEN M C, 1986. Agency costs of free cash flow, corporate finance, and takeovers [J]. American economic review, 76(2):323-329.

LOVE I, MARTÍNEZ PERÍA M S, 2014. How bank competition affects firms' access to finance [J]. The world bank economic review, 29(3):413-448.

PARAVISINI D, 2008. Local bank financial constraints and firm access to external finance [J]. The journal of finance, 63(5):2161-2193.

PETERSEN M A, RAJAN R G, 1995. The effect of credit market competition on lending relationships [J]. The quarterly journal of economics, 110(2):407-443.

RICE T, STRAHAN P E, 2010. Does credit competition affect small - firm finance? [J]. The journal of finance, 65(3):861-889.

RICHARDSON S, 2006. Over-investment of free cash flow [J]. Review of accounting studies, 11(2-3):159-189.

RYAN R M, O'TOOLE C M, MCCANN F, 2014. Does bank market power affect SME financing constraints? [J]. Journal of banking & finance, 49:495-505.

WHETTE H C, 1983. Collateral in credit rationing in markets with imperfect information [J]. American economic review, 73(3):442-445.

WILLIAMSON O E, 1988. Corporate finance and corporate governance [J]. The journal of finance, 43(3):567-591.

ZIMMER I, 1980. A lens study of the prediction of corporate failure by bank loan officers [J]. Journal of accounting research, 18(2):629-636.

第9章　中国商业银行持有企业股份研究[①]

9.1　问题提出

商业银行与企业(非金融企业,下同)的关系主要分为交易关系和产权关系,前者是指商业银行与企业的金融业务交易关系,后者则是指商业银行与企业的股权关系。在金融业务交易关系的基础上,银企双方都有着建立产权关系的意愿,从而形成产业资本与金融资本结合的新模式——产融结合。一方面,企业希望通过与商业银行建立更加密切的关系来获得更多的外部资金,降低融资成本;另一方面,商业银行也希望通过持有企业股份更好地监督企业,减少交易关系中的信息不对称。

商业银行持有企业股份最典型的模式是日本的主银行制和德国的全能银行制(祝继高,2012)。然而,对于日本主银行制和德国全能银行制的研究并没有取得一致的结论。一种观点认为,商业银行持有企业股份能够降低银企之间的信息不对称,缓解企业的融资约束,而且银行能够在企业中扮演积极的公司治理角色(例如,Hoshi et al.,1991;Gorton and Schmid,2000;Kang et al.,2011)。另一种观点则刚好相反,认为银行可能利用持有企业股份的机会进行寻租,从而损害企业的利益(例如,Sharpe,1990;Weinstein and Yafeh,1998)。与学术界的争论一样,世界各国对商业银行持有企业股份的监管政策也存在较大差异。国际银行家协会2012年全球调查[②]结果显示:① 瑞士和英国的监管政策最为宽松,对商业银行持有企业股份并没有限制,但是要求商业银行持股企业的行为接受监管部门的监管;② 德国、法国、意大利、南非和中国香港地区允许商业银行持有

---

① 本章主体内容发表于《财务研究》2015年第5期。题目:“中国商业银行持有企业股份研究:监管政策、发展路径与理论评述”,作者:祝继高、陆正飞、王丹。

② 国际银行家协会由来自35个国家和地区的银行及各金融机构代表组成,对美国等国家金融活动的立法、监管及税收问题都有着较大影响。自1988年起,国际银行家协会每年对各国金融业整体运营环境进行一次调查,该调查得到了各国金融机构的积极配合,也为评估这些国家金融机构的发展提供了重要参考。

企业股份,但是持股金额会受到银行自身注册资本金的限制;③ 加拿大、新加坡、美国和日本对商业银行持有企业股份的比例存在一定的限制,通常这一比例小于企业总股份的 10%;④ 中国内地禁止商业银行持有企业股份。总结世界主要国家和地区的监管政策,我们发现各国和地区都会在一定程度上对商业银行持有企业股份进行监管。而且,即使在德国和日本这种以银行主导金融体系的国家中,政府对商业银行持有企业股份依然实施了较为严格的监管。

由于中西方不同的制度环境和经济发展水平,中国商业银行与企业之间的股权关系和西方国家存在很大的差异。目前,中国的《商业银行法》禁止商业银行持有企业股份,但是银行可以通过相关的途径和方式形成事实上的直接或间接持股。

已有相关的文献分析了中国商业银行持有上市公司股份对上市公司经营绩效与信贷资源配置的影响,但是这些研究通常忽视了商业银行持有企业股份的历史演变过程,而商业银行在持股企业中扮演怎样的角色是内生于商业银行持股企业的历史演变过程的,商业银行持有企业股份的数量与质量是由既定的经济体制、金融制度和法律体系等宏观制度环境决定的。只有深刻理解商业银行持有企业股份的历史演变过程才能更好地研究商业银行持有企业股份的经济后果。因此,本章首先系统地研究了中国商业银行持有企业股份的历史演变和监管政策,并结合 A 股上市公司数据分析了商业银行持有企业股份的变化。在此基础上,本章总结和评述了商业银行持有企业股份的相关理论与实证研究文献。本章的研究为中国商业银行的发展及其监管提供了理论借鉴和实践启示。

9.2　商业银行持有企业股份的历史演变:中国的监管政策与实践

一个国家选择何种金融业经营模式会受到很多因素的影响,比如经济发展水平、政治制度等(Thakor,1996)。回顾世界各国金融业发展历程,在经营模式的变化上,主要有三种演变路径:第一种以美国和日本为代表,经历了混业经营—分业经营—混业经营的渐进式发展;第二种以德国为代表,金融业在发展过程中始终坚持混业经营模式;第三种以英国为代表,从自然的分业经营逐步走向混业经营(陈雨露和马勇,2009)。[①] 中国银行业的发展与实践则经历了银行业的混业经营—银行与企业间“隔离墙”的建立—探索商业银行的综合经营这三个阶段,深刻地影响着商业银行持有企业股份的形式与发展。本章中的混业经营既包括银行业、证券业和保险业的跨业经营,又包括商业银行对非金融企业的投资;综合经营指银行业、证券业和保险业的跨业经营。

9.2.1　银行业的混业经营(1978—1993)

1978 年党的十一届三中全会开启了中国金融体制改革的进程。中国人民银行成为专职的中央银行,四大国有商业银行(中国工商银行、中国农业银行、中国银行和中国建设银行)和其他类型的商业银行也相继成立。20 世纪 80 年代初期,银行业开始逐步探索发展证券业务,并在一定阶段内在股票承销与交易业务中发挥着重要作用。中华人民共和国的第一支股票——飞乐音响就是由中国工商银行上海市信托投资公司参与发起设立的(刘明康,2009)。飞乐音响股票成功发行后,各企业纷纷选用这一方式来筹集资金,银行下设的信托投资公司纷纷参与股票发行,与此同时,各家银行还积极通过新建的信托投资公司等下设机构参与到企业股票买卖的业务中。1980 年,国务院下发了《关于推动经济联合的暂行规定》,明确鼓励各家银行“试办各种信托业务”。截至 1993 年年末,全国各类信托投资公司共 700 多家,资产总值近 6 000 亿元(刘明康,2009),这些信托投资公司绝大多数为银行的附属公司,成为银行进行混业经营、持有企业股份的重要途径。

9.2.2　银行与企业间“隔离墙”的建立(1993—2005)

从 1992 年年末开始,A 股股指持续走高,大量银行信贷资金通过银行自身设立的信托投资公司、证券公司等流入证券领域,扰乱了正常的经济秩序。同时,由于许多商业银行缺乏必要的自律意识和风险约束机制,所经营的信托投资公司和证券公司出现了诸多问题。为了整顿国内金融秩序,国家开始在银行与企业之间建立起“隔离墙”。

---

① 我们很难去判断每种经营模式的优劣。Barth et al.(2013)指出,从 20 世纪 70 年代到今天,大约有 100 多次系统性银行危机,这表明各种模式对银行的监管都有不足之处。因此,监管政策的制定还需要结合各国的国情和金融监管实践。

1993年党的十四届三中全会通过的《中共中央关于建立社会主义市场经济体制若干问题的决定》明确指出,“银行业与证券业实行分业管理”。同年12月底,国务院发布的《关于金融体制改革的决定》规定,“国有商业银行不得对非金融企业投资。国有商业银行对保险业、信托业和证券业的投资额,不得超过其资本金的一定比例”。1995年颁布的《商业银行法》第四十三条规定:“商业银行在中华人民共和国境内不得向非银行金融机构和企业投资。本法施行前,商业银行已向非银行金融机构和企业投资的,由国务院另行规定实施办法。”1997年中国人民银行再次重申“分业经营、分业管理”的金融业经营模式,发布了《关于禁止银行资金违规流入股票市场的通知》《关于各商业银行停止在证券交易所证券回购及现券交易的通知》和《关于禁止国有企业和上市公司炒作股票的规定》,并对一大批违规操作者进行了严厉惩处。同时,中国人民银行加快进行各银行所设立的信托投资公司的脱钩工作,并于1995年发布了《关于中国工商银行等四家银行与所属信托投资公司脱钩意见的通知》。1997年年底,中国农业银行、中国银行、中国工商银行和中国建设银行四家国有商业银行与信托投资公司的脱钩工作基本完成,原所属四家国有商业银行的186家信托投资公司已撤销148家(刘明康,2009)。1999年7月1日正式实施的《中华人民共和国证券法》再次强调了坚持分业经营、分业管理的原则,“禁止银行资金违规流入股市”。

9.2.3 探索商业银行的综合经营(2005年至今)

随着中国资本市场的快速发展与金融业竞争的日益加剧,越来越多的商业银行开始了“综合经营”的尝试。2005年党的十六届五中全会通过的《中共中央关于制定国民经济和社会发展第十一个五年规划的建议》明确提出,要稳步推进金融业综合经营试点。2010年党的十七届五中全会通过的《中共中央关于制定国民经济和社会发展第十二个五年规划的建议》进一步强调,要发挥大型金融机构的综合性服务功能,这标志着中国金融业的经营模式将进一步转变。需要注意的是,综合经营与混业经营不同,它只限于银行业、证券业和保险业的跨业经营,不包括实业。虽然在中国现有的法律框架下银行不可直接向企业投资,但随着监管方式的转变和金融业自身的创新,越来越多的银行通过设立金融控股公司等方式间接持有企业股份。例如,中国银行全资控股中银国际控股有限公司作为其投资银行机构,中国建设银行与摩根士丹利公司合资设立中国国际金融股份有限公司以开展投资业务。

9.3　中国商业银行持有企业股份的来源分析

鉴于中国商业银行持有企业股份的历史演进与其他国家不同,中国商业银行持有企业股份的行为也较为复杂:既有出于经济利益的市场化行为,又有政府主导的非市场化行为;既有商业银行因企业业绩良好而进行的主动持股,又有因企业资不抵债而产生的被动持股。由于不同的持股来源会导致银行在持股后不同的参与行为,因此在本部分中我们对商业银行持股来源进行了梳理。

9.3.1　1995 年《商业银行法》颁布前商业银行持有的企业股份

1995 年颁布的《商业银行法》明确规定商业银行不得向非银行金融机构和企业投资,但同时也说明了在《商业银行法》颁布前银行取得的企业股份依旧可以保留。例如,根据汉商集团(600774)的股票上市公告书,公司是根据 1990 年经武汉市经济体制改革委员会武体改〔1990〕7 号文批准,由原武汉市汉阳百货商场和交通银行武汉分行共同发起设立的,交通银行武汉分行出资 300 万元认购了 300 万股法人股,在之后公司的发展过程中,虽经历增发扩股、股权分置改革等,交通银行却一直对其持股至 2009 年。

9.3.2　承接持有下设信托投资公司持有的企业股份

1996—1997 年,中国对信托投资公司进行了较为严厉的整顿,通过对银行下属信托投资公司的撤并和股份转让,实现信托投资公司与商业银行脱钩。在脱钩之后,信托投资公司对外投资的股权相应调整为所属银行的对外投资股权。例如,根据 S＊ST 长岭(000561)股权分置改革保荐意见书,1996 年 12 月,中国工商银行陕西省分行将其所持有的工行陕西信托公司的股权予以全部转让,同时收回了委托其投资的全部股权,包括 1 872 万股长岭股份法人股。类似的例子还有中国银行上海信托咨询公司于 1996 年 12 月被撤销后,其在 ST 联华(600617)的股份由中国银行上海市分行承接持有。

9.3.3 继承资产管理公司在债转股过程中持有的企业股份

1998年以来，为了剥离中国商业银行的不良资产，中国先后成立了四大资产管理公司。在不良资产的剥离过程中，约29%的不良贷款是通过"债转股"[①]实现的(国家经贸委深化企业改革研究组，2001)。由于在债转股之后只有引入新的接替股东才算真正完成对不良资产的处理，因此债转股之后资产管理公司还面临巨大的退出压力，股权回购是较为理想的退出方式。然而，对于经营较差的公司来说股权回购的可能性较小，因此许多股份是通过股权转让方式退出的。在转股的过程中，不少股份由资产管理公司转给其对应的商业银行。例如，根据中国铝业(601600)首次公开发行A股的招股说明书，中国铝业在2001年依据其与中国信达资产管理股份有限公司、中国东方资产管理股份有限公司和国家开发银行拟定的债转股方案，将公司股份置换给上述三家金融机构，使上述金融机构成为中国铝业的内资股股东。2005年，中国信达资产管理股份有限公司将部分股份转让给中国建设银行，因此中国建设银行也成为中国铝业的内资股股东。

9.3.4 不良贷款所引起的债转股

除1999—2000年为解决商业银行不良贷款所进行的政策性债转股以外，还有一种债转股是银行自主对贷款企业进行的。虽然这种行为不是政府主导的，但银行在债转股过程中往往处于被动地位，多数情况是银行在企业贷款额巨大而又无法及时还款时的被动选择。例如，根据金健米业(600127)2006年年报，其最大的债权人中国农业银行由于金健米业业绩累积亏损严重被迫债转股，成为金健米业最大的股东。

9.3.5 通过设立金融控股公司持有企业股份

在第二部分我们已经分析了商业银行可以通过设立金融控股公司持有企业股份，与前四种方式不同的是这种持股体现为银行的间接持股。近年来，在政策的引导下，通过设立金融控股公司间接持有企业股份的方式也得到了一定程度的发展。

---

① "债转股"是将商业银行对企业的债权转换为金融资产管理公司对企业的股权。

9.4 中国商业银行持有企业股份的变化研究

我们基于1994—2011年A股上市公司数据，分析商业银行持有上市公司股份的变化情况。选择1994年作为数据收集的起始年份是由于在1993年11月中国确立了银行业分业经营的发展思路，我们希望看到在分业经营的理念下中国商业银行持有企业股份的形成、变化及其对被持股企业的影响。由于CSMAR(国泰安)数据库中的上市公司股东数据起始于1999年，因此对于1994—1998年的数据，我们借鉴了Lin et al. (2009)的统计结果。在图9-1—图9-3中，我们还借鉴了Lin et al. (2009)1999—2004年的统计结果。与Lin et al. (2009)一致，我们对CSMAR数据库中的股东数据进行了以下处理：① 本章研究的是上市公司前十大股东中是否含有商业银行股东，包括银行的分行及银行下设的资产管理公司、信托投资公司、证券公司等，但不包括银行所设立的基金[①]；② 剔除商业银行参股金融类上市公司的样本，只研究商业银行参股非金融类上市公司；③ 剔除外资商业银行持有上市公司股份的样本。同时，我们还收集了上市公司董事的背景数据，以判断董事是否由持股银行推荐。银行派驻董事的数据可以为我们研究银行持股能否影响企业的公司治理提供有力支持。

图9-1统计了1994—2011年商业银行持有A股上市公司股份的情况。1994年有商业银行持股的上市公司数量为72家，这些属于《商业银行法》颁布前商业银行持有的上市公司股份。1995—1999年，有商业银行持股的上市公司数量不断增加，从1995年的87家增加至1999年的154家。这些新增的商业银行持股主要是“债转股”引起的。2000—2006年，有商业银行持股的上市公司数量逐渐减少，从2000年的138家减少至2006年的89家。从2007年开始，有商业银行持股的上市公司数量进一步减少，总体数量在30到60家之间。以上数据表明，尽管1995年颁布的《商业银行法》明确规定商业银行在中国境内不得向企业投资，但是本章第三部分分析的几种商业银行持股来源使得商业银行持有企业股份的现象依然存在。根据我们对2011年有商业银行持股的38家上市公司的统计，有12家上市公司的商业银行持股来源于不良贷款所引起的债转股，

① 本章的研究中没有包括银行下设基金公司对企业的持股，主要原因是中国的基金公司在选股方面更注重该股票短期内在二级市场上的表现，持股时间往往较短，以短期操作为主。

有 5 家上市公司的商业银行持股来源于承接下设信托投资公司持有的企业股份，有 2 家上市公司的商业银行持股来源于继承资产管理公司在债转股过程中持有的企业股份，有 3 家上市公司的商业银行持股来源于上市公司成立时银行的出资，其余 16 家上市公司的商业银行持股我们无法获知其来源。

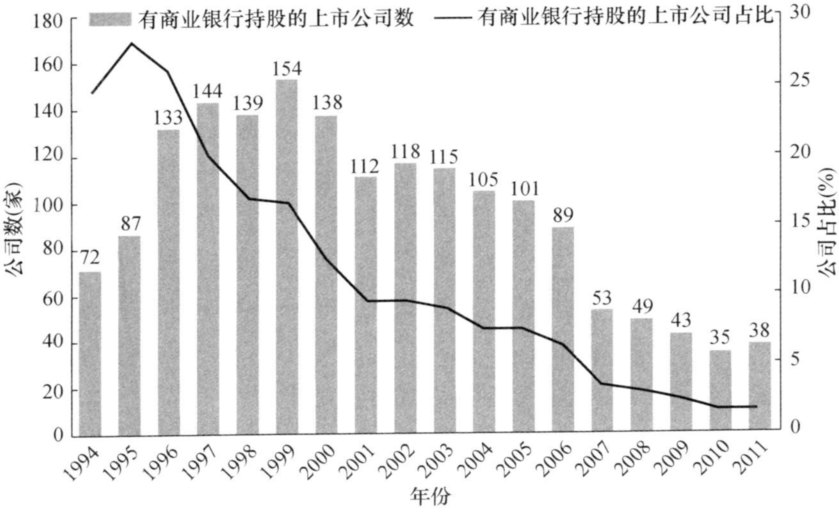

图 9-1　1994—2011 年商业银行持股上市公司数目及其占比变动

资料来源：1994—2004 年数据来自 Lin et al.(2009)，2005—2011 年数据由作者整理。

从有商业银行持股的上市公司占比(有商业银行持股的 A 股上市公司数量/A 股上市公司总数)来分析，自 1995 年《商业银行法》颁布以来，上市公司中有商业银行持股的公司占比在逐年下降，从 1994 年的 24.83%降至 2011 年的 1.57%。

在有商业银行持股的上市公司样本中，大多数企业只有一家商业银行持股，但也存在五家或五家以上商业银行同时持股一家上市公司的情形。例如，地产公司大名城(600094)2010 年的前十大股东中有五家为商业银行。通过表 9-1 可以发现，从 1999 年起，由多家商业银行同时持股的情况逐渐变少，但平均持股比例基本稳定，保持在 1.8%到 3.6%之间。

表 9-1　1999—2011 年商业银行持股企业情况统计

年份	一家银行持股（家）	二家银行持股（家）	三家银行持股（家）	四家银行持股（家）	五家银行持股（家）	六家银行持股（家）	平均持股比例（%）	持股比例最大值（%）	持股比例最小值（%）
1999	109	29	12	2	2		2.35	16.70	0.07
2000	96	26	13	1	2		2.28	16.70	0.11
2001	76	29	6	1			2.33	16.70	0.08
2002	89	20	7	2			2.18	17.90	0.07
2003	84	23	5	2	1		2.32	24.78	0.11
2004	78	20	6	1			1.87	25.70	0.15
2005	75	20	5	1			1.97	25.70	0.08
2006	66	17	6				2.11	26.82	0.08
2007	41	10	2				2.83	26.82	0.23
2008	37	11	1				3.03	22.33	0.03
2009	31	10	1			1	3.24	20.62	0.23
2010	26	8			1		3.57	20.62	0.23
2011	28	6	2	2			2.50	17.92	0.17

资料来源：1994—2004 年数据来自 Lin et al.(2009)，2005—2011 年数据由作者整理。

在图 9-2 中，我们主要分析了 1994—2011 年商业银行持有上市公司股份比例情况。由于在 Lin et al.(2009)的数据统计中没有包含 2000—2004 年新成立的公司，我们在分析中无法将 2005—2011 年的数据与 Lin et al.(2009)的数据进行合并分析。因此，我们分 1994—2004 年和 2005—2011 年两个时间段报告相关结果。由图 9-2(a)可知，1994—2004 年，有 73.91%的上市公司银行持股比例小于 5%，16.41%的上市公司银行持股比例在 5%到 10%之间，有9.68%的上市公司银行持股比例超过 10%。由图 9-2(b)可知，2005—2011 年，有 78.68%的上市公司银行持股比例小于 5%，有 12.75%的上市公司银行持股比率在 5%到 10%之间，有 8.57%的上市公司银行持股比例超过 10%。相比 1994—2004 年，我们发现 2005—2011 年商业银行持有企业股份的比例整体来讲有所下降，但高持股比例现象依然存在。例如，2008—2010 年，中国建设银行一直对建设机械(600984)持有超过 17%的流通 A 股，在前十大股东中位居第二。

在商业银行的持股过程中，银行通常会以较为积极的态度参与到企业的经营管理中。图 9-3 分两个时间段显示了 1994—2011 年商业银行在持股的上市

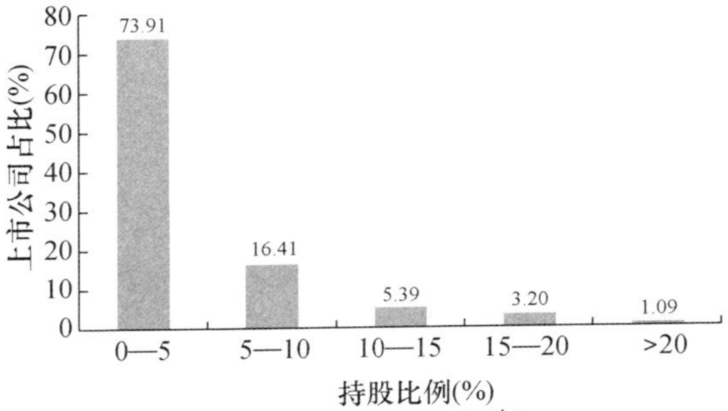

(a) 1994—2004年

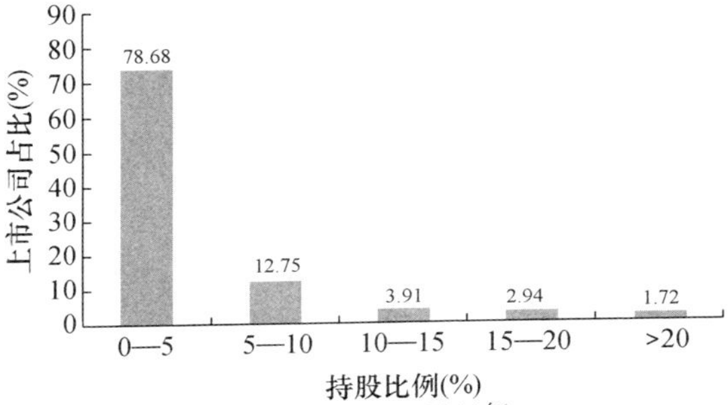

(b) 2005—2011年

图 9-2　1994—2011 年商业银行持有上市公司股份比例分布

资料来源:1994—2004 年数据来源于 Lin et al.(2009),2005—2011 年数据作者整理。

公司中派驻董事的数量分布情况。从图 9-3(a)中可以看到,1994—2004 年,在有商业银行持股的上市公司中,有 74.33%的商业银行会选择派驻至少一名董事参与到上市公司公司治理中。从图 9-3(b)中可以看到,2005—2011 年,在有商业银行持股的上市公司中,有 23.54%的商业银行会选择派驻至少一名董事参与到上市公司公司治理中,其中有 3.19%的商业银行会选择派驻三名或三名以上董事。例如,在 2008 年,中国建设银行向建设机械派驻了四名董事,包括建设银行投资银行部业务总监(在建设机械中担任副董事长职位)。通过派驻董事这种方式,商业银行可以更多地参与上市公司决策,对上市公司未来的融资、经营、投资表达自身的利益诉求。从派驻董事的角度来讲,相比 2005—2011 年,1994—2004 年商业银行对被持股上市公司的影响更大。

我们还注意到,商业银行往往会选择向持股比例较大的企业派驻董事,并更多地帮助企业在资本市场中进行融资、投资、重组等。例如,中国农业银行持股金健米业(600127)后向其派驻了三名董事,包括中国农业银行株洲市分行副行

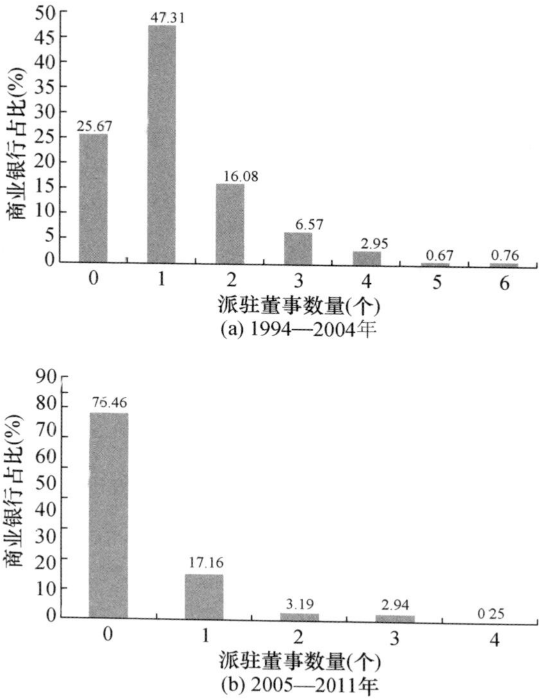

图 9-3　1994—2011 年商业银行派驻董事的数量分布

资料来源：1994—2004 年数据来源于 Lin et al.(2009)，2005—2011 年数据由作者整理。

长、常德市分行业务拓展部副总经理、湖南省分行副处长，他们在金健米业中分别担任董事长、财务总监与监事职务。由于金健米业业绩不佳，营业收入持续下降，中国农业银行多次试图为其引进新合作者进行重组，2006—2012 年曾分别尝试与高光投资、天新集团、中粮集团、湘粮集团等合作。

9.5　商业银行持有企业股份的分析与评述

9.5.1　商业银行持有企业股份经济后果的理论分析

对于商业银行是否可以混业经营（例如，参与证券、保险和房地产投资，或者持有企业股份）在学术研究上依然存在一定的争议（曾康霖和虞群娥，2003；Barth et al., 2004；祝继高，2012）。商业银行持有企业股份是混业经营的一种模式，现有关于商业银行持有企业股份的实证研究也存在支持和反对两种观点。

支持的观点认为，应鼓励商业银行通过持有企业股份来促进企业与自身的快速发展，其主要结论如下：① 商业银行持有企业股份会向外部投资者传递出积极的信号，产生鉴证效应（Agarwal and Elston，2001）；② 商业银行与企业的产权关系使商业银行不仅成为企业信息的利用者，更成为信息的生产者，从而有效改善信息不对称问题，降低交易费用（Hoshi et al.，1991）；③ 与商业银行建立股权关系的企业更容易化解财务危机（Kang and Shivdasani，1995）；④ 商业银行作为董事会成员可以更好地执行监督与管理的职能，促进企业发展（Kroszner and Strahan，2001）；⑤ 银企之间产权关系的建立有利于提升商业银行的盈利能力，优化银行收益结构，扩大银行经济规模，规避非系统风险（Barth et al.，2004）。反对的观点认为，应严格禁止商业银行持有企业股份，坚持分业经营模式，其主要结论是：① 商业银行持有企业股份会损害信贷资源配置效率，造成预算软约束（Berglof and Roland，1998）；② 商业银行兼具股东与债权人两种身份，会产生利益冲突（Mahrt-Smith，2006），虽然被商业银行持股的企业能够获得更多的银行贷款，但商业银行会向被持股企业要求更高的贷款成本，并阻止企业投资高风险、高收益的项目，因此被商业银行持股企业的盈利水平和增长速度并没有提高（Weinstein and Yafeh，1998）；③ 商业银行持有企业股份可能导致银行从事高风险活动，也更难以监管（Barth et al.，2004）。

基于文献分析，商业银行持有企业股份主要通过信息渠道和监督渠道对企业产生影响（见图 9-4）。信息渠道是指商业银行通过持有企业股份使得银行对被持股企业更为了解，从而有效降低了信息不对称程度；监督渠道是指商业银行作为股东能够通过参加股东大会和向被持股企业派驻董事等方式监督被持股企业。但是，银行同时作为股东与债权人存在的利益冲突会影响信息渠道和监督渠道效应的发挥，进而影响商业银行持有企业股份的经济后果。

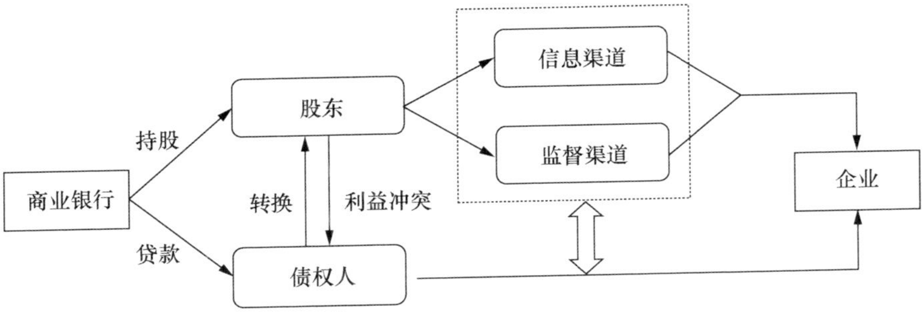

图 9-4　商业银行持有企业股份的理论分析

9.5.2 中国商业银行持有A股上市公司股份实证研究的评述

中国商业银行持有A股上市公司股份的现象引起了许多学者的关注。张庆亮和孙景同(2007)以2006年有金融企业参股的A股上市公司为样本,发现金融企业参股与上市公司经营绩效(每股收益)并无显著相关性。王善平和李志军(2011)以1999—2008年A股上市公司为样本,分析了银行持股对企业投资效率与债务融资的影响。他们发现,在投资效率与债务融资的敏感度上,非银行持股公司低于银行持股公司,说明银行持股能够有效缓解股东与债权人之间的利益冲突对公司投资效率的影响,从而提升信贷资源配置效率。Lin et al.(2009)通过对1994—2004年中国A股上市公司的前十大股东进行研究发现,被银行持股的企业虽然更容易获得融资便利,但这些企业并没有很好地运用这些资金,大量的无效率投资损害了企业价值。Lin et al.(2009)还发现,银行持股后会积极地通过派驻董事等方式参与企业的决策,但派驻董事未能很好地履行监督职能,企业运营效率没有得到显著提升。Luo et al.(2011)以1999—2006年A股上市公司为样本,发现银行持股比例越高的企业高管在职消费越多,而较多的高管在职消费将导致较高的利息费用,从而降低企业价值。Pan and Tian(2015)通过对2003—2010年A股上市公司进行研究发现,在非国有企业中,银行持股能够增加企业的债务融资,而且银行同时作为企业股东与债权人有效发挥了监督作用,提高了企业的投资效率;在国有企业中,银行同时拥有股东与债权人的身份会干扰银行的信贷决策,损害企业的投资效率。

总结以上文献,我们发现,由于研究样本、研究期间和研究设计等方面的不同,现有文献关于中国商业银行持有企业股份的经济后果并没有得出完全一致的结论。但是,这些研究的主要结论支持商业银行同时作为企业股东与债权人会产生一定的利益冲突,进而损害被持股企业价值。

对比中国和外国关于商业银行持有企业股份的研究,我们发现,外国商业银行持有企业股份主要是商业银行的主动持股行为,而中国商业银行持有企业股份在很大程度上属于被动持股,主要包括商业银行承接下设信托投资公司持有的企业股份、继承资产管理公司在债转股过程中持有的企业股份以及不良贷款所引起的债转股。那么,商业银行的被动持股是否会影响商业银行作为股东所拥有的信息渠道和监督渠道职能的发挥？商业银行的被动持股是否更容易引起银行作为股东与债权人所产生的利益冲突？现有文献未能很好地研究这些问题。未来关于中国商业银行持有企业股份的研究需要结合商业银行持有企业股份的历史演变过程来开展，只有这样才能更好地回答商业银行持有企业股份的动机和经济后果，才能更好地回应对商业银行持有企业股份进行监督的现实需求。

9.6　结论与启示

本章系统地研究了中国商业银行持有企业股份方面的历史演变、法律法规和监管政策，并结合A股上市公司数据分析了商业银行持有企业股份的变化。在此基础上，本章总结了商业银行持有企业股份的相关理论和实证研究文献，结果发现：① 虽然1995年颁布的《商业银行法》禁止商业银行持有企业股份，但是商业银行依然可以通过1995年《商业银行法》颁布前商业银行持有的企业股份、承接持有下设信托投资公司持有的企业股份、继承资产管理公司在债转股过程中持有的企业股份、不良贷款所引起的债转股和通过设立金融控股公司持有企业股份等途径获得企业股份；② 商业银行会通过向持股企业董事会中派驻董事等方式在被持股企业中发挥一定的公司治理作用；③ 商业银行同时作为企业股东与债权人会产生一定的利益冲突，进而损害被持股企业价值。

本章对商业银行持有企业股份的理论研究和监管政策具有积极的启示作用：第一，虽然中国的《商业银行法》禁止商业银行持有企业股份，但是商业银行可以通过相关的途径和方式形成事实上的直接或间接持股。因此，监管部门可以借鉴世界上其他国家和地区的经验，通过限制商业银行持股数量或比例的方式来约束已经形成的商业银行对企业的持股，进而防范混业经营带来的相关风险。第二，在不同的历史时期，商业银行的功能和地位不同，商业银行面临的监管政策也不同，这些都会导致商业银行持有企业股份的来源和方式存在差异。未来的学术研究应该关注商业银行持有企业股份形成的历史背景，区分银行股权的背景和来源可以深化我们对商业银行在企业中所扮演的公司治理角色的认识。

参考文献

陈雨露,马勇,2009.金融体系结构与金融危机[J].金融评论(1):3—14.

国家经贸委深化企业改革研究组,2001.债转股是实现国有企业改革与脱困三年目标的重要措施[J].中国经贸导刊(15):9—11.

刘明康,2009.中国银行业改革开放30年[M].北京:中国金融出版社.

王善平,李志军,2011.银行持股、投资效率与公司债务融资[J].金融研究(5):184—193.

张庆亮,孙景同,2007.我国产融结合有效性的企业绩效分析[J].中国工业经济(7):96—102.

祝继高,2012.银行与企业交叉持股的理论与依据:基于国际比较的研究[J].国际金融研究(2):58—68.

曾康霖,虞群娥,2003.辩证地看待银行业的分业经营与混业经营[J].金融研究(7):68—72.

AGARWAL R, ELSTON J A, 2001. Bank-firm relationships, financing and firm performance in germany [J]. Economics letters, 72(2):225-232.

BARTH J R, CAPRIO G, LEVINE R, 2004. Bank regulation and supervision: what works best? [J]. Journal of financial intermediation, 13(2):205-248.

BARTH J R, CAPRIO G, LEVINE R, 2013. Bank regulation and supervision in 180 countries from 1999 to 2011 [J]. Journal of financial economic Policy, 5(2):111-219.

BERGLOF E, ROLAND G, 1998. Soft budget constraints and banking in transition economics [J]. Journal of comparative economics, 26(1):18-40.

GORTON G, SCHMID F, 2000. Universal banking and the performance of German firms [J]. Journal of financial economics, 58(1/2):29-80.

HOSHI T, KASHYAP A, SCHARFSTEIN D, 1991. Corporate structure, liquidity, and investment: evidence from Japanese industrial groups [J]. Quarterly journal of economics, 106(1):33-60.

KANG J K, KENNETH A K, KITSABUNNARAT-CHATJUTHAMARD P, et al., 2011. The effects of bank relations on stock repurchases: evidence from Japan [J]. Journal of financial intermediation, 20(1):94-116.

KANG J K, SHIVDASANI A, 1995. Firm performance, corporate governance, and top executive turnover in Japan [J]. Journal of financial economics, 38(1):29-58.

KROSZNER R, STRAHAN P, 2001. Bankers on the boards: monitoring, conflicts of interest, and lender liability [J]. Journal of financial economics, 62(3):415-452.

LIN X, ZHANG Y, ZHU N, 2009. Does bank ownership increase firm value? evidence from China [J]. Journal of international money and finance, 28(4):720-737.

LUO W, ZHANG Y, ZHU N, 2011. Bank ownership and executive perquisites: new evidence from an emerging market [J]. Journal of corporate finance, 17(2):352-370.

MAHRT-SMITH J, 2006. Should banks own equity stakes in their borrowers? a contractual solution to hold-up problems [J]. Journal of banking and finance, 30(10):2911-2929.

PAN X, TIAN G, 2015. Does banks' dual holding affect bank lending and firms' investment decisions? evidence from China [J]. Journal of banking and finance, 55:406-424.

SHARPE S A, 1990. Asymmetric information, bank lending and implicit contracts: a stylized model of customer relationships [J]. Journal of finance, 45(4):1069-1087.

THAKOR A V, 1996. The design of financial system: an overview [J]. Journal of banking and finance, 20:917-948.

WEINSTEIN D E, YAFEH Y, 1998. On the costs of a bank-centered financial system: evidence from the changing main bank relations in Japan [J]. Journal of finance, 53(2): 635-672.

第10章　结　　论

10.1　研究结论

本书结合中国商业银行尤其是城市商业银行的发展历程，采用文献分析、实证回归等方法，探讨了制度环境和商业银行公司治理对银行经营绩效的影响及其传导路径与作用机理。本书的研究对于提升金融发展质量、完善金融监管体制、防范金融风险以及推动实体经济健康发展有着重要的意义。

本书的主要结论包括：

第一，中国的商业银行在特殊的制度环境下不断发展，形成了由国有大型商业银行、股份制商业银行、城市商业银行及农村商业银行等金融机构组成的多层次银行体系，为推动中国经济的快速发展做出了重要贡献。商业银行在经历专业化探索、商业化改革和市场化改革三大阶段后，逐步实现了独立经营体制、产权结构清晰和金融资源高效配置的金融体系改革目标。中国独特的制度背景和政策支持推动了国有大型商业银行市场化、股份制商业银行差异化、城市商业银行多元化以及农村商业银行正规化发展。其中，作为区域金融发展的重要机构，城市商业银行通过资产重组实现了股权结构多元化，降低了不良贷款率，提高了资本充足率；同时，城市商业银行利用区域经营和业务开展多元化降低了经营风险，有效地促进了自身的发展。在中国经济高质量发展阶段，控制金融风险、引导金融服务实体经济成为当前商业银行改革的核心目标，这就要求中央政府从顶层设计出发，结合国家的宏观经济背景做出相应的政策安排；监管部门在实施阶段要优化金融监管体制、规范银行业务行为、改善商业银行的公司治理，进而提升商业银行的经营绩效、防范金融风险。

第二，在制度环境对商业银行经营绩效的影响研究方面，城市商业银行的地域性决定了其所在地方的制度环境是城市商业银行经营发展的外在驱动因素，地方政府与企业的财务状况和发展战略在很大程度上影响了城市商业银行的信贷决策及风险控制水平。首先，从地方政府对城市商业银行的影响角度来看，地方政府财政压力是影响城市商业银行信贷资源配置的重要因素，省级地方政府的财政压力越大，省内城市商业银行投向地方国有经济部门的贷款比率越高，信贷资源向地方国有经济部门集中损害了商业银行的经营绩效；在财政压力大的省份，城市商业银行投向地方国有经济部门的贷款比率越高，则银行贷款拨备率越低，这表明城市商业银行会通过盈余管理行为来应对监管压力。其次，从房地产价格波动的角度来看，房地产价格增幅与城市商业银行贷款损失准备显著正相关，且在房地产价格增幅扩大时，"四大"会计师事务所审计的商业银行和国有商业银行会计提更多的贷款损失准备；当城市商业银行在房地产价格增幅更大的地区设有分支机构时，商业银行会计提更多的贷款损失准备。

第三，在商业银行公司治理对商业银行经营绩效的影响研究方面，合理的股权结构与有效的监督机制是城市商业银行高质量发展的必要前提和重要基石，建立良好的公司治理结构是城市商业银行改革与发展的核心和关键。从商业银行的股权结构角度来看，股权结构是影响中国城市商业银行信贷行为和经营绩效的重要因素，第一大股东的控股能力越强，商业银行的不良贷款率越高，贷款集中度越高，经营绩效也越差；而且，第一大股东股权性质为地方政府的商业银行不良贷款率更高，而商业银行中的独立董事对银行大股东的"掏空"行为有着显著的抑制作用。从业绩压力的角度来看，银行业绩压力及外部金融发展水平是影响商业银行开展同业业务的重要因素，商业银行从事买入返售金融资产业务的规模越大，潜在经营风险越高，也说明了商业银行为了规避因贷款能力受限而对业绩造成的负面影响，会向影子银行体系融出资金。从审计师特征角度来看，"四大"会计师事务所审计的城市商业银行计提的贷款损失准备更多，表明"四大"会计师事务所发挥了更好的监督作用。

第四，在商业银行对实体经济的影响研究方面，商业银行与企业之间存在交易关系和产权关系，进而衍生出商业银行对企业的融资和监督作用，商业银行结构性竞争、银行与企业的股权关系会影响企业公司治理，进而对实体经济产生一定的治理作用。从商业银行结构性竞争视角来看，加强银行竞争能够提高工业企业的投资效率，但银行竞争对于提升不同产权性质、所处地区不同的企业的投资效率具有显著差异。随着商业银行结构性竞争的加强，银行对企业的固定资产能够进行有效评价，从而发挥更好的融资和监督作用。从商业银行持有企业股份的视角来看，商业银行一方面通过派驻董事等方式在被持股企业中发挥一定的公司治理和监督作用，另一方面同时作为持股企业股东与债权人会产生利益冲突，进而损害被持股企业价值。

10.2 研究局限

本书在研究内容方面存在两个方面的局限：一是样本数据的获取。由于数据的可得性，本书未将数量众多的农村商业银行和农村信用合作社纳入研究样本，而是选择研究城市商业银行。但许多城市商业银行为非上市银行，部分城市商业银行未披露或未详细披露其财务信息和公司治理信息，从而导致研究样本存在缺失的情况。二是研究视角可以进一步扩大。对制度环境和公司治理影响商业银行经营绩效的研究，本书主要限定于地方政府财政压力、地方房地产价格波动、城市商业银行的股权结构和外部审计师特征等方面，未来也可以从其他视角和途径继续深入挖掘商业银行经营绩效的驱动因素。

10.3 研究展望

本书基于制度环境和商业银行公司治理两大视角，探讨了商业银行经营绩效的影响路径，系统地梳理了城市商业银行的经营机制和金融风险管控体系，对完善商业银行治理机制、防范金融风险、提升金融服务实体经济能力具有重要的理论意义和实践价值。基于此，本书提出三个方面的研究展望。

第一，待数据更丰富后，未来研究将农村商业银行和农村信用合作社纳入研究样本。具有明显地域特征的商业银行除城市商业银行之外，还包括农村商业银行和农村信用合作社。农村商业银行和农村信用合作社设立的首要任务是为农业、农民和农村经济发展提供金融服务，对“三农”和城乡中小企业发展具有重要作用。截至 2019 年 12 月，中国农村金融机构（包括农村商业银行、农村信用合作社、农村合作银行和新型农村金融机构）总资产达到 37.2 万亿元，占银行业金融机构资产的比例为 13.2%[①]，与城市商业银行的资产规模和相应占比大致相近，说明农村商业银行和农村信用合作社的数量不断扩张，在银行业中的作用也愈发凸显，因此，研究农村商业银行是探索城乡金融发展问题的重要内容。国民经济和社会发展第十四个五年规划（以下简称“十四五”规划）指出，要坚持农

① 资料来源：中国银保监会。

业农村优先发展,全面推进乡村振兴。其中,健全农村金融服务体系成为深化农村改革的一项重要内容,因此在城乡县域层级上,农村商业银行和农村信用合作社等农村金融机构的公司治理机制与风险管控能力成为推动农村金融发展、专业化服务“三农”机制体制建设的重要影响因素,加入农村商业银行等研究样本一方面可以丰富城乡一级地方制度环境对商业银行经营绩效的研究,另一方面可以通过对比城市商业银行与农村商业银行在公司内部制度设置和外部市场、风险应对方面的差异及联系,进一步分析商业银行如何有效地服务实体经济。

第二,关注互联网金融发展对商业银行经营的冲击和商业银行的应对。互联网与金融的有机融合提高了金融资源配置效率,推动了金融体制变革。2015年7月,中国人民银行等十部委联合印发《关于促进互联网金融健康发展的指导意见》(银发〔2015〕221号),提出了一系列鼓励创新、支持互联网金融稳步发展的政策措施;2016年4月,国务院办公厅印发《关于互联网金融风险专项整治工作实施方案的通知》(国办发〔2016〕21号),明确了规范互联网金融的工作要求;2018年10月,中国人民银行、中国银保监会和中国证监会联合印发《互联网金融从业机构反洗钱和反恐怖融资管理办法(试行)》,规范了互联网金融从业机构反洗钱和反恐怖融资工作。国家积极鼓励互联网金融创新,对商业银行带来了重大冲击,为商业银行的研究提供了新的实践背景。作为传统的商业银行,如何应对新兴的互联网金融现象,改变自身的业务结构、经营模式和发展战略,利用互联网金融所带来的机遇迎接对应的挑战,成为金融业需要思考的重要问题。这一问题的理论研究可以为商业银行更好地促进自身体制改革、提升金融资源配置效率提供建议。

第三,更深入地探讨金融如何服务实体经济。中国经济当前正处于结构调整和转型升级的关键时期,振兴实体经济、引导资金“脱虚向实”、增强金融服务实体经济能力是国家深化金融体制改革的重要任务。2020年5月,中国人民银行召开2020年金融稳定工作电视电话会议,强调要进一步加大对制造业、小微企业、民营企业等实体经济领域的信贷支持,为经济增长营造良好的货币金融环境,围绕债券违约风险、房地产政策、互联网金融风险等方面提出了金融工作内容;“十四五”规划再次指出,要建立现代金融体制,具体要求为构建金融有效支持实体经济的体制机制,完善现代金融监管体系,提高金融监管透明度和法治化水平,完善存款保险制度,健全金融风险预防、预警、处置、问责制度体系。提高金融服务实体经济能力的举措并不只局限于银行业,金融体系中的其他融资渠道和资本市场的建设也是重要的战略方向，未来的研究可以从作用机制和路径角度分析金融体系如何作用于企业的投融资管理，如何更好地为实体经济服务。

10.4 政策建议

本书结合影响商业银行经营绩效的因素，展望金融业的发展方向，提出如下促进商业银行高质量发展的政策建议：

第一，从城市商业银行市场定位角度，以银行业为主导的金融体系对经济增长的引导作用在很大程度上取决于银行的健康状况。因此，监管部门要加强对商业银行业务的监管和对风险的防控，建立健全商业银行公司治理机制，完善监管政策，推动金融市场化改革，帮助商业银行降低发放贷款过程中的信息不对称程度，提高信贷资源配置效率。城市商业银行在地方经济发展中发挥着重要作用，其金融资源配置效率与区域经济环境和地方政策密切相关，因此地方政府应为城市商业银行的经营扩张和质量优化提供良好的制度环境与政策支持，实现商业银行金融体制改革和地方金融安全的相互促进。同时，城市商业银行也要根据自身特点建立合理的公司治理结构，强化内部控制，发挥股东大会、董事会、监事会和管理层的合理制衡作用，实现科学决策、有效监督和约束，提高内部治理质量，更有效地发挥内部控制在银行业务运营和风险管控中的基础性作用。

第二，从地方财政压力角度，中央政府应进一步推动财政体制改革，平衡地方政府的财权与事权，从顶层设计上实现有效监督和约束地方政府的投资安排与融资行为。同时，地方政府要合理安排区域基础设施投资，有效控制地方融资平台风险，减少对商业银行的直接干预，提高商业银行市场化水平，发挥城市商业银行在信贷资源配置中的主体作用，从而更好地服务实体经济。

第三，从资产监管角度，地方政府应支持城市商业银行积极处理不良资产，鼓励城市商业银行在政策许可的范围内探索和创新不良资产处置方式，降低银行的不良贷款率，优化拨备覆盖率；同时，地方政府要构建多元化的金融服务体系，密切关注城市商业银行的信贷行为，强化对银行的社会监督，提高城市商业银行的信贷质量和资产安全。

第四，从股权结构角度，首先，城市商业银行应厘清内部产权关系，正确处理控股股东与中小股东在信贷决策、经营管理方面的利益冲突，防止大股东对银行的“掏空”行为,进而降低银行的关联贷款、贷款集中度和不良贷款率;其次,城市商业银行应提高独立董事比例及其在经营决策中的话语权,抑制股权集中带来的业绩“掏空”风险,建立良好的公司治理机制,缓解控股股东与中小股东之间的信息不对称和代理问题;最后,监管机构应建立更完善的法律制度制约大股东的“掏空”行为,保障其他股东的利益和银行的经营绩效,对商业银行的信贷行为和贷款流向起到约束作用。

第五,从影子银行业务角度,监管部门需要通过法律法规来进一步规范金融业同业业务,提高对影子银行风险的监控,完善利率的市场化机制,解决信贷资金区域配置失衡问题,有效控制商业银行的流动性风险和坏账风险。

第六,从风险管理角度,首先,城市商业银行一方面应用好风险管控工具,合理计提贷款损失准备来应对贷款不稳定性引发的金融风险;另一方面要制定风险管理战略,建立与贷款企业经营特点、财务状况等相适应的风险管理机制和内部控制模式,建立合理的风险定价模型、风险管理流程和风险考核机制,利用互联网和大数据等技术强化风险管理体系的建设与维护。其次,监管部门应进一步出台相应的政策强化对商业银行计提贷款损失准备的监管,真正做到根据经济发展阶段和商业银行之间的差异性,动态调整相应的监管要求。最后,地方政府应结合区域经济增长和房地产价格走势等宏观环境因素,不断完善和修改与贷款拨备率相关的监管政策,以有效维护地区金融安全。

第七,从银行结构性竞争角度,监管部门应优化金融市场结构,加强政策引导,提高地方商业银行结构性竞争程度,引导股份制商业银行和城市商业银行的风险管理体系建设,消除无序竞争,提高信贷资源配置效率。商业银行应在业务上进行拓展,关注存在融资问题的中小企业的融资需求,创新信贷决策流程、授权授信方式和抵押担保方式等,提高对贷款企业的全面评价和对风险的管控机制。